21世纪经济管理新形态教材·工商管理系列

小微企业经营与管理

张国良 ◎ 编著

清华大学出版社
北京

内容简介

本书内容主要有：小微企业的概念特征、地位与作用，管理基础与小微企业经营模式，小微企业经营环境分析，小微企业战略管理，小微企业决策计划与目标管理，小微企业商业模式，小微企业组织设计与团队建设，小微企业产品开发与市场开拓，小微企业品牌构建与形象塑造，小微企业文化与职工合理化建议，小微企业竞争模式与构建，小微企业人力资源管理与激励，小微企业商务管理沟通等。

本书可作为普通高等学校经管类专业教材或教学参考书，也可作为职场人士培训教材，还可供有志于经营小微企业的人士阅读借鉴。

图书在版编目(CIP)数据

小微企业经营与管理 / 张国良编著. —北京：清华大学出版社，2020.8(2025.4重印)
(21世纪经济管理新形态教材·工商管理系列)
ISBN 978-7-302-55953-5

Ⅰ.①小… Ⅱ.①张… Ⅲ.①中小企业—企业经营管理—高等学校—教材 Ⅳ.①F276.3

中国版本图书馆CIP数据核字(2020)第120439号

责任编辑：张　伟
封面设计：李伯骥
责任校对：宋玉莲
责任印制：丛怀宇

出版发行：清华大学出版社
网　　址：https://www.tup.com.cn，https://www.wqxuetang.com
地　　址：北京清华大学学研大厦A座　　**邮　　编**：100084
社 总 机：010-83470000　　**邮　　购**：010-62786544
投稿与读者服务：010-62776969，c-service@tup.tsinghua.edu.cn
质量反馈：010-62772015，zhiliang@tup.tsinghua.edu.cn
课件下载：https://www.tup.com.cn，010-83470332
印 装 者：北京建宏印刷有限公司
经　　销：全国新华书店
开　　本：185mm×260mm　　**印　　张**：15.75　　**字　　数**：360千字
版　　次：2020年9月第1版　　**印　　次**：2025年4月第10次印刷
定　　价：45.00元

产品编号：087899-01

序

知识是力量，经济是基础，人才是根本，文化是灵魂。经济越发展，管理越重要。小微企业是市场经济中最活跃的主体，在活跃市场、满足居民多样化需求、增加就业、增强经济发展动力、促进创新创业等方面具有重要作用。在“大众创业、万众创新”社会背景下，本书的编写对全面推进应用型人才培养、深化管理学课程改革、形成有本土特色教材具有十分重要的意义。

(1) 积极推进管理学课程和教材改革。编写能反映新知识、新思想、新方法，具有应用型本科教育特色的课程教材，才能适应高校转型发展的变化。根据小微企业对管理人才的需求，不断更新教学内容、改进教学方法、提高教学效果就必须有符合人才培养需求的应用型教材。

(2) 应用型教材的编写可以提高教师对教材和教学思想方法的驾驭能力。应用型教材的编写要求教师具备一定的专业知识与技能，不仅会“教”书，还要会编书，有利于提升教师的课程意识，促进教师的全面发展。

张国良教授编著的《小微企业经营与管理》在总结过去教材建设经验的基础上，借鉴国内外同类经验做法，经过反复研究论证，在编写过程中既注重理论和知识的系统性、新颖性，又突出内容的实用性和实战性，具体体现在以下几点。

(1) 内容选择适度，注重能力培养。坚持“理论够用为度、实践应用为重”的理念，以“理论、实践、应用”三段式模式体现教材内容体系的创新，符合应用型人才的培养规律；教材内容安排体现应用型人才的培养目标；教材中贯穿的案例尽可能是与中国目前管理活动紧密相关的事件，具有典型性和实用性。本书力图使现代西方管理理论本土化，既反映管理学在中外企业实践中所积累的丰富经验，又体现相关学科领域的最新研究成果，以达到实践性、应用性与学术性、前沿性的高度统一，充分体现应用型人才培养的特色。

(2) 国际视野与本土化案例相结合。管理既是科学也是艺术，在很大程度上受制度和文化背景的影响，因而既要注意国际化，又要注意本土化。经济管理错综复杂、灵活多变，即使管理者满腹经纶、知识丰富，面对复杂的管理问题，若不能去伪存真、由此及彼，善于抓住问题的要害，提出有针对性的解决方案，并有效地组织实施，那再多的知识也等于零。正如医学专业需要临床实践一样，经济管理课程也需要案例分析。加强实用技能的强化训练，也是经营管理特点的内在要求。让学生学会从多角度、多侧面思考问题，分析问题，从中分清主次，把握全局，预见未来，制定正确的决策。

（3）激发学习兴趣，变灌输为引导。教材中增设一些“感悟与探索”等内容来丰富学生的感性认识和知识背景，拓展学生的视野，帮助学生理解和掌握深层理论的运用，寻求理论与实际的结合点，尝试突破和创新与管理学相关的知识，引导学生自己发现问题、分析问题和解决问题。

（4）结构新颖、实践性较强。考虑教学和学生学习的特点及需要，每章前均列出了本章的学习目标，每章的知识拓展及思考题进一步增强了本书的趣味性、理论性和实践性；同时更注重知识点的综合性和完整性，注重学生独立思考能力和应用能力的培养。无论从内容上还是形式上都参照了国际上有代表性的最新版的教材，并结合国内的典型案例进行论述。本书总体架构合理，内容生动鲜活，形式灵活多样。

本书坚持知识性、逻辑性、条理性和趣味性相结合，尽可能地用生动、明了的语言来阐述小微企业管理知识和技能，利于读者理解和掌握。每章后面的“知识拓展”更是本书的一大特色，引发思考，启迪心智。使得本书可读性、易懂性、生动性大大增强。本书既可以作为高等院校的教材，也适合从事小微企业经营管理的人士阅读借鉴。

胡祖光

教授、博士生导师

浙江省社会科学联合会名誉主席

浙江工商大学原书记、校长

浙江省企业管理研究会会长

2020 年 3 月于杭州

前言

党的二十大报告明确指出："坚持和完善社会主义基本经济制度，毫不动摇巩固和发展公有制经济，毫不动摇鼓励、支持、引导非公有制经济发展，充分发挥市场在资源配置中的决定性作用，更好发挥政府作用。深化国资国企改革，加快国有经济布局优化和结构调整，推动国有资本和国有企业做强做优做大，提升企业核心竞争力。优化民营企业发展环境，依法保护民营企业产权和企业家权益，促进民营经济发展壮大。完善中国特色现代企业制度，弘扬企业家精神，加快建设世界一流企业。支持中小微企业发展。"

西蒙曾说："管理的核心在经营，经营的核心在决策，决策的核心在创新。"管理的起源是协作劳动的需要，是两个或两个以上的人运用一定的资源（形成组织），为满足共同的需要（达成目标），所进行的各种活动（付诸实践）。"三位一体"：形成组织—达成目标—付诸实践。

管理的核心是处理好人际关系，调动职工的积极性。环境宽松，和谐协调，关系融洽，令人向往；生活安定，心情愉悦，氛围温馨，人的激情就能得到充分的发挥。小微企业内部亲和力的存在，才会使员工具有强烈的责任心和团队精神；组织富有朝气和活力，才能营造"人格有人敬，成绩有人颂，诚信有人铸，和睦有人护"的良好文化氛围。企业善待员工，员工效忠企业，以和为贵、以诚相待，才能激发员工的主动性与创造性，增强企业向心力。有道是，天时不如地利，地利不如人和，人和更离不开沟通。和谐协调就是企业的凝聚力，也是小微企业的核心竞争力。企业经营，犹如用兵，制胜之要，在于用谋。小微企业经营方略的核心就是"经营人心"，"抓眼球""揪耳朵"，都不如"暖人心"。未来的竞争，最后都会聚焦到"人心"（方寸）之争上。以至产生"未见其人，先得其心；未至其地，先有其民"的效果，这才是小微企业经营与管理艺术的最高境界。

本书在写作过程中尽量体现"新""近""精""实"和"活"五个字。

"新"就是体现新思维、新经济、新常态。使小微企业体现时代的特色、管理的艺术。

"近"就是贴近生活，贴近现实，贴近小微企业的学习背景，引发思想情感的共鸣。

"精"就是精益求精，精准选题，精选精析案例，选择小微企业典型个案，从小案例、小事件入手，以小博大，见微知著。

"实"就是讲求实在，注重小微企业经营管理的实际效果与应用价值，体现管理方法的实践性与可操作性。

"活"就是案例生动鲜活、形式多样、内容具体、各有侧重，能够满足小微企业经营与管理课程的需要，力求案例具有吸引力，能激发学生学习兴趣与参与激情。知识拓展、感悟与探索等更是本书的一大特色，引发思考，启迪心智。

本书的编写与出版得到国家林业和草原局软科学项目"基于生态、经济与文化相协同的竹产业集群创新驱动发展战略对策研究"（项目编号 201943 号）与"广州市落实鼓励引导支持民营经济与高质量发展研究"（广东培正学院重点课题，编号 20pzxmzd11）的资助。以上课题主持人均为张国良。本书在写作过程中还得到学校有关领导的大力支持，在此深表谢意！

本书由张国良编写第 1、4、5、6、7、9、10、11、12、13 章，孔祥超编写第 2 章，张成龙编写第 3、8 章。全书由张国良教授策划并统稿。在写作过程中，参考并吸收了当前小微企业经营管理领域的优秀成果及其网络资源，谨向各位专家学者表示衷心感谢，恕不一一列出。特别感谢浙江省企业管理研究会会长（浙江工商大学原校长）、博士生导师胡祖光教授在百忙中为本书作序！

在写作过程中总的理念定位是理论系统、强化应用、身临场景、提升技能，努力以新思想、新体系、新面孔出现在读者面前。然而，由于作者学术水平有限，书中不当之处在所难免，敬请读者批评指正，不吝赐教。

本书可作为普通高等学校经管类专业教材或教学参考书，也适合作为职场人士培训教材或供有志之士阅读借鉴。

编　者

2024 年 7 月

目录

第 1 章

绪论:小微星火,燎原经济

学习目标

- 认知小微企业与走进创业新时代
- 掌握小微企业的概念及界定原则
- 了解小微企业的特征
- 认识小微企业的地位与作用
- 认识创新是小微企业发展的动力源泉

【案例 1-1】创出自己事业的新天地——浙江农林大学学生宋雅丹的创业之路

例1-1

用兵之道,以计为首;创业之要,理念先行。创业者要有想创业、敢创业、能创业、会创业的那么一股敢闯敢拼的劲头,并体现和融入个人创事业、家庭创企业和为社会创大业的实践之中。信念是世界上最伟大的力量,信念是小微企业的生命,也是创业者的使命。使命领导责任,责任完成使命。决心创业,矢志不渝,就应该勇敢地去接受创业征途上的各项挑战。如果你渴望成功,就要建立必胜的信念。你就一定能实现你的梦想,你将成功地塑造崭新的人生。创业因为有梦想而伟大,因为实现梦想而更伟大!

1.1 走进小微创业新时代

就业是民生之本,创业是就业之源。近年来对于创业和创业管理的研究成为全球管理领域关注的热点,创业教育已成为知识经济时代世界高等教育的必然发展趋势。20 世纪 80 年代以来,管理理论的发展迎来了一个新的浪潮,“追求卓越”“变革与再造”“核心能力”“知识管理”“创业管理”等管理思潮一浪推着一浪。一些卓有影响的人士认为 21 世纪是创业的世纪!彼得·德鲁克(Peter Drucker)早在 1985 年就提出“创业型经济”这一概念。他发现,现代经济的支撑力量已经不再是曾经为民众所熟悉的传统 500 强了。德鲁克指出,当美国就业面临压力的时候,其经济体系发生了从“管理型经济”到“创业型经济”

的转变,从而改变了这一危机。这不仅是一个经济问题,而且也是一个民生问题,它关系到经济的发展、社会的稳定和国家的长治久安。

赢得竞争优势,夺取领先地位,获得更大效益,已成为全球经济竞争的新常态。小微企业是市场经济中最活跃的主体,在活跃市场、满足居民多样化需求、增加就业、增强经济发展动力、促进创新创业等方面具有重要作用。扶持发展小微企业已经上升为国家战略,在2014年度中央经济工作会上,习近平总书记强调:“政策要宽,营造有利于大众创业、市场主体创新的政策环境和制度环境。”2015年的全国两会上,李克强总理在《政府工作报告》中指出,推动大众创业、万众创新,既可以扩大就业、增加居民收入,又有利于促进社会纵向流动和公平正义。2015年3月20日,李克强总理在国家工商行政管理总局考察时指出,简化审批、放宽准入,催生小企业“铺天盖地”涌现,不仅可以更好激发群众创造力、带动就业,而且有利于提高社会化协作配套水平,促进大企业“顶天立地”。“打造大众创业、万众创新这一新引擎,你们工商部门处在第一线,可谓‘先行官’。”

从区域分布看,中西部地区发展提速明显,东部地区则依然保有优势。2018年末,中部地区中小微企业384.8万家,比2013年末增长129.9%,占全部中小微企业的21.3%,比2013年末提高了1.4个百分点。西部地区中小微企业307.2万家,比2013年末增长131%,占全部中小微企业的17%,比2013年末提高了1.2个百分点。东部地区中小微企业1 115.1万家,占全部中小微企业的61.7%,比2013年末下降了2.6个百分点。

从行业分布看,信息技术相关产业占比小幅提升。2018年末,在我国全部中小微企业中,信息传输、软件和信息技术服务业企业91万家,比2013年末增加69.3万家,增长319.4%,占比5.0%,比2013年末提高了2.4个百分点;科学研究和技术服务业企业114.1万家,比2013年末增加81.5万家,增长250%,占比6.3%,比2013年末提高了2.4个百分点。

1.2 认知小微企业

中国小微企业是给力经济发展的“轻骑兵”,其工业总产值、销售收入、实现利税大约分别占中国经济总量的60%、57%和40%,提供了75%的城镇就业机会。中小微企业具有很强的吸纳就业能力,已经成为吸纳社会就业主体。2018年末,中小微企业吸纳就业人员23 300.4万人,比2013年末增长5.5%,占全部企业就业人员的比重为79.4%,比2013年末提高了0.1个百分点;拥有资产总计达到402.6万亿元,占全部企业资产总计的77.1%;全年营业收入达到188.2万亿元,占全部企业全年营业收入的68.2%。其中,中小微私营企业有1 526.5万家,比2013年末增长166.9%,占全部企业的84.4%,比2013年末提高了16.5个百分点。

1.3 小微企业的界定

小微企业的概念及界定原则如下。

小微企业是小型企业、微型企业、家庭作坊式企业的统称。企业资产总额不超过

5 000 万元，从业人数不超过 300 人，年度应纳税所得额不超过 300 万元。

国际上对小微企业的界定一般遵循以下原则。

1. 地域的差别性

不同国家和地区对企业规模的界定标准是不一样的，尤其是在雇佣人数或资产规模等定量指标的选取上。例如，欧美国家对小微企业划分的标准比较宽松，而亚洲各国或地区，尤其是韩国、日本等，小微企业划分标准就比较严格。

2. 行业的差别性

由于资本有机构成不同，不同行业所需的技术经济特征也各异，企业规模的界定标准也应该分别加以规定。日本在企业规模划型方面选用一个具有参考价值的行业分类法，就很好地考虑了各种企业规模的不同行业差别性。日本把行业类别划分为机械制造业、批发业、零售业、服务业和高新技术业五类，然后才分别制定大、中、小和微型企业的界定标准。

小微企业多是分布在零售业、批发业、传统服务业、初加工业等劳动力密集型行业领域，这些企业平均从业人数肯定要比其他行业多，企业产品或服务多服务老百姓日常民生问题，多依赖本地自然资源条件。因此，从这个角度看，小微企业规模界定标准也应与其行业属性具有一致性，即分不同行业来合理界定小微企业规模。例如，经济合作与发展组织（OECD）就明确指出，小微企业大多数从事劳动密集型的小作坊生产和小摊点服务，微型企业是“小作坊”“小店铺”和“小摊点”。

3. 权威明确性

一般而言，小微企业规模界定标准的严谨与否体现了一个国家政府对小微企业发展的重视程度。美国政府早在 1953 年就制定了《小企业法》并设立小企业管理局，在 2000 年美国国会通过的《微型企业自力更生法》中美国首次明确界定微型企业为“由贫困人口拥有与经营，员工不超过 10 人的公司”。日本非常重视小企业发展，自 1940 年就对企业从业人员进行了明确界定，后来分别在 1941 年、1946 年、1950 年、1963 年、1973 年和 1999 年不断细化界定，使得日本小微企业的定义相当明确，既便于理论研究，也有利于政府制定与实施对中小企业的扶持政策。

4. 创业动机

小微企业的概念界定不是简单的规模指标的定量，应该有其与大中企业不同的独特内涵。这种内涵主要体现在创业动机方面。一般而言，小微企业的创办动机主要有两种：生存型动机和机遇型动机。为了解决贫困或实现就业而创办企业的被动动机就是生存型动机；创业者意识到市场上有机会而抓住市场机遇进行创业和创办企业的主动动机即是机遇型动机。正因为如此，很多国家在界定小微企业时都充分考虑到了企业主的创业动机因素。如美国就明确指出微型企业是“由贫困人口拥有与经营”的，突出了微型企业在反贫困中的作用和功能，亚洲开发银行（ADB）指出，微型企业可直接认定是“穷人”的企业。

5. 界定标准的发展性

小微企业的界定标准是在不断的演变中发展的，小微企业概念也具有历史性。1953 年美国颁布《小企业法》，规定小企业界定标准是“私人所有、独立经营并且在所经营的行业中不占支配性地位”。显然，这一定义是质性的界定，没有使用定量指标，造成实际界定过程中任意性过大。

中国2020年界定小微企业的最新标准，《中华人民共和国企业所得税法实施条例》第九十二条规定：企业所得税法第二十八条第一款所称符合条件的小型微利企业，是指从事国家非限制和禁止行业，并符合下列条件的企业：工业企业，年度应纳税所得额不超过30万元，从业人数不超过100人，资产总额不超过3 000万元；其他企业，年度应纳税所得额不超过30万元，从业人数不超过80人，资产总额不超过1 000万元。

6. 小型微型企业的划型

工信部联企业〔2011〕300号文以企业营业收入、从业人员和资产总额的规模为划分依据，将不同行业企业划分为大型企业、中型企业、小型企业和微型企业四类。

以工业企业为例，小型工业企业是指从业人员20人及以上、300人以下；且营业收入300万元及以上、2 000万元以下；微型工业企业是指从业人员20人以下或营业收入300万元以下。另外，该规定适用于在中华人民共和国境内依法设立的各类所有制和各种组织形式的企业。个体工商户和本规定以外的行业，参照本规定进行划型。

小微企业的认定标准、划型是对于小微企业不同含义的一种要求。创业者需要区分小型微型企业和小型微利企业的法律意义，正确利用国家政策进行相关费用的减免。

【案例1-2】小微企业：浙江经济的基本盘

回眸过去，浙江民营经济得改革开放风气之先，关键在于小微企业发展铺天盖地、先人一步。从数量上看，小微企业是支撑浙江经济这座高楼大厦的“重要基石”。截至2018年底，全省共有在册企业224.5万户，其中小微企业205万户，占总量的91.3%；个体工商户422.6万户。全年新设企业44.3万户，同比增长14.8%，其中新设小微企业36.3万户，增长18.3%。

从贡献上看，小微企业是推动浙江经济增长的重要动力。全省204万民营企业贡献了全省65%的GDP(国内生产总值)、74%的税收、77%的出口、87%的就业，这200多万家民营企业中95%以上是小微企业。从质量上看，小微企业有着不逊于大企业的业绩。从2019年前11个月的研发投入看，小微企业增长39.9%，比规上工业高8.3个百分点，分别比大、中型企业高9.2和15.1个百分点；税金总额，小微企业增长6.5%，比规上工业高3.6个百分点，分别比大、中型企业高7.1和6.2个百分点；利润总额，小微企业增长9.3%，比规上工业高0.6个百分点，比大企业高7.1个百分点。从实效上看，“小微企业三年成长计划”实施以来，浙江省年均新增小微企业约30万家，每年大致能够新增150万个就业岗位、40亿元税收和4 000亿元投资。由此，抓小微企业就是抓浙江经济的基本盘。铺天盖地的小微企业稳了好了，整个经济大局就稳了好了。

资料来源：浙江“小微企业三年成长计划”助推小微企业高质量发展[N]. 市场导报. 2019-01-14, 有改动.

小微企业是小型企业、微型企业、家庭作坊式企业、个体工商户等的统称，主要指产权和经营权高度统一、产品与服务种类单一，人员规模、资产规模与经营规模都比较小的经济单位。相比大中型企业，小微企业有其自身的特点，主要表现在规模小、资源有限、技术能力低、竞争力弱、抗风险能力低。

通过上文的解释，我们可以了解到小微企业界定是按照企业的从业人数、资产总额，还有应纳税所得额的多少来进行划分的。

1.4　小微企业的特征

小微企业与已经有较长历史、经营相对稳定的大中型成熟企业有着较大的差异。而此种差异恰恰可以体现出小微企业的基本特点。相比大中型企业，我们认为小微企业有以下特点。

1.4.1　数量众多，分布广泛

根据有关数据统计，小微企业数量众多，目前我国有5 000多万家中型、小型和微型企业，占企业总数的99%，其中绝大多数都是小微企业。在城市、乡镇、农村等广大区域都随处可见小微企业的身影，分布广泛。小微企业是最贴近寻常百姓的市场“细胞”，规模微小，星罗棋布，作用重大，是民营经济的基石、改善民生的重要途径、社会活力的重要标志。

1.4.2　生产销售灵活，市场反应快速

小微企业具有“小、快、灵”的优势。它们直接面对市场，市场竞争意识较强。物竞天择，达尔文认为，自然界中能够生存下来的物种，并不是那种最强壮的，也不是那些最聪明的，而是那些最适应环境、能够对环境变化作出快速反应的。小微企业首先考虑的是生存问题，老板直接面对市场，对外部市场环境变化非常敏感，市场洞察能力较强，更容易发现市场机会，适应市场。小微企业组织结构和决策模式简单、快捷，一般决策由老板和几个骨干成员讨论后就可以定下来快速行动，而不像大型企业那样组织结构较为完善，层级较多，层层讨论，互相制约，决策和行动缓慢。小微企业富有创业激情，勇于承担风险，积极创新，具有较强的竞争意识，这些都有利于小微企业的市场竞争与价值创造。

1.4.3　自有资金少，资产规模较小

小微企业资源有限，竞争力弱，抗风险能力低。生命周期短，经营比较单一，市场淘汰率高，经营风险较高。小微企业规模微小，体现在资产、销售额、利润、人员等各方面。产品的技术含量和附加值低，知识产权和品牌价值等无形资产也非常欠缺。由于小微企业内部缺少足够的资源和技术力量，外部缺乏信任和社会关系网络，因而小微企业的竞争力较弱。绝大部分小微企业没有形成自己的核心竞争力，无力在激烈的市场竞争中战胜竞争对手，因此失败率较高。由于小微企业资源有限，抵抗市场风险的能力也较低，遇到宏观环境风险、资金风险、人员流失风险等没有更多办法应对。

1.4.4　扎堆于传统行业，市场竞争激烈，生存压力巨大

小微企业由于自身资金、技术实力有限，所进入的多是一些进入门槛较低的传统行

业，如建筑、装饰、餐饮、零售、中介服务等。这些行业相对于IT(互联网技术)、通信、医药、房地产、互联网等行业进入门槛较低，对资金、技术要求不高，因此大量的中小微企业扎堆于这些传统行业，使得这些行业竞争激烈、利润率较低、生存压力巨大、难以持续发展壮大。

1.4.5 以人设岗，职责模糊

职责和权限匹配失当，管理层级错位。由于缺乏足够的管理知识，小微企业在实际经营中，往往沿用创业初期的用人模式，即以个人能力、优势及特点确定岗位，无规范的组织结构和岗位说明书，部门及岗位职责模糊、管理不规范、缺乏内部制衡。部分部门或岗位甚至出现职能冲突或错位，存在一定的经营风险和财务风险。各部门负责人进行内部管理时，需要获得与职责相应的业务、财务和人事权限。然而，目前小微企业的部门负责人可能仅有部分业务权限和人事权限，几乎没有财务权限，项目开支均由总经理审定，拉长了决策周期，不利于应急事件的处理和部门内部管理。企业的业务流程及管理制度不健全、不规范。小微企业在实际运营中，可能将更多的精力放在业务的拓展和维系上，忽视了必要的流程和制度建设，企业缺乏约束力和管理依据，加深了混乱程度。

1.4.6 缺少企业文化和团队建设

合理、清晰、高效的组织架构是实现企业未来战略发展的必要条件之一。然而，部分小微企业的组织架构中，各部门职责均待明晰，部门间协同性和支持性相对较低，整体管理效能不高，较难对未来发展形成强有力的支撑和保障。小微企业的业务运作更多地依靠总经理或少数几个核心员工，未形成真正意义上的团队，业务波动较大。加之缺少企业文化建设的意识，员工对企业缺乏归属感和认同感，人员流动率较高，十分不利于企业的长期发展。

1.4.7 形式多元化，内部管理松散

管理水平和管理能力较低，小微企业可能因成本、行业、业务类型等，所招聘员工的学历、知识水平、管理意识和概念相对较低。企业管理多为粗放式、松散式的，管理效率低且对企业经济效益贡献小。多为家族式经营与管理，公司治理不完善，管理相对不正规，缺乏长远的规划。基于以上特点，小微企业很难保证经营的稳定性、持续性，缺乏发展后劲，受市场波动影响大，因此加强经营管理势在必行。

小企业作为民营经济的主力军，分布于各行各业，成为推动科技创新和促进经济增长的重要力量。我们要认识小微企业，了解其特点。小企业首先要考虑的是生存问题，然后是发展问题。如何实现可持续成长、避免过早倒闭，是小微企业发展中的重点和难点，是理论和实践都要重点关注与研究的问题。

1.5 小微企业的社会地位和作用

1.5.1 小微企业的社会地位

世界上任何一个国家，小微企业都是国民经济的中坚力量。美国小微企业就有2 000

多万家，占全美企业总数的92%以上，创造了美国50%以上的国内生产总值，吸纳了全美50%以上的劳动力，产品出口额占总出口额的30%，美国全部新增就业机会85%是由小微企业创造的。在日本，小微企业总数占全日本企业总数的90%，吸收了日本就业的86.7%。欧盟作为世界上最大的区域性集团，其经济活力与小微企业密不可分。欧盟统计局公布的资料显示：在欧盟的1 800万家企业中，雇员在250人以下的企业有1 792.4万家，占企业总数的97%以上，产值占欧美整个总产值的55%。法国、意大利、英国、德国等西方主要工业国家，小微企业数量都占本国企业总数的96%以上。

中国改革开放40多年以来，小微企业得到了巨大的发展，创造的最终产品和服务的价值占全国GDP的50%以上，缴纳税金占全国纳税总额的50%以上，吸纳了75%的城镇就业人员，发明专利占全国专利总数的66%，研发的新产品占总数的82%。小微企业是国民经济的重要组成部分，一个国家国民经济的运行状况不仅仅是由大企业决定的，更是由千千万万个小企业的命运决定的。小微企业的健康发展，是我国经济克服国际金融危机和新冠疫情等影响、保持平稳较快发展的有力保障。

1.5.2　小微企业的作用

社会主义市场经济要有活力，不仅需要“顶天”的大中企业，更需要“立地”的小微企业。

1. 小微企业是促进经济增长的重要力量

改革开放以来，我国小微企业发展迅速、分布广泛，涵盖国民经济的大部分行业，成为我国实体经济的重要组成部分。据相关数据显示，2019年中国中小微企业占全国企业总数的99.7%，其中小型微型企业占97.3%，提供城镇就业岗位超过80%。可见，我国小微企业有着相当重要的地位。

2. 小微企业是增加就业、稳定社会的重要力量

随着我国经济结构的调整、农村剩余劳动力的大量增加以及下岗职工的不断增多，社会就业压力前所未有。小微企业因其创办速度快、准入门槛低，成为我国创造就业岗位的主体，全国工业部门就业人数为1.5亿人左右，其中在小微企业就业的人数就有1.1亿多人。1978—1996年，我国农村转移出来的2.3亿劳动力，绝大多数是在小微企业中找到的就业机会。2019年国务院发布关于进一步做好稳就业工作的意见。该意见提到，鼓励小微企业吸纳就业。降低小微企业创业担保贷款申请条件，当年新招用符合条件人员占现有职工比例下调为20%，职工超过100人的比例下调为10%。对小微企业吸纳登记失业半年以上人员就业且签订1年以上劳动合同并按规定缴纳社会保险的，有条件的地区可给予一次性吸纳就业补贴，实施期限为2020年1月1日至12月31日。我们还将面临新生劳动力和现有劳动力的内外压力，所以，大力发展小微企业不仅是为经济发展出力，也是缓解就业压力的需要。

3. 小微企业是促进经济结构调整的重要载体

小微企业经过多年的发展，已开始从商贸服务、一般加工制造等传统领域向高新技术和现代服务业等新兴产业延伸，目前已涌盖国民经济大部分行业。在发展过程中，小微企业为增强市场竞争力，依据灵活决策的优势，不断引进新技术、新设备和新工艺，不仅促进了自身的快速发展,还带动电子信息、生物科学等高新技术成果实现产业化。目前我国已涌现出不少成功掌握先进技术的领军企业,它们在促进经济结构调整上发挥着重要的作用。

4. 小微企业是大企业的重要伙伴

国内一些大型企业的生产链条由许多小微企业组成,现在的许多大型企业也是由小企业成长起来的。例如,依托政策导向发展起来的格力、海尔、康佳、老干妈等企业就是由小微企业发展成为大企业的典型代表。国外一些大企业也是这样成长起来的,如微软和耐克等公司。大企业的发展和生产链条离不开小微企业的支持。小微企业更好更快发展,在优化产业结构、加快产出速度等方面对大企业也具有一定的支持作用。小微企业与大企业是战略合作伙伴,双方互为依存、互为依托、共图发展、相得益彰。

1.6 创新是小微企业的生命之源与成长动力

经营之道,战略为首;竞争制胜,贵在创新。竞争越激烈,创新越重要。美国福特汽车公司总经理卡勃德威尔曾大声疾呼:"我们不创新的话,就无法活下去了。"一个有作为的小微企业领导,不应是小微企业"昨天"的保护者,而应是"今天"的开拓者、"明天"的创造者。创新就是创业。创新经营就是小微企业在生产经营活动中必须根据市场变化和市场需求并结合小微企业自身的特点,不断地有创造性地发展。第二次世界大战后日本经济崛起,后来威胁到美国,甚至在很多领域已超过美国,后来者居上,很重要的一点就是日本小微企业在整个经营管理上更注重创新。诺贝尔奖获得者西蒙说:"管理的核心在经营,经营的核心在决策,决策的核心在于创新。"创新是小微企业的生命之源。

小微兴,则创业兴;小微强,则创新强;小微富,则国力富。2015 年 5 月,习近平总书记在浙江召开的华东 7 省市党委主要负责同志座谈会中强调,综合国力竞争说到底是创新的竞争。要深入实施创新驱动发展战略,推动科技创新、产业创新、企业创新、市场创新、产品创新、业态创新、管理创新等,加快形成以创新为主要引领和支撑的经济体系和发展模式。创新是小微企业的生命之源,小微企业创新问题从思维、目标、模式、技术及产品等几个方面进行。

1. 思维创意,出新求利

金点策划,点石成金。创意思维是求新、求异的思维,创造性思维与创意活动紧密相连,创意活动是在前人知识、经验的基础上进行的创造活动。"人无远虑,必有近忧。"超前意识是创造性思维之母,小微企业立足的根本是创新经营。小微企业领导者要眼观六路、耳听八方,时刻把握住发展的方向与机遇,冷静地进行市场调研,客观地判断经济发展的趋势及动态,要及时捕捉商机、适时利用商机,审时度势制定出精准的经营决策。对于小微企业领导者来说,超前思维是指经营者把企业目前的生产经营活动的内部条件和赖以生存的外部环境,看作一个不断变化发展、保持动态平衡、生生不息的运动过程。这一过程充满了机遇与挑战、收益与风险。小微企业就是要根据外部环境的变化,对自身的经营行为不断作出相应的调整,从而使企业在动态环境中生存,并逐步发展和壮大。富有战略远见,才是取得成功的源泉。麦当劳的创意是迅速发展连锁店。当麦当劳连锁店如雨后春笋矗立在美利坚大地之前,有谁能够想到一个卖汉堡包的作坊可以发展到那么大的规模呢？谁又敢冒着破产风险而拼命地扩充铺面呢？只有克洛克和他的麦当劳确信自己可以成功！他们深信不疑，麦当劳具有成功的潜质！这就是超前思维，超前性创新思维乃是小微企业成功之母。

再如，温州民营经济就是典型的“老百姓经济”，立足民力、依靠民资、发展民营、注重民富、实现民享是其重要的基本特征。2019 年，温州市市场主体在册总数 95 万家，其中企业有 24.6 万家，这相当于温州人中经商办企业的占比达 10%以上，温州民营企业数量占全市企业总数量的 99.5%，民营企业工业产值占全市工业产值的 95.5%，外贸出口额占全市外贸出口额的 95%，税收占到全市总税收额的 80%以上。近年来，温州“民字号”改革成效显著，社会力量办学、办医、办文化、办体育等走在全国前列。

超前思维的要点有三：一是企业家在决策时不仅要向“钱”看，更关键的是要向“前”看。二是企业家不仅要有精明的战略思维，而且还要有“月晕而识风，础润而知雨”的敏锐目光与把握商机的能力。三是“金风未动蝉先觉”，捷足先登，能见前人所未见，想今人所未想，能从现状看到未来。

【案例 1-3】奇特的反复印机

如今，复印机、激光印表机等已成为日常的办公用品。然而，它却耗费了大量的纸张，既不经济又不符合环保要求。对此，日本理光公司推出了一种“反复印机”，其大小与一台激光印表机差不多，已经复印过的纸张通过它，上面的图文即会消失，还原成为能够多次复印的白纸。如此，一张复印纸可以重复使用 10 次左右，不仅节约了资源，创造了财富，而且使人们树立起新的价值观念：节俭固然重要，创新更可贵。这种“反复印机”的出现适逢世界各国日益重视保护森林资源、大力提倡节约用纸之时，故而深受用户欢迎，市场前景十分广阔。

资料来源：陈承欢，杨利军，高峰. 创新创业指导与训练[M]. 北京：电子工业出版社，2017，有改动.

【感悟与反思】

“反复印机”的发明恰当地运用了逆向思维。逆向思维虽然超常，但不反常；虽然奇特，但不荒唐。它不是毫无根据的胡思，也不是虚无的乱想，而是一种在解决问题过程中更为艰苦的创造性脑力劳动。它是在一个更为广阔的天地里探求，并在突破常规、与别人完全相反的方向上，思考问题的思维方法。逆向思维不受旧观念束缚，积极突破常规，标新立异，表现出积极探索的创造性。逆向思维不满足于“人云亦云”，不迷于传统看法和惯用做法，这种方法常常使问题获得创造性的解决。

逆向思维对于解决疑难问题或创新思维、标新立异具有特殊意义，往往能作出突破性的贡献。怎样去适应市场和日趋变化的消费需求？发明“反复印机”的成功事例告诉我们，同类产品并非没有开发的潜力和价值，只要生产经营者肯动脑筋，善于把先进的科学技术运用到老产品的挖潜和革新上，多在产品的款式、用途上下功夫，照样能够生产开发出适应市场需求的好产品来。

2. 目标树立，励精图治

小微企业经营目标是指企业在一定时期内，充分考虑企业的内部条件与外部环境，沿其经营方向企图达到的理想的预期成果。例如企业竞争地位、业绩水平、发展速度都可作为企业的创新目标。没有目标就没有方向，也没有前进的动力，企业创新也就无从谈起。小微企业经营目标应当数量化，它有三个好处：一是便于分解，指标下达，落实到人，明确责任；二是便于检查，在实施过程中可以根据有关数据检查整个小微企业是否在向新战略目标方向迈进，若发现问题可以及时采取措施加以纠正；三是便于激励员工心往一处想、劲往一处使，结合群力，达致目标。小微企业的经营目标应具有以下四个特征。

一是可接受性。创新目标的实施和评价要靠小微企业内部员工和社会大众完成，因此树立目标必须符合他们的利益，为他们所接受。

二是可检验性。创新目标要有时间性，即在规定的时期内，要达到预期的战略目标。因此必须随时进行检验，使战略的实施在可控制的范围之内。

三是可实现性。经营目标要切合实际、切实可行、实事求是。不能盲目乐观，将目标定得过高、可望而不可即，使人心灰意冷，必然会挫伤员工的积极性，既浪费资源，也浪费感情。但也不能妄自菲薄，把目标定得过低，这样会对员工缺乏激励作用，使小微企业丧失发展机会。因此，创新目标应该是“跳起来能摘到的桃”。

四是可激励性。小微企业经营目标必须与员工个人奋斗的目标相契合。唯有如此，小微企业的新目标才能为员工所关注，才能激励各方的责任和热情，励精图治，为实现小微企业的创新目标而作出不懈的努力。目标一定，就要拼命，不达目标誓不罢休，世界上还有什么困难是不可战胜的吗？

【案例 1-4】圆珠不坏油先尽

圆珠笔是美国比罗兄弟在 1934 年发明的，这种笔一问世，由于其具有不用灌墨水、可以复写、使用方便等优点，因而受到人们广泛欢迎。但遗憾的是，每当圆珠笔笔芯写到 2 万字左右时，笔芯上的圆形滚珠就由于磨损而变小，这样油就渗出来了。针对这一漏油问题，圆珠笔制造商投入了大量的人力、物力，进行圆形滚珠耐磨损的研究，在如何延长圆珠的寿命上想办法、找出路，他们想到使用更耐磨的金属材料来制造圆形滚珠，从而延长滚珠的磨损寿命。但这样一来就会出现一对矛盾，如果用贵重耐磨金属制造圆形滚珠，就必然大幅度地提高圆珠笔的生产成本和价格，从而在市场上失去竞争力；而普通的廉价金属耐磨损性又比较差。正因为如此，所以多年来圆珠笔漏油这个看似简单的问题都没有得到很好的解决。正当专家们一筹莫展时，有位叫中田藤三的日本年轻人却另辟蹊径，提出了一个绝妙的想法，从控制圆珠笔芯的油量着手，缩短笔芯使用寿命来达到圆珠不坏油先尽的目的，使色油在写到 15 000 个字左右时正好用完，从而轻而易举地解决了问题。

资料来源：陈承欢，杨利军，高峰．创新创业指导与训练[M]．北京：电子工业出版社，2017，有改动.

【感悟与反思】

有句成语叫“他山之石，可以攻玉”。当我们在一定的条件下解决不了问题或虽能解决问题但只是用习以为常的方案时，可以用侧向思维来产生创新性的突破。

很多时候，我们盯住事件本身，也许只能陷入困境，但是侧向思维的恰当运用，会让人以最少的付出达到最大的收益。科学家研究发现，一个人为某一个问题苦苦思索时，会在大脑里形成一种优势灶，一旦受到其他事物的启发，就很容易与这个优势灶产生相联系的反应，从而解决问题。做有心人，仔细观察，善于思考，捕捉灵感，专心研究，坚持不懈，总会有成功的时候。

本案例巧妙利用逆向思维（从油多逆向为油少）与侧向思维（不从圆珠而从笔芯解决问题）获得成功。

3. 管理模式，标新立异

小微企业战略目标一旦确立之后，就应该有新的组织管理模式保证战略目标付诸实施。成本管理是企业管理中至关重要的一项专业管理。20 多年前，邯钢创建了“模拟市场核算，实行成本否决”的管理模式，这种有效的管理经验为全国许多企业纷纷效仿。有许多企业坚持从实际出发，本着“精神实质不走样，具体方法有创新”的宗旨，学创结合，取得良好的效果。2015 年，宣钢公司又提出了“改革创新、基础管理提升、优化运行方式”的总体要求，旨在大力发展非钢创效产业。创建了多元化采购模式。通过一年的实施，提高了采购效率，保证了物料及时、保质、保量供应，最大限度地提高了性价比，降低了采购成本，规范了采购程序，提高了企业采购管理水平。

传统模式下，企业的核心成员，比如董事长、总经理等管理层的信息获取能力或认知能力高于普通员工，管理层决策成为主流，绝大多数员工则谈不上具有决策能力。这种决策体制的弊病在于：对企业外部宏观大势研判不准确，内部判断因为数据量有限而受到限制，甚至可能得出截然相反的判断。进入大数据时代，数据成为最重要的一个资源，“数据为王”，谁掌握了数据，从中筛选出有利于企业提高竞争性的数据并加以利用，谁就会在接下来的竞争中取得优势。

例如，温州作为我国首批 14 个沿海开放城市之一，全力以赴构筑“引进来”与“走出去”的双向互动开放格局，在国内有 175 万温州人、在国外有 70 万温州人创业发展，哪里有市场经济，哪里就有温州商人活动的身影。在国内建立了异地温州商会 268 家，在国外有 350 多个海外侨团，构建了内外互动、连接世界的信息网、资金网、供销网、商会网和乡情网。尤其是 38 万温州人云集“一带一路”沿线 57 个国家和地区，成为“一带一路”建设上的亮丽风景线。改革开放 40 多年来，温州率先推进市场化改革，大力发展民营经济，形成了享誉全国的“温州模式”，创造了许多鲜活样本和宝贵经验，成为中国民营经济发展的一面旗帜。

4. 技术创新，科技领先

经济增长的最重要动力和最根本的机制在于小微企业的科技创新活力。小鸟飞行需靠双翼，企业进步靠科学管理与技术创新，管理与创新就是企业腾飞的翅膀。新的技术革命特别是高新技术正在成为世界上国与国之间经济竞争的制胜法宝。从技术引进走向技术创新，应当成为中国当今企业发展的必由之路。实现 GNP 的增长，更主要依靠科学、技术、管理和新的劳动组织方式等，而技术开发在其中占有相当重要的位置。再如，温州这座靠民营企业“起家”“发家”“立家”的城市，始终把促进科技创新与夯实民营经济发展根基作为科学发展的第一要务。围绕质量变革、效率变革、动力变革做文章，坚持政府主导、企业主体、科研主力"三位一体",鼓励、支持、引导民营企业深度参与温州国家自主创新示范区建设,提升创新驱动力。大力推进温州东部沿海经济带开发建设,着力培育若干个"万亩空间、千亿量级"产业大平台,提升平台爆发力。因此,小微企业必须加强科技创新意识,树立产品开发思想。制定和实施技术创新战略,技术创新,科技领先,带动小微企业茁壮成长。

【案例 1-5】知识、技术、模式的有机组合

许多科学家认为知识体系的不断重新组合是人类知识不断丰富发展的主要途径之一。从这一角度看,近现代科学的三次大创造是由三次大组合所带来的。

第一次大组合是牛顿组合了开普勒天体运行三定律和伽利略的物体垂直运动与水平运动规律,从而创造了经典力学,引起了以蒸汽机为标志的技术革命。

第二次大组合是麦克斯韦组合了法拉第的电磁感应理论和拉格朗日、哈密顿的数学方法,创造了更加完备的电磁理论,因此引发了以发电机、电动机为标志的技术革命。

第三次大组合是狄拉克组合了爱因斯坦的相对论和薛定谔波动方程,创造了相对量子力学,引起了以原子能技术和电子计算机技术为标志的新技术革命。

资料来源:陈承欢,杨利军,高峰. 创新创业指导与训练[M]. 北京:电子工业出版社,2017,有改动.

【讨论题】

(1) 乔布斯如何把世界上最先进的技术进行最优组合,从而达到完美的用户体验,让消费者满意的目标?

(2) 腾讯微信组合了哪些技术?是如何将计算机技术、通信技术、金融支付融合,形成 Internet 平台、通信平台、支付平台最优组合的?

5. 产品创新,出奇制胜

与科技创新相对应的是产品创新、出奇制胜。产品是物化技术的结晶。任何企业产品都要经历一个从萌芽期到衰退期的经济生命周期,它反映了产品的经济价值在市场上由盛而衰的发展变化过程。小微企业为了使一种产品保持生机勃发的状态,必须"生产一代,开发一代,研制一代,构思一代"。这叫"四世同堂"。只有这样,小微企业的成长发展与经济效益才会有深厚的动力源泉。

【案例 1-6】爱迪生组合新发明留声机

1877 年的一天,爱迪生将一张画着锡纸圆筒、螺旋杆、带有尖针和薄膜的圆头的图纸交给一个工人去制造。这个工人虽然根据要求把爱迪生需要的东西制造出来了,但他不知道这是什么东西。当爱迪生把这台"会说话的机器"带到《科学美国人》杂志编辑部去表演时,各报记者都来观看,盛况空前。

当爱迪生把尖针放在锡纸圆筒上,转动圆筒,发出记录在锡纸上的说话声音时,大家无不热烈欢呼。这就是爱迪生发明留声机的故事,也是爱迪生进行组合思维的结果:几件平凡的东西组合在一起产生了意想不到的效果。

资料来源:陈承欢,杨利军,高峰. 创新创业指导与训练[M]. 北京:电子工业出版社,2017,有改动.

【感悟与探索】

组合思维法就是对现有的实物加以组织，以形成形态、功能更优的事物的创新思维方法。

在科学界、商业和其他行业都有大量的组合创造的实例。当然组合不是随心所欲地拼凑，必须是遵循一定的科学规律的有机的最佳组合。

新颖的产品开发、出奇的产品构思、精准的产品设计、精细的质量管理是树立良好产品形象的基础。品牌生命在质量，新产品要成功，首先是要保证质量优良，所以产品创新的首要任务是在制定产品线或事业部的业务战略规划的过程中，对识别出来的市场机会分析是否需要通过开发高质量的新产品来实现，这些工作是在制定业务战略规划过程中所做的抉择，并不是企业还要通过什么单独的产品创新战略来决定是否需要开发一款新产品。例如，日本几乎所有的企业都把开发设计新产品摆在头等重要地位，日本企业每年有上万种新开发设计的产品投产，它们用 6 个月进行开发新产品的设计活动，3 个月组织生产，1 个月销售。正是日本小微企业不断开发设计新产品，塑造了高质量的日本产品的良好形象，才促进了日本经济的快速腾飞。

当今时代，"产品和服务"是企业经营的核心要素，能够充分满足市场需求的好产品在被消费者热议和追捧的同时也为企业创造了可观的收益，对于小微企业而言，核心产品市场表现的优劣能够决定其未来的命运。为此，小微企业必须树立警钟长鸣的忧患意识，不断进行技术创新、开发新产品。如广西玉柴机器股份有限公司(以下简称"玉柴")，其产品形象良好的根本原因在于居安思危，不断开发设计新产品。玉柴 1984 年开始生产 6105Q 柴油机，在当时就深受市场的欢迎，并构成一定的优势。但玉柴并未满足现状、故步自封，而是依靠科技创新促进产品的不断升级换代，使玉柴的良好品牌形象不断提升，玉柴规模、效益不断跃进、逐年攀升。玉柴以"绿色发展、和谐共赢"为经营理念，"十二五"期间，年度经营规模突破 400 亿元大关，发动机年市场占有率名列前茅。

毋庸置疑，产品创新必须以客户需求为出发点，客户需求调研谁都会做，但由客户要求(want)挖掘出客户的真实需求(need)，并分辨出客户的痛点、痒点和兴奋点，却并不容易。以"新"得利，以"奇"引人，以"廉"获胜。许多小微企业开发新产品、开拓新市场的成功经验表明：市场相信科学。谁能在市场经济中不断创新，最快掌握新技术、开发新产品、开拓新市场、占领科技制高点，谁就能在市场竞争中处于领先地位，永远立于不败之地。

【案例 1-7】郇口关博发明家

她叫郇口关博，她的偶像是科学家爱迪生。在她看来，科学就像电灯一样，让人们的生活明亮起来。

当别的孩子疯玩时，她却干出了一连串让人啼笑皆非的事：研究如何在牛奶中加糖、醋、盐，调制怪味牛奶。她那双明亮的眸子始终投射在生活中的难题上，专注于每个细节。小学时，为使校徽不刺伤人，她从文件夹上得到启示，发明了一种安全校徽，将针夹牢牢锁住。初中时，她发现热水器时冷时热，而燃烧器排出的废气温度又很高，于是她在废气上设计了水管，让自来水先在此水管中预热后再进入燃烧器，这样就容易保证水温了。高一时，她从铺位上滚下来扭伤了脚，于是从汽车安全带上获得启示，设计了一种不影响睡觉的“防滚带”。她的奇思异想，让她在科学的世界里展翅翱翔。

上海的媒体连续报道了几起交通事故，而其中的“致命杀手”都是司机在急刹车时误踩油门。看着电视上哭天喊地的画面，她的心被一种强烈的悲怆撕裂：血不能少流些吗？她便想为此做些什么，通过思考她有了想法：“为什么不发明一种装置来杜绝此类事件的再次发生呢？”

当她确定要解决刹车问题时，她乘车时都要问司机正常的踩油门和误踩刹车有何不同。问了十几次之后，她发现，一般踩油门用时1.5秒左右，而踩急刹车仅0.5秒甚至更短。在对国内几乎所有型号的汽车进行测试后，她肯定了这个数据的确切性。于是，经过反复实验和一个多月的实践，一种以CMOS芯片为主的自动判断装置诞生了：如果判断司机属正常操作，则中央控制器不干涉，汽车如同没有装该套装置一样；一旦“发现”司机将油门误踩成刹车，该装置会进行提醒，能自动发出指令，打开气压刹车系统，制住车轮，同时断开汽车发动机的点火线路。在科技部和通用公司共同举办的“中国智能交通系统设计大赛”上，郭口关博和全国的汽车设计专家发表了关于汽车、交通等相关问题的研究成果，而她是唯一被破格允许参赛的中学生。据市场调研，当时我国有2 000多万辆汽车，即使只有20%配备了她的发明，其市场价值也有60亿元。她因此荣获教育部颁发的“明天小小科学家”一等奖。对此，她很平静地说：“我不知道60亿元是多大一笔钱，但我却能感受到一个生命有多重。”当人们向她请教如何创造发明时，她说，创新并不神秘，就是见人之所未见、思人之所未思，只要大胆想象，就可以得到意想不到的收获。

资料来源：陈承欢，杨利军，高峰. 创新创业指导与训练[M]. 北京：电子工业出版社，2017，有改动.

【感悟与探索】

心理学研究表明，意识到问题的存在是思维的起点，没有问题的思维是肤浅的思维、被动的思维。有了问题，思维才有方向、才有动力；有了问题，才有主动探究的愿望。如果观察到某种事实但并不提出问题，那么无论这类事实被观察过多少次，它们仍然是平凡的事实。

学生如果有问题意识，就会产生解决问题的需要和强烈的内驱力，他们的思维就会为解决某一具体的局部的实际问题而启动，不同层次水平的学生就会采用查找资料、请教师长等手段，在有意或无意之中大大扩充了知识量。因此，培养学生的问题意识，有利于发挥学生的主体作用，有利于激发学生学习的动机，学生只有在不断地试图提出问题、克服一切困难、努力解决问题的过程中，才会具有科学的探索精神和创造品质。

问题意识在思维过程和科学创新活动中占有非常重要的地位，对创新教育教学活动来说，问题意识是培养学生创新精神的切入点。在弘扬创新精神的今天，培养学生的问题意识比任何时候都显得尤为重要，它对于学生掌握较好的学习方法、发挥学生的主体作用、激发学生探究社会现象的本质、培养学生创造意识具有重要意义。

【小知识】小微企业创新途径

(1) 看人家所看不到(不愿、不想看或视而不见)。

(2) 听人家所听不到(不愿、不想听或听而不闻)。

(3) 想人家所想不到(不敢、不愿想或思而不深)。

(4) 悟人家所悟不到(不能、不肯悟或想而不透)。

(5) 学人家所学不到(不想、不愿学或学而不精)。

(6) 做人家所做不到(不能、不愿做或为而不果)。

最终成人家所不能成,这才叫本事。什么才叫水平?别人发现不了问题,你发现了;什么叫能力?别人办不成的事,你办成了;什么叫效率?别人用一周,你用两天就能完成任务(有用功=效率/时间);什么叫魄力?别人举棋不定、知难而犹豫时,你经过系统思考,当机立断,敢冒风险,敢负责任,一锤定音,一次做对,不断创新。

【知识拓展】新时代浙商创业心智文化特质研究

拓1

思考题

1. 怎样掌握小微企业的概念及界定原则?
2. 小微企业的特征有哪些?
3. 小微企业的地位与作用有哪些?
4. 试述创新是小微企业发展的动力源泉。
5. 从新时代浙商创业心智文化特质研究中的某个知识点谈谈给你带来的心智启迪。

技能训练

走访你身边的小微企业,与小微企业主进行交流。了解他们的经营状况,了解他们在管理中的困难,提出对策,形成分析报告,以PPT格式完成,各项目团队选出一名代表准备汇报。

即测即练

习题1

第 2 章

管理基础与小微企业经营模式

学习目标

- 理解管理的概念并解释其内涵
- 掌握管理的基本职能、方法
- 了解组织机构设计的原则与类型
- 理解小微企业管理基础工作与现代企业制度
- 了解小微企业的经营管理模式

2.1 小微企业管理基础知识

2.1.1 管理概述

【案例 2-1】微软公司和比尔·盖茨

例2-1

2.1.2 管理的内涵

1. 管理的概念

管理是协作劳动的产物,自从有了人类也就有了管理,管理活动作为人类的重要活动,遍布人类社会发展的各个阶段和各个领域。古代中国人建长城、古埃及人建金字塔,是规模浩大的建筑工程,也是纷繁复杂的管理工程。几十万人共同劳动,谁来安排每一个人该做什么工作?谁来保证在工地上有足够的石料和工具?谁来协调几十万人的劳动?显然,只要有共同活动的地方,就需要有管理。在现代社会中,不管人们从事何种职业,人人都在参与管理:或管理国家,或管理家庭,或管理业务,或管理子女。国家的兴衰、企业的成败、家庭的贫富、个人的幸福快乐与否,无不与管理是否得当有关。可以说,管理是无时不在、无处不有的,管理活动渗透在人类生活的方方面面。

那么，什么是管理呢？管理的概念比较宽泛，政府管理、企业管理、教育管理、军事管理等都属于管理的范畴。虽然在这些领域中管理的对象各不相同，但是管理的基本规律仍有很大的共性。由于考虑角度的差异，人们对管理内涵的解释也不尽相同，其中比较有代表性的观点有以下几种。

科学管理之父弗雷德里克·泰勒认为：管理就是"确切地知道你要别人去干什么，并使他用最好的方法去干"。在泰勒眼里，管理就是指挥他人用最好的方法去工作。

古典管理理论创始人之一亨利·法约尔认为："管理就是实行计划、组织、指挥、协调和控制。"法约尔的这一看法使人相信，当你在从事计划、组织、指挥、协调和控制工作时，你便是在进行管理。

诺贝尔经济学奖获得者赫伯特·西蒙认为："管理就是制定决策，决策贯穿于管理的全过程。"

管理过程理论代表人物哈罗德·孔茨认为："管理就是设计和保持一种良好的环境，使人在群体里高效率地完成既定目标。"

知识经济时代杰出的管理学家彼得·德鲁克对管理的解读更具有洞察力，他认为："管理是一种工作，它有自己的技巧、工具和方法；管理是一种器官，是赋予组织以生命的、能动的、动态的器官；管理是一门科学，一种系统化的并到处适用的知识；同时，管理也是一种文化。"彼得·德鲁克说："管理，从根本上说，意味着用智慧代替鲁莽，用知识代替习惯与传统，用合作代替强制。"

我国管理学家周三多认为："管理是社会组织为了实现预期的目标，以人为中心进行的协调活动。"

综合上述观点，本书对管理的定义是：结合群力，导致目标。指组织中的活动或过程，即通过信息获取、决策、计划、组织、领导、控制和创新等职能的发挥来合理分配、协调包括人力资源在内的一切可以调用的资源，以实现个人无法实现的目标。

对这一定义，我们可以从以下几个方面理解其内涵。

(1) 管理的载体是组织。组织包括企事业单位、国家机关、社会团体以及宗教组织等。管理作为一种活动，一定是在某个特定组织中发生的。管理不能脱离组织而存在，同样，组织中必定存在管理。

(2) 管理的对象是各种资源，即包括人力资源在内的一切可以调用的资源。任何组织的生存发展都依赖于特定的环境，都必须从环境中获得相应的资源，通常包括人力、物力和财力资源，如原材料、人员、资金、土地、设备、顾客和信息等。在这些资源中，人员是最重要的。在任何类型的组织中，都同时存在人与人、人与物的关系，但人与物的关系最终仍表现为人与人的关系。任何资源的分配、协调实际上都是以人为中心的，所以管理要以人为中心。

(3) 管理的本质是一个过程，即合理分配和协调各种资源的过程。

(4) 管理的职能包括信息获取、决策、计划、组织、领导、控制和创新等。本书将"信息获取"和"创新"列为管理的职能，是因为二者在现代管理活动中占有特殊的地位。

(5) 管理的目的是有效实现组织目标。任何一个组织都是为实现某种目标而组成的人和技术的系统安排，任何管理活动都是紧紧围绕组织目标而进行的。有效实现组织目标，必须从效率和效益两个方面来衡量。效率是指以尽可能少的投入获得尽可能多的产出。效率涉及做事的方式，通常指的是“正确地做事”，即不浪费资源。效益是指所从事的工作和活动有助于组织目标的实现。效益涉及结果，通常是指“做正确的事”。因此，有效的管理应该是“正确地做正确的事”。

2. 管理的科学性和艺术性

管理是科学与艺术的结合。说它是科学，是强调其客观规律性；说它是艺术，则是强调其灵活性与创造性。而且这种科学性与艺术性在管理的实践中并非截然分开，而是相互作用，共同发挥管理的功能，促进目标的实现。

管理的科学性是指管理作为一个人类活动过程，其间存在着一系列客观规律。人们通过对各种管理实践经验的收集、归纳、检测数据，提出假设，验证假设，从中抽象总结出一系列反映管理活动过程中客观规律的管理理论和一般方法。人们利用这些理论和方法来指导自己的管理实践，又以管理活动的结果来衡量管理过程中所使用的理论和方法是否正确、是否行之有效，从而使管理的科学理论和方法在实践中得到不断的验证和丰富。因此，说管理是一门科学，是指它以反映管理客观规律的管理理论和方法为指导，有一套分析问题、解决问题的科学的方法论。

管理的艺术性就是强调其实践性和灵活性。这就是说，仅仅凭借书本上的管理理论和管理原则来进行管理，无异于“纸上谈兵”，是不能保证其成功的。主管人员必须在管理实践中发挥积极性、主动性和创造性，因地制宜地将管理知识与具体管理活动相结合，才能进行有效的管理。所以，管理的艺术性，就是强调管理活动除了要掌握一定的理论和方法外，还要有灵活运用这些知识和技能的技巧及诀窍。只有承认管理的艺术性，才能有的放矢地利用管理理论，避免机械地生搬硬套管理理论，才能发挥管理者在管理实践中的创造性。

因此，管理既是一门科学，又是一门艺术，是科学与艺术的有机结合体。管理的这一特性，对于学习管理学和从事管理工作的管理者来说也是十分重要的，它可以促使人们既注重管理基本理论的学习，又突出在实践中因地制宜地灵活运用。

【案例 2-2】一则年终奖金的发放艺术

一个蒸蒸日上的公司，当年盈余竟大幅度下滑。马上就要过年了，往年的年终奖金最少加发两个月工资，有的时候发得更多，这次可不行，算来算去，只能多发一个月的工资作为奖金。按常规做法，实话告诉大家，很可能士气要下滑。董事长灵机一动，想到一个妙招。没过两天，公司传来小道消息——“由于经营不佳，年底要裁员。”顿时人心惶惶，但是总经理却宣布：“再怎么艰苦，公司也决不愿意牺牲同甘共苦的同事，只是年终奖可能无力发放了。”总经理一席话让员工放下心了，只要不裁员，没有奖金就没有吧。

人人都做好了过个穷年的打算。除夕将至，董事长宣布：“有年终奖金，整整一个月工资，马上发下去，让大家过个好年！”整个公司大楼里爆发出一片欢呼声。

【感悟与探索】

与其因最好的期盼，造成最大的失望，不如用最坏的打算，引来意外的惊喜。同样是发一个月的奖金，常规做法可能是打击士气，换一种做法竟激励了士气，这就是管理的艺术，许多管理方法和技巧都是一种艺术。

3. 管理的职能

管理是人们进行的一项实践活动，人们发现在不同的管理者的管理工作中，管理者往往采用程序具有某些类似、内容具有某些共性的管理行为，比如计划、组织、控制等，人们对这些管理行为加以系统性归纳，逐渐形成了"管理职能"这一被大众普遍认同的概念。所谓管理职能，是指管理者履行职责完成任务所必须具备的基本功能，换句话说就是管理者在管理过程中所从事的各种活动或发挥的各种作用。正如管理的定义一样，在管理学的发展历史上，学者们对管理的基本职能也是作出了不同的描述。

20 世纪初，法国工业家法约尔最早系统地提出来管理的职能。他认为，所有的管理者都履行五种管理职能：计划、组织、指挥、协调和控制。继法约尔之后，许多学者根据社会环境的新变化，对管理的职能进行了进一步的探究，有了许多新的认识。美国管理学家古利克提出了管理的"七职能论"：计划、组织、人事、指挥、协调、报告和预算。到了 20 世纪 50 年代中期，美国的两位教授孔茨和奥唐奈把计划、组织、人事、领导和控制五种职能用作管理学教科书的理论框架，他们合著的《管理学原理》这本权威教材一直畅销了 20 多年。如今国内外最为流行的管理学教科书仍然是围绕着管理的职能来加以组织的，只不过一般将上述五个职能简化为四个：计划、组织、领导和控制。本书的基本框架也是按照这四大职能来构建的。

1）计划职能

计划就是管理者在实际行动之前，对组织未来的活动以及未来的资源供给与使用进行的一种预先的筹划。它首先要确定组织追求的目标，根据目标制定战略，确定为了实现这一目标需要采取的行动方案，以及派生出一系列子计划以协调行动，决定如何配置组织资源以实现上述目标。

我们以戴尔电脑公司为例来说明计划这一管理职能。1984 年，19 岁的迈克尔・戴尔从组装个人电脑并直接卖给消费者而发现了进入个人电脑市场的机会。首先他确定了他的目标是销售低价格的个人电脑，以与当时市场上的 IBM、苹果电脑公司的高价格电脑相竞争。接着他必须确定实现这一目标的行动方案：用电话直接向消费者销售，并设法让顾客知道他的产品。最后是他决定利用有限的资金获取低成本的电脑组件，雇用 3 个员工，并和他们一起围着一张桌子组装电脑。

2）组织职能

组织是管理者创建一个有助于实现组织目标的工作关系结构，以使组织成员能够共同工作而实现组织目标的过程。在组织过程中，管理者要根据人们特定的工作任务将其分配到组织的各个部门，确立组织活动和职权的关系，决定如何最好地组织和协调资源，特别是人力资源。组织的结果是建立一种组织结构，通过这种结构，管理者能够组织和激励组织成员努力实现组织目标。

当戴尔电脑公司进一步发展的时候，迈克尔・戴尔就面临如何组织的问题。例如，在一周内他雇用了 100 名新的员工，并设计了更好的激励员工的组织架构。

3）领导职能

领导是指管理者利用组织所赋予的权力和自身的能力去带领和指挥下属为实现组织目标而努力工作的过程。领导的本质是一种影响力，是对组织为确立目标和实现目标所进行的活动施加影响的过程，包括管理者针对个人和组织行为的特征激励下属，指导他们的活动，选择最有效的沟通渠道，解决组织成员之间的冲突等，从而提高和维持组织成员的工作积极性。

科学的领导在管理职能中变得日益重要。特别是在充满不确定性的年代里，国际竞争日益激烈，员工越来越多样化，管理者塑造共同的企业文化、沟通目标和激励员工的能力，对企业的成功至关重要。例如，李・艾柯卡、杰克・韦尔奇等著名的管理者，能够在整个组织范围内与员工沟通，充分调动员工的积极性和主动性，并将其转化为实际行动，展现了卓越的领导力。

4）控制职能

控制是为了保证组织活动按既定计划进行的一系列工作，包括根据计划设定的目标检查和监督各部门、各环节的工作，判断工作结果与计划要求是否存在偏差。如果存在偏差，则要分析偏差产生的原因以及偏差产生后对业务活动的影响程度；然后针对原因制定并实施纠正偏差的措施，以确保计划活动的顺利进行和计划目标的有效实现。一个有效的控制系统可以保证各项活动朝着达到组织目标的方向进行。控制系统越是完善，组织的目标就越容易实现。

由于戴尔公司的迅速发展，迈克尔・戴尔没有及时雇佣有经验的管理者，并建立有效的控制系统，导致 1988 年的电脑成本急剧上升，无法进行有效控制。1993 年，又由于外币交易出错而产生金融问题。1994 年，笔记本电脑生产线缺乏严格的质量控制导致产品不合格，生产线被迫中断。为了解决这些问题，戴尔通过雇佣有经验的管理者来进行控制。直到 1998 年，戴尔公司生产的电脑成本才比竞争对手减少了 10%，也才又重新获得了竞争优势。

计划、组织、领导和控制作为管理的基本职能，它们相互联系、相互包容，构成了不断循环的管理过程。一方面，管理职能从时间的逻辑关系看，它们通常按照一定的先后顺序发生，即计划—组织—领导—控制。当管理过程进行到控制工作时，纠偏措施之一便是对原计划进行修改；或者当既定组织目标实现而这一轮的管理过程结束时，又要制订新的计划，于是开始进行新一轮的管理活动。所以管理过程是一个各职能活动周而复始的循环过程。另一方面，每一个管理职能在履行过程中同样包含着其他各个管理职能的履行，如在进行计划工作时，不仅要为计划工作拟订计划，而且还要为计划工作设立岗位部门配备人员，做好激励和控制等工作。同样，在进行控制工作时，也要有计划、有组织、有领导地进行，如图 2-1 所示。

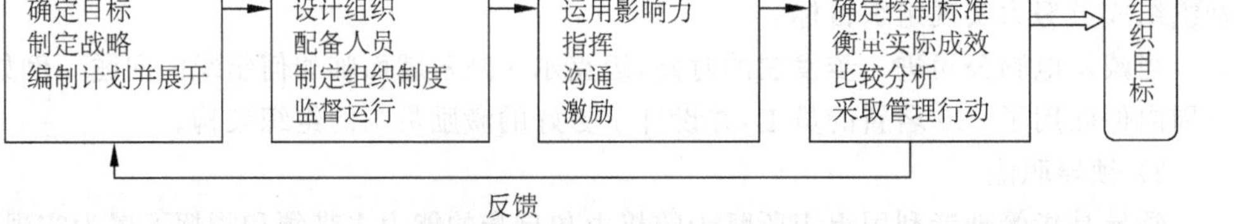

图 2-1　管理的基本职能

最后需要说明的是，人们对管理职能的认识是不断深化的。一方面，对于上述各项基本职能所涵盖的内容和使用的方法在不断加深理解；另一方面，在此基础上又提出了一些新的管理职能，如信息获取、决策、创新等职能。

4. **小微企业管理的主要方法**

【案例 2-3】管理无章法，方圆不能成

某小公司成立已经快 3 年了，公司成立之初，许多事情都由老总一个人说了算。好在前两年的形势不错，公司的经营业绩很好，所以去年公司的规模几乎大了一倍。

人一多，管理的问题就显现出来了。由于历史的原因，该公司的许多规章制度显得不够完善。许多规定不切合实际，许多事情没有规则可循。公司最近业务非常繁忙，许多部门的人不时需要加班。按照惯例，公司不鼓励加班，因此也没有加班费。如果确实需要有人加班，可以把加班的时间换成倒休。

虽然对于加班没有特别的规定，但该公司依然实行员工打卡制度，员工在上下班的时候都必须打卡。如果迟到 10 分钟以上，就要被扣工资。另外，对于员工因事假或病假而不上班的情况，也有相应的规定，会被扣掉工资。对于无偿加班和请假就扣工资之间的对比，许多员工非常有意见。有人认为，不是能不能加班，也不是必须按小时计算加班费，而是得给个说法。也有人认为，努力工作完成自己的职责和任务就可以了，既然公司那么在乎有效的上班时间，迟到几分钟都扣工资，那么加班就没有理由不付加班费。而公司却认为员工没有严格要求自己，在工作的事情上斤斤计较，没有表现出真正的付出和奉献精神。

矛盾和不解由此产生。有人认为，工作压力大，任务比过去更多了，没有办法完成；有人认为，不是自己工作职责中的事情却强加给自己；也有人表示，以后再也不努力工作了，得过且过。大家之间的合作气氛也变差了，一些鸡毛蒜皮的小事往往能引起轩然大波。员工动不动就发脾气或者争吵，有时候是非常委屈地自己生气。

资料来源：赵丽生. 小微企业管理指南[M]. 大连：大连出版社，2013，有改动.

【感悟与探索】

俗话说，不以规矩，难成方圆。该公司员工产生不满的主要原因是公司规章制度不健全，没有按制度行事。工作方式、管理原则必须通过管理方法才能在管理实践中发挥作用。管理方法是在管理活动中为实现管理目标、保证管理活动顺利进行所采取的方法，一般可分为法律方法、行政方法、经济方法、教育方法和数学方法。

1）法律方法

法律方法是指运用法律规范以及类似法律规范性质的各种行为准则来管理企业的一种方法。法律方法的主要形式有国家的法律法规、企业内部的规章制度、司法和仲裁制度。法律方法具有严肃性、规范性和强制性的特点。严肃性是指法律和法规的制定必须严格按照法律程序和规定进行，司法工作必须通过严格的执法活动来维护法律的尊严；规范性是指规定该做什么，不该做什么，同时又将这种指引作为评价人们行为的标准；强制性是指法律、法规一经制定就要强制执行，任何企业、单位和个人都必须毫无例外地遵守，否则将受到严惩。

法律方法便于处理共性的一般问题，便于集权与统一领导、权利与义务分明，同时还能自动调节。但法律方法缺少灵活性和弹性，不便处理特殊问题和及时处理管理中出现的新问题。

2）行政方法

行政方法是指依靠企业各级行政管理机构的权力，通过命令、指示、规定、条例以及具有强制性的计划等行政手段来管理企业的方法。行政方法的实质是通过行政组织中的职务和职位来进行管理。它特别强调职责、职权、职位，而并非个人的能力或特权。下级服从上级是对上级所拥有的管理权限的服从。

行政方法具有权威性、强制性、垂直性、具体性、无偿性等特点。企业所有成员对上级所采用的行政手段都必须服从和执行。行政方法是管理企业必不可少的方法，是执行管理职能的一种重要手段。

行政方法便于管理职能的发挥，是实施各种管理方法的必要手段，能处理特殊问题，灵活性强。但行政方法的管理效果受领导者水平的影响，不便于分权，不利于子系统发挥积极性，容易使一些领导者过分迷信行政方法的力量，从而助长某些领导者产生独断专行的行为。

3）经济方法

经济方法是指按照客观经济规律的要求，正确运用价格、税收、信贷、利润、工资、奖金、罚款以及经济合同等经济手段来管理企业的方法。经济方法的实质是围绕着物质利益，运用各种经济手段正确处理好国家、集体和劳动者个人三者之间的经济关系，最大限度地调动各方面的积极性、主动性、创造性和责任感。

经济方法具有利益性、普遍性、灵活性、平等性等特点。利益性是指经济方法通过利益机制引导管理对象去追求某种利益；普遍性是指经济方法被整个社会所广泛应用，特别是在经济管理领域，它是最为重要的管理方法；灵活性是指经济方法针对不同的管理对象，在不同情况下，可以采取不同方式来进行管理；平等性是指经济方法承认被管理的组织或个人在获取自身的经济利益上是平等的。经济方法易于被管理对象所接受，能充分调动各级机构和人员的积极性。但也容易产生讨价还价的现象，易于诱发拜金主义思想。因此，既要注意将经济方法与教育方法等其他方法有机地结合起来运用，也要注意经济方法的不断完善。

4）教育方法

教育方法是指对企业职工进行思想政治教育和文化科学技术知识教育、提高企业员工素质，并开发企业职工潜能的一系列有组织的活动。

教育方法的主要内容有人生观及道德教育，爱国主义和集体主义教育，民主法治、法律教育，科学文化教育，组织文化教育等。

企业管理活动的主体是人，企业职工聪明才智和积极性的最大限度发挥是企业发展的根本源泉，教育方法能够激发企业职工的工作热情，使企业职工自觉地认识和接受法律方法、行政方法、经济方法的执行和监督，树立自我管理的主人翁态度。它是法律约束、行政命令、经济奖惩等所不能代替的。

5）数学方法

数学方法是指企业生产经营活动，用科学的理论及数学模型或系统模型来寻求优化方案的定量分析方法。数学方法能使企业管理进一步定量化、合理化、精密化，企业管理常用的数学模型主要有盈亏平衡点模型、线性规划模型、存储模型、网络模型、排队模型、模拟模型等。数学方法在企业管理中具有非常重要的作用。但由于人的因素难以用数学模型来描述，以及企业生产经营活动的复杂多变，数学方法也有它的局限性。只有各种方法综合运用、相互补充，才能更好地发挥每一种方法的作用。

2.2　小微企业管理基础工作与现代企业制度

现代企业制度是指适应社会化大生产需要，反映社会主义市场经济体制的要求，小微企业真正成为面向目标、国内市场的法人实体和市场竞争主体的一种企业体制。它以法人制度为核心，以公司为主要形式。其基本特征为：产权关系清晰、法人制度健全、政企职责分开、经营机制灵活、管理科学规范。宗旨是提高经济效益。它既是建立和完善现代企业制度的出发点，也是其归宿点。效益是经济建设之本、富国强民之源。国家无利意味着匮乏；小微企业无利意味着失败；职工劳而无利，意味着人心涣散。利之得，人心聚；利之丰，小微强；利之聚，社稷兴。小微企业盈利不仅是一个经济问题，而且是一个政治问题。特别是在目前国有企业不景气、下岗职工增多的环境下，完善和建立现代企业制度，使企业早日走出困境、提高效益，具有相当的紧迫性和重要性。要完善和建立现代企业制度、提高经济效益，就必须加强小微企业管理基础工作。

【案例 2-4】“不拉马的士兵”

20 世纪 20 年代，美国一位年轻有为的炮兵军官上任伊始，到下属部队参观炮团演习，他发现有一个班的 11 个人把大炮安装好，每个人各就各位，但其中有一个人站在旁边一动不动，直到整个演练结束，这个人也没有做任何事。

军官感到奇怪：这个人没做任何动作，也没什么事情，他是干什么的？大家一愣，说：“原来在作训教材里就是要求这样编队的，一个炮班 11 个人，其中一个人站在这个地方。我们也不知道为什么。”

军官回去后，经查阅资料才知道这一个人的由来：原来，早期的大炮是用马拉的，炮车到了战场上，大炮发射后产生后坐力，炮膛发生移动，马也会被吓得跑掉。一个士兵就负责在大炮前拉马，不让它跑掉，同时在大炮发射后快速把炮膛拉回原位。而现代战争中，大炮实现了机械化运输，不再用马拉，而那个士兵却没有被减掉，仍旧站在那里。由于这位军官发现并减掉了“不拉马的士兵”，因此获得了美国国防部的嘉奖。

资料来源：赵丽生．小微企业管理指南[M]．大连：大连出版社，2013，有改动．

【感悟与探索】

管理的基础工作就是科学分工。只有每个员工都明确自己的岗位职责，才不会产生推诿、扯皮等不良现象。如果公司是一个庞大的机器，那么员工就是一个个零件，只有他们爱岗敬业，公司的机器才能得以良性运转。公司是发展的，管理者应当根据实际动态情况对人员数量和分工及时作出相应调整。否则，队伍中就会出现“不拉马的士兵”，如果队伍中有人滥竽充数，给公司带来的不仅仅是工资的损失，而且会导致其他员工心理不平衡，最终导致公司工作效率整体下降。

2.2.1 小微企业管理基础工作的基本内容

(1) 信息工作。它是对原始记录及台账统计资料、经济信息情报、档案等信息资料进行收集、处理、传递、储存工作。信息工作要求做到及时、准确、全面，以便充分发挥信息资源的作用。生意知行情，信息抵万金。信息就是财富，时间就是金钱。市场经济条件下，小微企业没有信息就等于“盲人骑瞎马，夜半临深池”。

(2) 定额工作。小微企业管理中的定额包括劳动定额、物资储备、物资消耗、资金占用定额和厂内价格。如邯钢的主要经验就是成本倒算、一票否决，定额要求达到先进合理，应该是“跳起来摘到的桃”，只有这样才能合理利用人、财、物，并为组织生产和按劳分配提供科学依据。

(3) 标准化工作。它主要指小微企业技术标准和管理标准的制定、执行和管理工作。加强标准化工作，要求小微企业形成完整的技术标准和管理标准系统，并积极推行国际标准和国内先进标准。这是我国当前的一项重要技术经济，只有这样做，才能提高我国产品质量、发展拳头产品、扩大外贸出口、赶超国际水平。同时制定科学的管理标准也是小微企业管理的一项重要工作，管理标准应围绕现代小微企业制度和如何提高经营管理水平来制定，使小微企业的各项经营管理工作合理化、规范化、高效化。

(4) 计量工作。它是对小微企业生产设备、工具、原材料和产品进行测试、检验以及各种理化性能进行测定和分析工作。“工欲善其事，必先利其器”，它的任务是建立和完善小微企业的计量器具和检测手段，保证计量数据的准确性、及时性、可靠性。

(5) 规章制度。它是用文字形式对各项管理工作和劳动操作的要求所做的规定，是全体职工行动的规范和准则。它主要包括小微企业的基本制度、各项专业管理制度和责任制等，规章制度贵在贯彻落实。

(6) 班组工作。它是关于职工民主管理和加强班组建设的工作。它的工作内容主要有班组的组织建设、制度建设和业务建设等。班组是小微企业生产和管理的第一线，是小微企业上层和中层管理的落脚点。它对整个小微企业管理起着重要的作用，是小微企业管理的大厦之基石。

2.2.2 小微企业管理基础工作在建立和完善现代企业制度中的作用

首先，它有利于企业产权明晰、法人制度健全。过去我国传统的国有企业还不是真正的法人企业。从法律形态看，产权模糊，法人制度不健全，权利义务不明确。从经济形态看，过去企业吃国家的“大锅饭”，企业利多多交、利少少交、无利不交、亏损补贴。企业的财产是国家的，国家的财产是企业的，甚至是个人的。公私不分就产权不清，产权不清就分配不公，分配不公就心理不平、纠纷四起、互相扯皮、效率低下，最后导致国有资产流失。因此只有政企分开，才能使企业真正成为自主经营、独立核算、自负盈亏、自我发展的经济实体，职工才能真正从自身的切身利益去关心小微企业的生存和发展。通过建立表、票、单、卡、本、册、台账等原始记录与统计台账，才能做好国有资产的产权登记以及统计工作，经常开展账证、账表核对及清产核资，做到账实相符，以防止小微企业资产流失。

其次，它有利于企业围绕市场采取灵活的经营机制以变应变。小微企业的一切经济活动要以市场为核心，因为小微企业经营战略要从市场分析中定位，产品要从市场上找销路，产品价值也只能通过市场来实现。市场是舞台，企业就是演员。小微企业管理基础工作所提供的信息资料数据越是准确、全面、适用、及时，就越能保证小微企业领导决策的正确性、科学性，减少盲目性。

再次，它有利于管理科学规范，提高经济效益。加强小微企业管理的基础工作是提高企业素质、使管理科学规范。小微企业管理基础工作是源，经济效益是流，只有源远才能流长，只有按照现代小微企业制度的要求制定反映客观规律的定额标准和规章才能摆脱传统经验管理之不足。不断提高科学管理水平和管理者的素质，加强标准化和计量工作，检测工作才有利于促进技术进步、提高小微企业的技术素质，从而提高小微企业的产品质量，这也是小微企业生命之所在。严格的规章制度和班组建设，有利于提高员工的素质，增强职工的组织性和纪律性。先进合理的定额使工人计件干活儿有标准、节能降耗有标准，也是贯彻按劳分配的重要依据。各种标准规范的定额还有利于衡量生产、工作任务的完成情况，客观评价员工的劳动贡献，有利于调动员工的积极性，从而提高小微企业的经济效益。

最后，它有利于建立适应现代小微企业制度的监督约束机制。随着国家调控市场、市场引导企业机制的建立，政府对企业的直接管理转向间接管理，企业自主权、经营权也在不断扩大。如果不对这部分权力实行有效的监督约束，那么随着法人代表权力的不断扩大，以权谋私、滥用权力、贪污受贿等腐败行为就会产生，没有监督的权力必将会产生腐败。因此建立现代小微企业制度需要有科学的监督约束机制，而科学的监督约束机制必须从小微企业管理基础工作的各个环节入手。

第一，业务记录控制。完整的原始记录和严格的手续制度几乎应贯穿全部的经济业务处理的过程之中。要实行业务分割、牵制控制，处理每项业务都要有明确的职责分工，谁经办、谁验收、谁保管，记录必须手续完备，一旦出了问题也能很快查个水落石出，以便及时纠错查弊。

第二，规章制度约束功能。按照现代小微企业制度的要求建章立制是小微企业管理的一项极其重要的基础工作。“无有规矩，不成方圆。”现代化小微企业中有成千上万的员工，将他们合理地安排在每个岗位上，人尽其才，才尽其用，把他们的积极性调动起来，正确地处理和协调员工在生产过程中的相互关系，把复杂性连续性很强的工业生产组成高效有序有节奏的活动，必须有一套科学完整的规章制度。

第三，科学管理约束功能。建立和完善现代小微企业制度的关键在于科学管理。管理也是生产力，而且是生产劳动不可分割的组成部分。小微企业管理必须摒弃旧的管理模式，要按照现代小微企业制度的要求科学规范地进行管理，通过科学管理合理配置资源、堵塞漏洞，实现小微企业目标。

第四，岗位责任约束功能。小微企业各级管理人员应岗定职、职定责、权责分明。严格的责任制度，是现代化小微企业生产经营活动的客观要求，是管好用好各种物质资料、处理好员工之间相互关系的重要手段，是建立经济责任制的基础，是小微企业各项规章制度的核心。小微企业应当按照现代小微企业制度的要求，完善内部经济责任制，建立起纵横交错、相互协调的责任制体系，做到人人有专责、事事有人管、办事有标准、工作过得硬。

第五，标准量化约束。小微企业经营决策时，定性研究要数量化，定量研究要建立在定性研究的基础之上。没有数字量化的经济头脑就像没有蜡烛的灯笼。小微企业经营管理通过一系列标准化和计量工作使监督工作做到胸中有数，如有了产量、成本、利润就可以进行量本利分析，做到消耗有定额、考核有指标。通过制订小微企业经营目标，量化考核，从而有利于节能降耗、降低成本、提高劳动生产率。

总之，建立和完善现代企业制度，必须加强小微企业管理的各项工作，万丈高楼平地起，夯实基础出效益。

2.3 小微企业的管理模式

小微企业管理模式要不断创新，通过吸收先进企业的管理模式经验，结合自身所独具的特色，找准市场定位，不断发掘自身潜力，提高企业经营者的管理素质。其管理模式需要改革和借鉴，唯有依据环境的变化而不断丰富自身内涵，才能塑造企业的核心竞争力，才能为企业的长远发展和战略愿景的实现奠定坚实的基础。目前小微企业主要管理模式有以下几种。

2.3.1 亲情化管理模式

亲情化管理模式主要在家族制企业中采用，它利用家族血缘关系的内聚功能来实现对企业的管理。从历史上看，虽然一个企业在其初创的时期，这种亲情化的企业管理模式确实起到过良好的作用，但是，当企业发展到一定程度的时候，尤其是当企业发展成为大企业以后，这种亲情化的企业管理模式就会出现问题。因为这种管理模式所使用的家族血缘关系中的内聚性功能，会由其内聚性功能而转化成为内耗功能，所以这种管理模式也就应该被其他的管理模式所替代。我国亲情化的企业管理模式在企业初创时期对企业的正面影响几乎是99%，但是当企业跃过初创期以后，它对企业的负面作用也几乎是99%。这种管理模式的存在只是因为我们国家的信用体制及法律体制还有待进一步完善，人们不敢把自己的资产交给与自己没有血缘关系的人使用，所以不得不采取这种亲情化管理模式。

2.3.2 友情化管理模式

这种管理模式也是在企业初创阶段有积极意义。在钱少的时候，也就是在哥们儿为朋友可以而且也愿意两肋插刀的时候，这种模式是很有内聚力量的。但是当企业发展到一定规模，尤其是企业利润增长到一定程度之后，哥们儿的友情就淡化了，因而企业如果不随着发展而尽快调整这种管理模式，那么就必然会导致企业很快衰落甚至破产。我国有一个民营企业叫“万通”，一开始就是五个情投意合的人创办的一个友情化企业，当时大家都可以卧薪尝胆，创业者之间完全可以不计较金钱。但是，当万通获得第一笔大的利润的时候，五个人就开始有所摩擦。当时万通一个比较大的股东叫冯仑，他还想继续坚持这种管理模式而使企业发展，他组织企业的创办者读《水浒》，让大家记取散伙与分裂的教训，但结果没有解决问题，几个人只好解散了这个企业，放弃了这种友情化管理模式。后来万通由于创业者各自另起炉灶而孵化了好几个企业。

2.3.3　温情化管理模式

这种管理模式强调管理应该是更多地调动人性的内在作用，只有这样，才能使企业很快地发展。在企业中强调人情味的一面是对的，但是不能把强调人情味作为企业管理制度的最主要原则。人情味原则与企业管理原则是不同范畴的原则，因此，过度强调人情味，不仅不利于企业发展，而且企业最后往往都会失控，甚至还会破产。有人老是喜欢在企业管理中讲什么温情和良心，认为一个人作为企业管理者如果为被管理者想得很周到，那么被管理者就必然会有很好的回报，即努力工作，这样企业就会更好地发展。可见，温情化管理模式实际上是想用情义中的良心原则来处理企业中的管理关系。但在经济利益关系中，所谓的良心是很难谈得清楚的。良心用经济学的理论来讲，实际上就是一种伦理化的并以人情味为形式的经济利益的规范化回报方式。因此，如果笼统地讲什么良心，讲什么人性，不触及利益关系，不谈利益的互利，实际上是很难让被管理者好好干的，最终企业都是搞不好的。管理不能只讲温情，而首先是利益关系的界定。有些人天生就是温情式的，对利益关系的界定往往心慈手软，然而在企业管理中利益关系的界定是"冷酷无情"的，到一定时候"手不辣""心不狠"是不行的。只有那种在各种利益关系面前"毫不手软"的人，尤其对利益关系的界定能"拉下脸"的人，才能成为职业经理人。例如，如果有人下岗的时候哭哭啼啼，管理者就心软了，无原则地可怜下岗者而让他上岗了，那这个人就不可能成为称职的职业经理人。

2.3.4　随机化管理模式

这种管理模式在现实中具体表现为两种形式：一种形式是民营企业中的独裁式管理。之所以把独裁式管理视为一种随机化管理，就是因为有些民营企业的创业者很独裁，他说了算，他随时可以任意改变任何规章制度，他的话就是原则和规则，因而这种管理属于随机性的管理。另外一种形式是发生在国有企业中的行政干预，即政府机构可以任意干预一个国有企业的经营活动，最后导致企业的管理非常随意化。可见，这种管理模式要么表现为民营企业中的独裁管理，要么表现为国有企业体制中政府对企业的过度性行政干预。现在好多民营企业的垮台，就是因为这种随机化管理模式的推行而造成的必然结果。因为创业者的话说错了，别人也无法发言矫正，甚至创业者的决策做错了，别人也无法更改，最后只能是企业倒闭。

2.3.5　制度化管理模式

所谓制度化管理模式，就是指按照一定的已经确定的规则来推动企业管理。当然，这种规则必须是大家所认可的带有契约性的规则，同时这种规则也是责权利对称的。因此，未来的企业管理的目标模式是以制度化管理模式为基础，适当地吸收和利用其他几种管理模式的某些有用的因素。为什么这样讲呢？因为制度化管理比较“残酷”，适当地引进一点亲情关系、友情关系、温情关系确实有好处。甚至有时也可以适当地对管理中的矛盾及利益关系做一点随机性的处理，“淡化”一下规则，因为制度化太呆板了。如果不适当地“软化”一下也不好办，终究被管理的主要对象还是人，而人不是一般的物品，人是有各种各样的思维的，是具有能动性的，所以完全讲制度化管理也不行。适当地吸收一点其他管理模式的优点，综合成一种带有混合性的企业管理模式，这样做可能会更好一点。这恐怕是中国这十几年来在企业管理模式的选择方面，大家所得出的共识。

小微企业是我国经济发展的生力军，特别是近几年，国家鼓励创新创业的大环境氛围下，涌现出了许许多多的小微企业。但在推动中国经济迅速发展的同时，小微企业自身也暴露出许多问题，严重制约其持续发展和创新活力。

2.3.6 小微企业管理模式暴露出的问题

1. 小微企业两权高度集中

企业所有权与经营权不分。我国小微企业最明显的一个特征就是企业所有权和经营权高度集中，企业的创始者往往也是企业的经营者，企业的行政职能甚至业务职能都由创始人全部担任。但是随着企业的发展，业务扩大、人员组织复杂，所有权和经营权仍然高度集中，就会阻碍企业的发展。首先，企业所有者统揽各种企业经营管理权，企业管理没有明确的分工，也没有与企业管理相适应的规章制度，所有者直接统领企业的日常运营管理事务，两权高度集中的弊端大大阻碍了小微企业的继续发展。其次，随着企业的发展，由于企业所有者个人素质的参差不齐，在企业发展的关键时期常会作出错误的经营决策，并且由于两权高度集中，即使是错误的经营决策，企业仍然要去执行，这样就造成许多小微企业在高速发展时期突然衰落下去，导致我国大部分小微企业“短命”的悲哀结局。

2. 小微企业管理创新之殇

小微企业自国家鼓励公民自主创业后，如雨后春笋般大量涌现，且大部分处于创新型新兴行业当中，创业者相对改革开放时期的学历文化水平有普遍提高。但是，思维观念是一种心理现象，一旦形成就会在人的行为中留下根深蒂固的影响。企业管理模式的创新，首先源于管理者的观念创新，而有一部分小微企业管理者靠的是“经验”管理模式，对企业的管理只是单纯地依靠个人“经验”，排斥最新的外部环境信息，不管是日常企业管理工作还是在做重大决策时，依据的都是所谓的“经验”。一旦创业的项目进入瓶颈，在现代化的今天，市场竞争激烈残酷，那么这种“经验”管理模式就完全不适合企业管理模式的创新，只会阻碍小微企业的发展。

2.3.7 小微企业管理模式的改进

1. 改革小微企业人力资源管理模式，充分吸纳优秀管理人才

(1) 改革小微企业人力资源管理模式。小微企业必须改变原有的用人制度，将家族的影响剥离发展中的企业，对于企业内部关键的工作岗位，摒弃家族亲属任职的惯例，根据个人的才能安排职位。如果一个直系亲属才能平平，不适合领导职位，只适合普通的工作，那就安排到相应的普通职位。将亲属排除在企业的管理层之外，企业聘请职业经理人

管理经营企业，根据企业的市场定位、产品类别，相应地选择适合的人才。

(2) 多渠道引进专业人才。人才是一个企业不竭的创新之泉、动力之源、立足之本。小微企业要广开人才吸纳之路，不要狭隘地将人才吸纳渠道局限于平面式、广告式招聘，而是要结合企业未来的发展方向，制订一个中长期的企业人才战略管理计划。可以通过媒体、就业市场、求职网站等多种渠道进行宣传，另外可以吸收部分高校应届毕业生，一方面可以为企业人才库补充新鲜血液，另一方面也为国家解决了高校毕业生的就业压力问题。

(3) 建立健全企业人才激励制度。企业的人力资源管理说到底就是对企业员工才能的充分发掘，这就需要企业建立健全相应的人才激励制度。每个人的性格和才能特长都不一样，企业人力资源管理应该因材施教，对不同的员工采用不同的激励模式。以绩效考核和能力原则为人力资源管理的基础，再配合以分工、培养和职业规划等措施，经过一段时间的考核与观察，充分发掘员工的潜能，使每个人能够人尽其才、才尽其用。

2. 建立现代企业制度，企业所有权和经营权分开

(1) 企业所有权与法人财产权的两权分离。股东拥有所投入股份的最终所有权，即是企业的所有人，而企业的董事会则拥有所有股东投入资本的法人所有权；企业注册的法人所有权和企业的经营权分离，也就是说企业的董事会拥有法人所有权，企业董事会聘任的职业经理人掌握企业的经营权。两权分离，使企业内部制造出一种权力制衡关系，促成企业利益均衡与经营效益最大化。在此基础之上，企业董事会根据市场环境来寻找最优秀的企业家并且聘任其为企业的总经理，经营管理企业，以取得最好的经济效益。

(2) 引导小微企业改制为有限责任公司。对小微企业的股份制改造，绝不能操之过急，要通过政策扶持、宣传，并且加以进一步引导，在市场的大环境下，按照市场化规律，逐步进行小微企业的改制工作。当企业条件成熟时，积极引导企业进行改制；条件不成熟的，等待企业进一步发展，切不可拔苗助长。前景广阔、产品销售旺盛的小微企业，可以起到示范作用，改为有限责任公司。小微企业改制已成为小微企业进一步发展的关键步骤，对于我国现阶段小微企业走出体制困境、释放潜力、突破式发展生产力、促进国民经济的进一步发展起着极其重要的作用。

3. 提高企业内部审计工作的独立性

内部审计工作是企业内部控制制度体系中的重要保障性环节。在企业实际的内部控制管理工作中，为了保障企业的生产经营活动能够按照企业的决策计划执行，并保证企业财务信息的真实、有效和合法，加强企业内部审计机构的作用成为当前内部控制完善过程中的必经之路。首先，企业需要加大对审计工作的投入，通过人才引入、培训课程的开展来优化当前审计工作人员的结构，提高审计工作人员的专业技能素质。其次，企业应将审计工作同内部控制管理的绩效管理联系起来，立足于基层财务收支审计、基建专项资金审计等，通过订立相关的考核奖惩制度，提高审计工作人员实际操作积极性和主观能动性，从而减少企业财务中徇私舞弊、违法贪污的情况发生。

4. 企业的经营理念从追求利润转变为提高竞争力

企业应该转变经营理念，不能简单地追求最大化利润，而应该将重点放在可持续发展方面。根据有关的研究可以看出，如果企业过于重视盈利情况，就会影响到可持续发展，只是单纯地追求最大化利润，是不利于企业继续发展下去的。所以，从企业的角度来说，应该意识到知识经济这种现代化的发展方向，对于企业经营来说，最为关键的问题就是企业是否可以存活以及发展下去。企业追求经济利益，应该以企业的可持续发展作为前提条件，企业在日常管理当中，要将重点放在企业发展的整体优化方面，只有这样，才能充分发挥出企业管理应有的作用。和企业的盈利比较起来，企业的核心竞争力其实更为重要，它也是企业转变经营理念的一个关键节点。所以，企业在管理方面应该实现精细化，从而提升到科学管理的层面上来，这样有利于提高企业员工的积极性，推动企业向前发展。企业管理现代化是一项系统的工程，在实现的过程当中，不能将重心完全放在追求利润方面，而是要开阔眼界，认识到企业自身所担负的社会责任，从而意识到在市场环境当中，如何才能打造出自身的良好形象、提高企业的竞争实力、占据市场更多的份额。

【知识拓展】流星民企的七大病症剖析

拓2

思考题

1. 怎样理解管理的概念？并解释其内涵。
2. 小微企业管理的基本职能有哪些？
3. 小微企业管理的基本方法有哪些？
4. 试论小微企业管理基础工作与现代企业制度。
5. 试论小微企业的经营管理模式的优缺点及改进措施。
6. 从流星民企七大病症剖析中的某个知识点谈谈给你带来的警示。

即测即练

习题2

第 3 章

小微企业经营环境分析

学习目标

- 理解小微企业经营环境的意义
- 了解宏观环境因素分析
- 掌握宏观环境与微观环境的分析方法
- 掌握分析竞争对手的方法
- 掌握识别机会规避威胁的方法
- 理解小微企业经营战略选择的时机性

【案例 3-1】日方向我国销售成套炼油设备的战略环境分析

例3-1

3.1 宏观环境因素分析

出门看气候，战略识环境；生意知行情，信息抵万金。企业是在发展中求得生存的。企业的生产经营如逆水行舟，不进则退。市场经济的海洋潮涨潮落、变化频繁。顺流善变者生，逆流不善变者亡。市场风云，变幻莫测，强手如林，各显神通。企业要把握千变万化的市场行情，以变应变，先谋后战，精心策划，高效动作，才能迎风取势，适应环境，直挂云帆济沧海，夺取最后的胜利。孙子曰：知己知彼，百战不殆；不知彼而知己，一胜一负；不知彼，不知己，每战必殆。据调查，世界上"长寿公司"的共同经验中有三点与对环境的认识有关：第一，对环境变化要反应敏锐、适应环境、以变应变、谋求生存；第二，对环境变化要有强烈的认同感、快速反应、寻找机会、谋求发展；第三，对环境与管理的认识要审时度势、与时俱进、不断创新、运筹帷幄、决胜千里。宏观环境因素分析如图 3-1 所示。

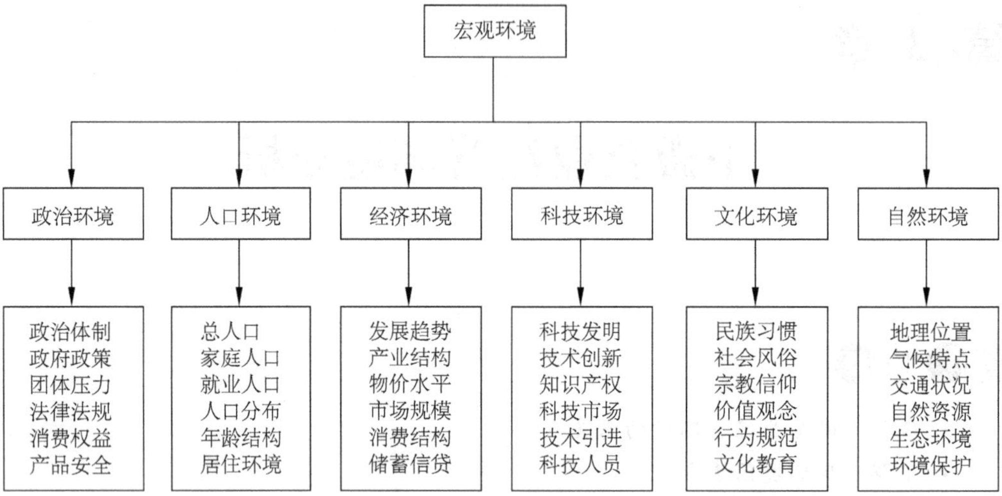

图 3-1　宏观环境因素分析

在分析一个小微企业所处的外部宏观环境时，可以用 PEST 分析方法。PEST 分析即宏观环境的分析，P 是政治(politics)，E 是经济(economic)，S 是社会(society)，T 是技术(technology)。在分析小微企业所处的背景的时候，通常是通过这四个因素来分析小微企业所面临的状况。

1. 政治环境分析

政治环境分析是指对企业经营活动具有实际与潜在影响的政治力量和有关的法律、法规等因素的分析。当政治制度与体制、政府对企业所经营业务的态度发生变化时，当政府发布了对企业经营具有约束力的法律、法规时，企业的经营战略必须随之作出调整。法律环境主要包括政府制定的对企业经营具有约束力的法律、法规，如反不正当竞争法、税法、环境保护法以及外贸法规等，政治、法律环境实际上是和经济环境密不可分的一组因素。处于竞争中的企业必须仔细研究一个政府和商业有关的政策及思路，如研究国家的税法、反垄断法以及取消某些管制的趋势，同时了解与企业相关的一些国际贸易规则知识产权法规、劳动保护和社会保障等。这些相关的法律和政策能够影响到各个行业，对于小微企业而言，可以在国家方针政策的分析中，寻找到一些合适的机会。例如，国家提出的“互联网＋”行动计划、“一带一路”等政策为众多小微企业带来了创业机会。

【案例 3-2】政策护航大众创业“互联网＋”行动计划

“十亿人民九亿商，还有一亿在观望”——这句歌词反映的是改革开放之初全民下海经商的场景。如今，随着两会上李克强总理在《政府工作报告》中提出大众创业、万众创新，创业创新成舆论焦点。李克强总理在《政府工作报告》中指出，要制定“互联网＋”行动计划，推动移动互联网、云计算、大数据、物联网等与现代制造业结合，促进电子商务、工业互联网和互联网金融健康发展，引导互联网企业拓展国际市场。国家已设立 400 亿元新兴产业创业投资引导基金，要整合筹措更多资金，为产业创新加油助力。

“互联网＋”行动计划中的“＋”是什么？每一个传统行业都孕育着“互联网＋”的机会。“互联网＋”模式，从全面应用到第三产业，形成了诸如互联网金融、互联网医疗、互联网教育等新业态，而且正在向第一产业和第二产业渗透。

【讨论题】

(1)“互联网＋”行动计划是什么？

(2)“互联网＋”行动计划为小微企业提供了哪些创业机会？

2. 经济环境分析

经济环境分析是指对一个国家的经济制度、经济收入等的分析。构成经济环境的关键要素包括投资所在地或所在国的经济政策制度、国民收入、人均国民收入、个人可支配收入、个人可任意支配的收入等。由于企业是处于宏观大环境中的微观个体，经济环境决定和影响其自身战略的制定，经济全球化还带来了国家之间经济上的相互依赖性，企业在各种战略的决策过程中还需要关注、搜索、监测、预测和评估本国以外其他国家的经济状况。经济环境内容分析如表 3-1 所示。

表 3-1　经济环境内容分析

分析项目	内　容	意义及启发
经济制度	投资所在地或所在国的经济政策制度	有助于企业根据相应的制度和政策来制定具体的营销策略
经济收入	国民收入	1. 指一个国家物质生产部门的劳动者在一定时期(通常为一年)所创造的价值 2. 大体上反映了一个国家经济发展的水平
	人均国民收入	1. 国民收入除以总人口 2. 它大体反映了一个国家的经济发展水平高低、经济实力大小、人民生活水平高低 3. 在一定程度上决定了商品需求的构成和比例。人均收入上升趋势下，商品需求增加；反之，则商品需求减少
	个人可支配收入	1. 指个人收入中，用于支付个人税款和非税性负担以后，剩下的收入 2. 可作为个人消费支出或储蓄的这部分收入 3. 实际购买力的重要标志，决定着消费者对生活必需品的消费
	个人可任意支配的收入	1. 就是从个人可支配收入中再减去消费者用于维持生活必需品的支出后得出的剩余收入 2. 是影响消费者需求变化的最活跃因素 3. 是营销要重点研究的收入

3. 社会文化环境分析

社会文化环境包括一个国家或地区的社会性质、人们共享的价值观、文化传统、生活方式、人口状况、教育程度、风俗习惯、宗教信仰等各个方面。这些因素是人类在长期的生活和成长过程中逐渐形成的，人们总是自觉不自觉地接受这些准则作为行动的指南。具体内容如表 3-2 所示。

表 3-2 社会文化环境内容分析

分析项目	内　　容	意义及启发
教育状况分析	文化水平与教育状况	1. 教育程度的高低，影响着消费者对商品品牌、功能、款式、包装和服务的差异性 2. 企业营销活动的开展要针对消费者的教育程度，采取不同的策略
价值观念分析	人们对社会生活中的经济、政治、文化、道德、金钱等事物总的看法	1. 文化背景不同，价值观念有异，具体影响着消费者对商品的色彩识别、式样的选择等 2. 企业应根据不同的价值观念生产和促销产品及服务
消费习俗分析	人们在长期生产生活中形成的一种消费习俗	1. 消费习俗不同，商品需求不同，企业应据此制定不同的生产营销策略，有助于充分利用消费习俗创造商机 2. 了解不同的习俗下消费禁忌是进行营销活动的头等大事
宗教信仰分析	宗教的模式影响着人们的消费行为	宗教不同，消费者的需求也不同，企业需注意销售的产品不能触犯宗教禁忌

每一个社会都有其核心价值观，它们常常具有高度的持续性，这些价值观和文化传统是历史的沉淀，通过家庭繁衍和社会教育而传播延续，因此具有相当的稳定性。而一些次价值观是比较容易改变的。每一种文化都是由许多亚文化组成的，它们由共同语言、共同价值观念体系及共同生活经验或生活环境的群体所构成，不同的群体有不同的社会态度、爱好和行为，从而表现出不同的市场需求和不同的消费行为。

4. 技术环境分析

科学技术是第一生产力，科教兴国战略正在实施。企业的科技环境指的是企业所处的社会环境中的科技要素及与该要素直接相关的各种社会现象的集合。科学技术是最引人注目的一个因素，新技术革命的兴起影响着社会经济的各个方面，人类社会的每一次重大进步都离不开重大的科技革命。石器工具、青铜器、铁器、蒸汽机、生产流水线、现代通信技术等重大的发明无不将人类社会大大地向前推进一步。企业的发展在很大程度上也受到科学技术方面的影响，包括新材料、新设备、新工艺等物质化的硬技术和体现新技术、新管理的思想、方式、方法等信息化的软技术。一种新技术的出现和成熟可能会导致一个新兴行业的产生。

现代科学技术日新月异、发展迅速，是推动经济发展和社会进步的主要动力。第一次技术革命时蒸汽机使人类进入了工业社会；第二次技术革命时电磁理论和化学使石油化工、电力通信、机械工业振兴；第三次技术革命的核心是电子计算机、原子能、航天工业；第四次技术革命的核心是光导通信、生物工程。新行业新产品的出现使另外一些行业、产品走向衰退和淘汰。英国人弗莱明发明了青霉素使人类寿命平均延长 10 岁。因此，技术环境是企业的一个重要外部环境。

技术环境分析不仅要分析引起革命性变化的发明，还要分析与企业生产有关的新技术、新工艺、新材料的出现和发展趋势以及应用前景。在过去的半个世纪里，最迅速的变化就发生在技术领域，像微软、惠普、通用电气等高技术公司的崛起改变着世界和人类的生活方式。

【案例 3-3】钉钉创业史：保持疯狂和中小企业在一起

2019 年 6 月 30 日，阿里巴巴旗下产品“钉钉”在其杭州总部开设了一堂特别的公开课。分众传媒创始人江南春、天使投资人王刚与青创社数十位企业家走进钉钉，听取钉钉负责人陈航分享钉钉产品价值的同时，也一起展开了一场关于创业和企业管理的深度对话。陈航表示，钉钉目前的使命并不只是为了分享阿里巴巴的工作方式，而是“把中国优秀公司先进的办公方式分享出去，让中国 4 300 万家企业直接进入移动办公时代”。他认为，钉钉追求的是集体人性和集体价值，实现行为透明化，让员工感到平等和被尊重。

今天，我们正式对外公布的数据是钉钉已经覆盖超过 300 万家企业。在总体规模上，中国有效企业数量是 4 300 万家，加上个体工商户 6 000 多万家，其中真正活着并且具有规模的有三四百万家。

钉钉，到底是怎样的工作方式？

第一次跟马老师谈使命的时候，我说钉钉的使命是把阿里巴巴的工作方式零成本、零门槛分享给中国 4 300 多万家企业，马老师说这个靠谱，我们阿里巴巴就是让天下没有难做的生意。这是钉钉持续得到集团重大支持的原因，我们要做的事情跟阿里巴巴集团的使命完全匹配，就是帮助中小企业。这是两年来坚持的使命。我们最近的使命有所升华。阿里巴巴的方式不是放之四海皆真理，但是互联网的思想适用于所有企业。钉钉会成为未来各行各业最优秀的工作方式、管理方式的共享平台。我们也是共享经济。今天，很多企业都在反哺钉钉，帮钉钉变得更加优秀。

钉钉追求集体人性、集体价值，但是严格反对对个人隐私的侵犯。许多企业通信产品都允许管理人员察看员工所有聊天记录，他认为工作时间所有的信息属于公司，但是钉钉严格反对这点。另外，我们所有的信息储存在公有云上面，没有任何一个人能拿到。我们会通过第三方加密，在密钥服务器上存储加密密钥和解密密钥，你只给我加密密钥，我把所有客户端数据、通信数据、服务端数据，全部进行加密存储。

最后，钉钉的应用市场上有各种各样的应用，让企业非常小的需求都会得到满足，因为现在有了这样集聚几百万中小企业的平台。我们想让所有企业的获客成本都能降低，我们反对把工具变成控制人的东西。通过钉钉去实现行为透明化，相互之间就会变得平等。员工真正感受到被尊重，而不是你要求我按照你的行为、方式去做某种事情。我们一直坚持保持初心，我们想做的，是保持疯狂的态度、以人为本的理念和对中小企业的专注，让所有中小企业通过钉钉真正进入互联网时代。

资料来源：https://www.sohu.com/a/340097858_422550，有改动。

3.2 微观环境分析

微观营销环境是指与企业紧密相连、直接影响企业营销能力和效率的各种力量和因素的总和，主要包括供应商、企业内部门、营销中介、顾客、社会公众及竞争者等。企业自身主要是指企业内部环境。在企业组织内部，以营销机构和营销人员为核心，其他机构和人员构成了企业营销的内部环境因素。

1. 供应商分析

供应商是指对企业进行生产所需而提供特定的原材料、辅助材料、设备、能源、劳务、资金等资源的供货单位。这些资源的变化直接影响到企业产品的产量、质量以及利润，从而影响企业营销计划和营销目标的完成。

2. 企业内部门分析

企业是组织生产和经营的经济单位，是一个系统组织。企业内部一般设立计划、技术、采购、生产、营销、质检、财务、后勤等部门。企业内部各职能部门的工作及其相互之间的协调关系，直接影响企业的整个营销活动。

3. 营销中介分析

营销中介是指为企业营销活动提供各种服务的企业或部门的总称，营销中介分析的主要对象为以下几类。

(1) 中间商。中间商是指把产品从生产商流向消费者的中间环节或渠道，它主要包括批发商和零售商两大类。中间商对企业营销具有极其重要的影响，它能帮助企业寻找目标顾客，为产品打开销路，为顾客创造地点效用、时间效用和持有效用。一般企业都需要与中间商合作来完成企业营销目标。为此，企业需要选择适合自己营销的合格中间商，必须与中间商建立良好的合作关系，必须了解和分析其经营活动，并采取一些激励性措施来推动其业务活动的开展。

(2) 营销服务机构。营销服务机构是指企业营销中提供专业服务的机构，包括广告公司、广告媒介经营公司、市场调研公司、营销咨询公司、财务公司等。这些机构对企业的营销活动会产生直接的影响，它们主要任务是协助企业确立市场定位、进行市场推广、提供活动方便。一些大企业或公司往往有自己的广告和市场调研部门，但大多数企业则以合同方式委托这些专业公司来办理有关事务。为此，企业需要关注、分析这些服务机构，选择最能为本企业提供有效服务的机构。

(3) 物资分销机构。物资分销机构是指帮助企业进行保管、储存、运输的物流机构，包括仓储公司、运输公司等。物资分销机构的主要任务是协助企业将产品实体运往销售目的地，完成产品空间位置的移动。到达目的地之后，还有一段待售时间，还要协助保管和储存。这些物流机构是否安全、便利、经济直接影响企业营销效果的好坏。因此，在企业营销活动中，必须了解和研究物资分销机构及其业务变化动态。

(4) 金融机构。金融机构是指企业营销活动中进行资金融通的机构，包括银行、信托公司、保险公司等。金融机构的主要功能是为企业营销活动提供融资及保险服务。在现代化社会中，任何企业都要通过金融机构开展经营业务往来。金融机构业务活动的变化还会影响企业的营销活动，比如银行贷款利率上升，会使企业成本增加；信贷资金来源受到限制，会使企业经营陷入困境。

4. 顾客分析

顾客是指使用进入消费领域的最终产品或劳务的消费者和生产者，也是企业营销活动的最终目标市场。顾客对企业营销的影响程度远远超过前述的环境因素。顾客是市场的主体,任何企业的产品和服务,只有得到了顾客的认可,才能赢得这个市场,现代营销强调把满足顾客需要作为企业营销管理的核心。顾客分析的市场类型分析如表 3-3 所示。

表 3-3　顾客分析的市场类型分析

顾客分析的市场类型	顾客分析的市场类型定义
消费者市场	指为满足个人或家庭消费需求购买产品或服务的个人和家庭
生产者市场	指为生产其他产品或服务,以赚取利润而购买产品或服务的组织
中间商市场	指购买产品或服务以转售,从中盈利的组织
政府市场	指购买产品或服务,提供公共服务或把产品及服务转让给其他需要的人的政府机构
国际市场	指国外购买产品或服务的个人及组织,包括外国消费者、生产商、中间商及政府

5. 社会公众分析

社会公众是企业营销活动中与企业营销活动发生关系的各种群体的总称。社会公众分析的对象分析如表 3-4 所示。

表 3-4　社会公众分析的对象分析

社会公众分析的对象	社会公众分析的对象概念
金融公众	主要包括银行、投资公司、证券公司、股东等,它们对企业的融资能力有重要的影响
媒介公众	主要包括报纸、杂志、电台、电视台等传播媒介,它们掌握传媒工具,有着广泛的社会联系,能直接影响社会舆论对企业的认识和评价
政府公众	主要指与企业营销活动有关的各级政府机构部门,它们所制定的方针、政策对企业营销活动或是限制,或是机遇
社团公众	主要指与企业营销活动有关的非政府机构,如消费者组织、环境保护组织,以及其他群众团体。企业营销活动涉及社会各方面的利益,来自这些社团公众的意见、建议,往往对企业营销决策有着十分重要的影响作用
社区公众	主要指企业所在地附近的居民和社区团体。社区是企业的邻里,企业保持与社区的良好关系,为社区的发展做一定的贡献,会受到社区居民的好评,他们的口碑能帮助企业在社会上树立形象
内部公众	指企业内部的管理人员及一般员工,企业的营销活动离不开内部公众的支持。应该处理好与广大员工的关系,调动他们开展市场营销活动的积极性和创造性

6. 竞争者分析

在商品经济条件下,任何企业在目标市场进行营销活动时,不可避免地会遇到竞争对手的挑战。即使在某个市场上只有一个企业在提供产品或服务,没有“显在”的对手,也很难断定在这个市场上没有潜在的竞争企业。一般来说,企业在营销活动中需要对竞争对手了解、分析的情况有以下几方面。

(1) 竞争企业的数量有多少。

(2) 竞争企业的规模和能力的大小强弱。

(3) 竞争企业对竞争产品的依赖程度。

(4) 竞争企业所采取的营销策略及其对其他企业策略的反应程度。

(5) 竞争企业能够获取优势的特殊材料来源及供应渠道。

3.3 市场环境的分析

3.3.1 市场环境的含义

市场环境(market circumstances)是指影响营销管理部门发展和保持与客户成功交流的能力的组织营销管理职能之外的个人、组织和力量。这些因素与企业的市场营销活动密切相关。市场环境的变化,既可以给企业带来市场机会,也可能形成某种威胁。因此,对市场环境的调查,是企业开展经营活动的前提。

3.3.2 市场环境的特点

任何小微企业总是在特定的市场环境中实现其经济行为,我们需要分析和了解当前市场环境的特点。

1. 动态性

动态性是市场环境的基本特征。任何环境因素都不是静止、一成不变的,它们始终处于变化甚至急剧变化之中。

【案例 3-4】家用电子消费品行业的“361”规律

由于顾客需求变化的加快及技术更新速度的提高,与十几年前相比,产品生命周期正在以惊人的速度急剧缩短。以前平均生命周期为 6~10 年的产品,现在已减少到一两年,有的甚至只有几个月。家用电子消费品行业有个可怕的“361”规律,它描述的是大多数家用电子消费产品的生命周期,即用 3 个月设计新产品,用 6 个月的时间进行产品销售,之后即沦为大量泛滥的普及型日用品,为此,生产厂商不得不花最后 1 个月的时间来消化剩余的产品库存。产品生命周期的缩短及新产品的不断推出对企业的反应速度及灵活性提出了很高的要求,它们要求企业必须在很短的时间内准确把握并满足顾客的需求,否则就只能制造库存,或者干脆被市场淘汰。

【讨论题】

(1) 家用电子消费品行业的“361”规律说明了什么?

(2) 在市场环境中还有哪些因素是处于不断变化之中的?

2. 复杂性

市场环境包括影响企业生产经营能力的一切宏观因素和微观因素,这些因素涉及多方面、多层次,而且彼此相互作用和联系,既有机会也有威胁,共同影响着企业的经营决策。例如,网络技术的发展改变了人们传统的生活方式,通过互联网,人们可以实现网上购物、网上营销、网上社交、网上政务等，这些改变使得传统企业的销售渠道受到了极大的冲击，但同时也给其提供了很多机会，如更多可供选择的供应渠道、更为广阔的消费者市场等。

3. 不可控制性

相对于企业内部管理机能来说，市场环境是企业无法控制的外部影响力量。例如，无论是微观环境中的消费需求特点，还是宏观环境中的人口数量，企业都无法加以控制和决定。

3.3.3　市场环境分析的方法

要研究企业的经营环境必须借助一定的方法，调查和预测是主要的方法，调查是了解历史和现状，预测则是推测未来。调查—预测—决策应该是三位一体的，没有调查和预测就没决策的自由。

1. 调查

没有调查就没有发言权，“一切结论应产生于调查的结尾而不在它的先头”。在市场经济的海洋里潮涨潮落、变化多端，不进行市场调查，不摸清市场行情，在市场经济时代就好像“盲人骑瞎马，夜半临深池”。情况不明决心大，知识不多办法多，不经调研，盲目决策，必然要失败。面对市场，要吃一拿二眼观三，行情不对早转弯，迅速反应，马上行动，方可取胜。

2. 预测

预测是对事物、情况发生之前或对事物未来结果所做的推测、断定。凡事预则立，不预则废。在我国古代，如计然、范蠡“旱则资舟，水则资车”“贵出如粪土，贱取如珠玉”等。兵书上的料敌方法有：以己度敌，反观而求，平衡推导，观往验来，察迹映物，投石问路，顺藤摸瓜，按脉诊痛。一位精明的经理要有“月晕而识风，础润而知雨”的眼力。善于预见就能成功，不善于预见则必然会失败。

3. 洞察力

良好的洞察力的特征如下。

1）客观性

观察客观事物要正确反映其本来面貌、特征，不以假当真、以偏概全。否则就会作出错误的判断。

2）敏锐性

在观察活动中，要迅速抓住那些反映事物的本质，而又不易觉察的现象。观察力敏锐，可以提高工作效率。

3）准确性

观察准确是进行预测、决策的重要前提，是纠正谬误的依据。在观察客观事物过程中，要全神贯注、深入细致、追本溯源。

4）全面性

观察客观事物既要看到它的正面，又要看到它的反面；既看到它的本身，又要了解它与周围事物的一切关系及相互影响；既要看到它的现状，又要了解它的过去，还要预测它的未来。这样才能做到观察的全面性。

5）反复性

客观事物是动态发展的，这种发展又是一个复杂曲折的过程。为了获得可靠、真实的材料并进行正确的判断，往往要经过多次的反复观察。

【案例 3-5】“康师傅”何以风靡大陆

近几年，在我国方便面市场上，“康师傅”“统一面”和“一品面”已形成三足鼎立之势。三者相比，“康师傅”方便面更是抢滩占地、咄咄逼人。在儿童和旅游者中，“康师傅”方便面尤其受到青睐。在很多地方，“康师傅”简直成了方便面的代名词。“康师傅”发迹大陆好像就是昨天的事。的确，在方便面食品竞争日益激烈的中国市场上，能够一炮走红的品牌并不多见，难怪各营销研究机构对“康师傅”的发家史颇感兴趣，甚至连台湾地区《中国时报》的记者也盯上了“康师傅”在大陆的发展，将其发迹的历程曝光揭秘。

据报道，首创“康师傅”方便面的是坐落在天津开发区的一家台资企业。其投资者是台湾的顶新集团，他们之中 90％是彰化县永靖镇人，平均年龄 40 岁出头，大多数股东在台生产、经营工业用蓖麻油，并不熟悉食品业，而且在岛内也不那么风光，是一批所谓名不见经传的小业主。

根据顶新集团的一位董事透露，1987 年底，他们原本计划到欧洲进行投资。然而就在他们决定动身前往欧洲时，台湾当局宣布开放大陆探亲，他们灵机一动，立即改变行程，决定在大陆市场寻求发展的契机。开始，他们并不知道也不清楚搞什么行当最能走红。经过大陆之行的实地调查后，他们发现改革开放后的大陆，经济建设搞得如火如荼，“时间就是金钱，效率就是生命”的口号遍地作响，人们的生活节奏日趋加快。于是，一个新点子便涌上了他们的脑海：为什么不适应大陆的快节奏，在快餐业上寻求发财的机会呢？当年，日本的日清公司抓住 20 世纪 50 年代后期日本经济腾飞的时机，开发出方便面而大获成功，他们为什么不去占领大陆的方便面市场呢？经过冷静的分析之后，顶新集团决定以开发生产新口味方便面作为进军大陆市场的拳头产品。

俗话说，名不正则言不顺。极富商品意识的台商，出师前冥思苦想要给新口味的方便面取一个专利的名字。思来想去，前后也征集了不少品牌，但终因不满意而淘汰了。后来，有人建议用“康师傅”这个名字。其寓意是：“师傅”在大陆是专对专业人员的尊称，其使用频率和广度不亚于“同志”，并且大有取而代之之势。同时，顶新集团过去生产经营过“康莱蛋酥卷”，有一定的知名度，方便面姓“康”与“康莱”可以称兄道弟。此外，“康师傅”方便面有个“康”字，也容易引起人们对“健康”“安康”“小康”等心理联想。后来的实践证明，“康师傅”这个取名的确是个好点子。“康师傅”方便面经广告媒体一阵爆炒便不胫而走，“康师傅”三个字差不多成了方便面的别名。

新产品要名副其实，才能真正赢得市场。为了使“康师傅”在大陆市场上畅通无阻，必须在“大陆风味”上下功夫。在这一点上，顶新集团的策划者采用了“最笨”“最原始”的办法——“试吃”来研究方便面的配料和制作工艺。他们以牛肉面为首打面，先请一批人来试吃，不满意就改。待这批大陆人接受了某种风味之后，再找第二批大陆人品尝，改善配方和工艺后再换人试吃，直到有 1 000 人吃过面以后，他们才将“大陆风味”确定下来。当新口味的“康师傅”方便面正式上市销售时，消费者几乎异口同声地说：“味道好极了！”一年后，“康师傅”在北京、天津、上海、广州等大城市火爆，台湾报纸惊呼顶新集团的创举，乃是“小兵立奇功”。

说顶新集团是“小兵”，是相对于台湾食品业的巨子“统一集团”和“一品集团”而言的。尤其是“统一集团”，可以说是台湾食品业的龙头老大。然而，这位老大在大陆方便面市场上却不如“康师傅”风光。其实，“统一”与“顶新”差不多是同时进军大陆市场的，但是“统一”在营销策略上犯了一个错误：他们采取了“以货试市”的路线，先把岛内最畅销的鲜虾面端上来，想让大陆人尝尝“台湾风味”，过过现代快餐食品之瘾。谁知道结果却是“剃头匠的挑子——一头热”，大陆消费者对台湾风味的鲜虾面敬而远之。接着，他们又换上岛内第二、第三的方便面，依然是一厢情愿。在惊讶两岸同胞的口味差异如此之大之后，“统一”老大哥这才想起“入乡随俗”的古训，放下“台湾架子”，进行“风味大陆化”的研究，并策划后来居上的市场营销方案，开发大陆化的产品。

【感悟与探索】

“康师傅”方便面的发迹，首先与其名字的新颖性、独特性分不开，“康师傅”这个名字从社会消费心理出发，巧妙浓缩了“健康”和“师傅”这两个含义，独辟蹊径，圆了企业树立独特形象的美梦。

“康师傅”另一条值得借鉴的成功经验是企业产品的“入乡随俗”。一个企业的成功必须依赖于拳头产品，因地制宜、入乡随俗不失为一良策。“统一”集团的决策者认为只要把在台湾畅销的方便面端到大陆来，大陆人就一定欣喜若狂、争吃为快，其结果却是一厢情愿。“康师傅”坚持“到什么山上唱什么歌”的原则，生动形象地演绎了“入乡随俗”的古训。

3.4　小微企业怎样发现机会与规避威胁

在分析了环境之后，管理者就需要评估企业有哪些机会可以发掘、利用，以及企业可能会面临哪些威胁。

分析环境的出发点和落脚点，就是发现机会、避开威胁。那么，环境中到底有没有机会呢？让我们先来看看几位优秀企业家的回答。

荣事达总裁陈荣珍以敏锐的洞察力讲了下面一段很有哲理的话：共同拥有一个太阳，但大家受到的温暖却各不一样。谁自身状况调节得好，谁就接受得更多。正所谓“只有滞销的产品，没有饱和的市场”。

青岛海尔集团 CEO（首席执行官）张瑞敏反复解释、演绎他的创新理念：只有疲软的产品，没有疲软的市场；只有淡季思想，没有淡季市场；产品小差别，市场大差异……

此外，还有一些警言：“只有不赚钱的企业，没有不赚钱的行业。”“机会靠人把握，市场就在身边。”

既然环境中到处都有机会，我们为什么看不到呢？主要是因为缺乏发现机会的思路和眼力。正如张瑞敏说的：“没有思路就没有出路，有了思路就有出路。”他提出海尔要有“三只眼”：“第一只眼睛是盯企业内部的员工，使企业内部的员工满意最大化；第二只眼睛应该盯住企业外部市场，盯住用户，使用户满意度最大化；第三只眼睛是要盯住外部的机遇。”海尔之所以机会颇多、捷报频传，与海尔的超前思路和敏锐的眼力有着直接联系。

3.4.1 机会从哪里来

1. 官方渠道中有机会

所谓“官方渠道”，就是指领导讲话、政府报告、长远发展规划、方针政策等。官方渠道中有大量的机会存在。例如，领导讲话中有机会。

邓小平高瞻远瞩地指出：“普及计算机必须从娃娃抓起，全社会都要学习计算机。”邓小平的这句话，就蕴含了一个巨大的市场机会。深圳宝安科王公司就是从邓小平的这句话发展起来的。他们于1991年开发出一种集计算机功能与游戏功能于一体的计算机系统——中英文电脑学习机，并于1992年正式投入大规模生产，创造了一个大市场。在短短几年的时间里，科王公司就由一个几十人的民营小厂，发展到如今已拥有5个大厂800多人的企业，并逐步迈向集团化。

再如，政府报告、长远发展规划中有机会。

21世纪我国将重点实施三大战略：产业结构调整战略、开发中西部战略和走出去战略。这三大战略，特别是开发中西部战略，为投资者带来了“无限商机”。例如，在1998年中国中西部地区对外经济技术合作洽谈会上，中西部地区共签订利用外资项目790项，合同、协议、意向利用外资金额超过106亿美元。参加洽谈会的海外客商来自50多个国家，人数多达2 000余人，远远超过两年前的800人，其中包括摩托罗拉等大批跨国公司。种种迹象表明，中西部地区正在成为外商投资我国的热点。

2. 信息资料中有机会

在市场竞争中，信息的竞争尤为激烈。从某种意义上说，谁抓住了信息就等于抓住了制胜的钥匙。所以，信息里面就有机会，信息就是市场，信息就是金钱。在这方面，“盖天力”公司就是一个很好的范例。

【案例3-6】

江苏省启东盖天力制药股份有限公司总经理徐无为，在一个偶然的机会得到了来自世界卫生组织的信息：中国人缺钙！儿童缺钙，老年人也缺钙！于是，盖天力人果断决策开发钙剂，并独辟蹊径，将商品名和商标名巧妙地合二为一，成为药品中第一个商品名和商标名两者合一的品牌。接着，又以万元重金征集广告用语，一句“添钙添力盖天力”的广告语很快便唱响全国。与此同时，总经理亲自带头，动员职工集资600万元，冒着巨大风险，将这笔资金投入中央电视台等各大媒体，开展地毯式的广告轰炸。在不到两年的时间里，盖天力成功地树立了全国钙制剂中第一品牌形象。1993年，盖天力年产值一举突破1亿元，利税1 400万元，占全公司利税的70%以上。从1992年5月投放市场到1995年，“盖天力”创造的总产值已突破1.8亿元，利税5 000多万元。

3. 现代农业中有机会

随着工业领域竞争的加剧、利润下滑，农业越来越受到方方面面的重视。天津一些精明的、有远见的企业家捷足先登，及时地捕捉到了现代农业的诱人商机。

【案例 3-7】

1997 年初，天津港田公司董事长龚世权得知天津市科委正在进行工厂化农业科技示范区建设项目的招标，他意识到机会来了。面对标书对资金投入、水源、土质及交通 4 个方面苛刻的要求，港田集团进行了充分的准备，终于以 1 700 万元的投资和其他方面的优势在 8 个强有力的竞争对手中脱颖而出。

农业科技示范区是为丰富天津市民的"菜篮子"而建的，面对一排排漂亮的厂房，龚世权认为企业找到了新的经济增长点。由于采用高科技手段营造出适合各种农作物生长的湿度、温度、空气及日照环境，各种农作物生机盎然。企业在丰富了市民"菜篮子"的同时，也使自己的平均利润达到 40%以上。

4. 环境和资源限制中有机会

环保产业在国际市场上被称为朝阳产业、明星产业，是国民经济结构中以防治环境污染、改善生态环境、保护自然资源为目的所进行的技术开发、产品生产、商品流通、信息服务、资源利用的"绿色"产业。如污水的处理、垃圾的填埋、防治噪声和空气污染的电动车、防盗器等，这意味着一个潜在而巨大的市场正展现在我们面前。

5. 气候变化中有机会

自空调器、电风扇、电冰箱、取暖器、服装等气候敏感类商品诞生之日起，它们便与气候结下了不解之缘。企业在生产、销售过程中，如果对气候变化一无所知，"听天由命"，将会给企业带来很大风险。而精明的企业家及早识破"天机"，运筹帷幄，就可轻松赚取难得的"气候钱"。无论是酷暑炎热天的空调脱销，还是阴雨连绵天的雨伞供不应求，都表明气候变化中孕育着无限商机。

6. 市场缝隙中有机会

所谓"市场缝隙"，就是消费者尚未得到满足，而多数经营者尚未意识到的那部分消费需求。谁能先抓住这一需求，谁就能开发出一块新市场。海尔开发的"小小神童"迷你即时全自动洗衣机，就是典型的一例。

【案例 3-8】

"小小神童"的出世，源自一位上海用户给海尔的一封信，她对市场上一般洗衣机的又大又重、费水费电提出抱怨，希望海尔能开发一种适合现代人洗衣频率高、即时洗、易搬动、不占地方的洗衣机。消费者有一种需求，就要为他们提供一项服务。海尔立即抽调了一批研究人员，进行迷你洗衣机的研究开发。第一代"小小神童"洗衣机闪亮登场，向消费者首次展现了中国第一台迷你即时洗衣机，因其灵、快、好、省、实用方便而很快在市场上畅销。以后又推出了"小神童""神童王"等波轮洗衣机"神童兄弟"族，玛丽亚、玛格丽特、丽达等滚筒洗衣机姐妹等数十款洗衣机，使海尔洗衣机在国内外市场上大放异彩，市场占有率节节上升，占全国销量第一。

资料来源：都都．"小小神童"全国脱销之谜[N]．中国企业报，1998-07-14，有改动．

7. 别人产品的缺点中有机会

"先发制人，后发制于人"是兵家常用的一条谋略。如今它已被一些企业广泛地应用到商战中，不少企业通过采取主动出击、掌握主动权的攻势战术大都获得了成功。然而，"兵无常势，水无常形"，任何营销策略都不是绝对化的。抢先一步是"先发制人"，可以取胜，落后一步则对企业具有负面影响甚至破坏作用，经理人应时刻"瞪大眼睛"，随时防范它的发生和规避其负面的影响。但后发并不就等于失败，如果后发者能够瞄准对方的弱点，扬长避短，也一样能取得胜利。

【案例 3-9】

新疆塔里木油田为了改善职工生活条件，决定分期分批给每个家庭安装一台空调器。然而刚过了一个月，职工脸上的喜悦就变成了忧愁。因为油田风沙太大，沙粒把冷凝管都给堵死了。合肥天鹅空调器厂在得知这一信息后，立即开发出了一种防风沙的空调器，油田职工使用后非常满意。从此，天鹅空调在新疆大受欢迎。

可见，从别人产品的不足中寻找市场是一条成功捷径。首先，这种方式简单、便捷。别人的产品存在着某种缺陷，被消费者抛弃了，我就"哪壶不开提哪壶"，在我的产品中彻底消除这一缺陷，这样这个市场就变成我的了。这种"乘虚而入"的占领方式比采用常规方法开辟一个市场要省许多事。其次，这种方式成本低廉。一般说来，占领市场要经过市场调查、广告宣传、试销等几个阶段。采用这种方式后，前边的几个阶段基本上都可以省略掉，这就可以为企业节省一大笔费用。所以，在激烈的市场竞争中，把目光盯在失败者身上，"从别人产品的不足中寻找市场"，就能把别人失去的市场变成自己的市场。

8. 顾客的抱怨中有机会

顾客的抱怨，实质上是"不花钱的咨询"。"抱怨"对于商家来说往往意味着商机、市场、利润和生存发展的沃土。有远见的企业家都能够善待"抱怨"，他们也由此获得了新的商机、新的市场。

【案例 3-10】

1996 年，张瑞敏在四川出差时听说洗衣机在四川农村销售受阻，其原因是农民经常用洗衣机洗地瓜，排水口一堵，农民就不愿用了。于是，张瑞敏要求技术人员按照农民的要求，开发出能洗地瓜的洗衣机。有技术人员对张瑞敏要求开发能洗地瓜的洗衣机的指令想不通，认为太"土"，也太不"合理"了！但张瑞敏却说，不！对用户的要求说不合理是不行的，如果能开发出适应用户要求的产品，你就创造出了一个全新的市场。技术人员根据农民的意见，很快就开发出了大地瓜洗衣机。大地瓜洗衣机开发出来后，果然在农村市场大受欢迎。

日本松下公司创始人松下幸之助先生说得好：没有挑剔的顾客，哪有精良的产品？顾客的抱怨，经常是我们反败为胜的良机。我们常常在诚恳地处理顾客的抱怨中，与顾客建立了更深一层的关系，因而意外地获得了新的生意。所以，对于抱怨的顾客，我实在非常感谢。

9. 文物古迹、风土人情、名家的作品和典故中有机会

文物古迹、风土人情中有机会，这早已广为人知，但名家的作品和典故中有机会一般人听来则会觉得很新鲜。在这方面，鲁迅先生的家乡——绍兴就带了个头。

鲁迅先生生前恐怕不会想到，他在为后人留下了一份宝贵而璀璨的文学遗产的同时，也为故乡人创下了一笔丰厚而独特的商业资产。据披露，如今绍兴人纷纷通过利用鲁迅笔中家喻户晓的作品名、人物名，作厂名、店名、公司名、商标名，使自己企业的知名度得到迅速提高。

据统计，这样的企业已达 20 余家。至于以鲁迅作品中艺术形象注册商标的产品，更达百种以上，这成了绍兴经济发展中一个新颖别致、耐人寻味的现象。

绍兴人这种吃"鲁迅饭"的现象始于几十年前。当时，有商业眼光的人士敏感地注意到鲁迅小说《孔乙已》中"咸亨酒店"这 4 个字的含金量，便依照小说中描写的格局修建了咸亨酒店。此后，游览绍兴的客人纷至沓来，引得财源滚滚，如今咸亨酒店已经成为历史文化名城绍兴一个具有代表性的景点。有些绍兴土特产也因沾了鲁迅作品的光而畅销国内外。如孔乙已牌茴香豆在日本销路很好，祥林嫂牌豆腐乳、闰土牌梅干菜则是上海、杭州副食品市场上的名牌。

10. 价值观念的变化中有机会

人们的消费行为是由价值观念指导的，因此，只要认真研究价值观念的变化趋向，企业就可以抓住商机赚大钱。例如，过去每年春节期间，机场和宾馆萧条冷落，但是近几年来，每逢春节，往返海南的机票紧张，海南各宾馆客房爆满，呈现出了从未有过的兴隆景象。这种景象的出现，就源于北京人兴起的一种新观念——"旅游过春节"。此外，如时装、建筑、装潢、化妆品、花卉等行业，受价值观念变化的影响更大。因此，这些行业更应注意研究人们的价值观念。另外，还需要说明的是，即使是处于同样的环境中，由于企业控制的资源不同，对某些企业来说是机会，对另一些企业来说就可能会是威胁。例如，紧缩银根、压缩投资、经济萧条的环境，对经营不善、严重亏损、濒临破产的困难企业，就是很大的威胁；但对于经营管理很好、既强又大的企业，却是一个很好的机会，这些企业可以利用萧条的环境，实行低成本扩张，使自已发展得更强更大。再如，把天然气引进北京后，给北京的化工企业带来了很好的发展机会，但给北京的煤炭行业却带来了严重威胁。

可见，环境变化对一个企业来说，究竟是机会还是威胁，取决于该企业所控制的资源。所以，在分析了环境之后，还必须分析企业的资源。

【知识拓展】农林类专业学生要选对创业路

3.4.2 威胁来自哪里

可能对企业形成威胁的八大因素如下。

(1) 现有竞争对手。对手的数量和实力怎样？如果它已瞄准自己，自己决不可掉以轻心。

(2) 供应商。供应商的数量越少越不利。

(3) 客户。客户数量越少，说明此市场已被对手瓜分，这是最大的威胁。

(4) 潜在的竞争对手。识别潜在对手出现的兆头非常重要，企业要时刻居安思危、防患未然。

(5) 替代技术。越是传统的产业，越要注意替代技术夺走自己的"饭碗"。

(6) 互助企业。专业化分工与协作的企业之间，合作态势与诚意十分重要。

(7) 政策或规则。政策、规则的变化会立即形成新的利益格局。例如，垄断一旦打破，马上会有对手出现。

(8) 自然状况。灾害与突发事件常常会给企业带来"飞来横祸"。要评估某种威胁是否存在以及如何应对，可以从市场预测和调查中得出判断。

3.4.3 企业怎样规避威胁

威胁是对企业造成危害的负面力量，实行防范和预警十分必要。对企业威胁"预警"的方法如下。

(1) 建立一支"消防队"，保证企业在受到威胁冲击时能很快化解威胁。

(2) 时刻提防对手。学会如何区别信号与杂音，以识别出真正的竞争对手。

(3) 深入客户、深入本企业的中层和基层。建立一种信息双向沟通的渠道，听取客户和企业中、基层人员的意见，避免使自己成为最后一个知道变化的人。

(4) 经常听一听以评价你为职业的人的说法。这些人经常在旁边观察你、琢磨你，他们往往能从较新的角度发出一些新信息。

3.5 小微企业经营战略选择的时机性

经营时机是企业的一种特殊财富，只有强烈的时机意识和果断魄力的结合，才能在经营战略的选择上抓住时机、出奇制胜。时机是时间和机会的统一体，任何机会都是在一定的时间中出现的。拿破仑以军事家的体会说："战略是利用时间和空间的艺术，我们对于后者不如前者那样珍惜，空间是可以重新得到的，而时间则会永远失去。"

可见，机遇和时间联系得最紧。经营时机作为物质运动的某种特殊状态有其自身发生、发展、消亡的过程。有些经营时机的寿命十分短暂，稍纵即逝。中国古代"争雁"的故事说的是两个猎人看天空有一群大雁飞过，于是就张弓搭箭准备把它们射下来。一猎人说打下来煮着吃好，另一猎人固执地说还是烤了吃好。两人争论不休，请第三人评理说射下来的大雁，一半煮，一半烤。但是等他们要去射大雁时，那群大雁早已飞得无影无踪了。这个故事的寓意对于企业的战略决策者来说是深刻的，当机立断、抓住时机是战略选择成功的重要条件，尤其是在外部环境变化剧烈的情况下，对经营时机的把握与否是企业成败的关键。企业高层经营者的首要职能是制定、选择、实施经营战略，时机在战略选择上具有举足轻重的作用。只有正确认识经营时机的本质特征及规律性，才能科学地进行战略选择，及时果断决策，争取主动，获得胜利。

3.5.1　经营时机的本质特性

1. 客观性

时机具有物质性，物质的唯一特性是客观实在性。不管能否意识到它，它总是在一定的时空中存在着，而且是不以人的意志为转移的。

2. 多样性

时机具有多样性。按照不同的划分方法，时机具有不同的类型：从需求层次上划分，企业高层领导需要的是战略时机，中层领导需要的是战术时机，而基层管理者需要的是作业时机；按照企业经营职能的不同，还可以分为市场、投资、贸易、广告、宣传等时机；按照时机寿命周期长短不同，可分为长期时机、中期时机、短期时机等。由于时机变化具有多样性，因此企业在战略选择时利用时机的方式和手段也必然是多种多样的。不能看到单个时机而不注意多个时机并存的客观事实；既要注意现实的时机，也要注意未来的时机；要善于从多种时机中选择最佳时机，从多种战略方案中选择最优方案，从而促进企业的生存发展。

3. 价值性

时机是资源，具有价值性。它同资金、技术、劳动力一样，也是一种重要的资源，然而时机的价值性及资源性都不是客观性的东西，而是带有主观性和依赖性，它只对需求者才具有价值，才是资源，否则毫无价值可言。同一时机由于经营者的需求认识理解程度不同所产生的效益也不同。时机是一种宝贵的无形资源，只有通过开发和利用才能变为直接财富，因此对于经营者来说时机就是市场，就是潜在的财富。

4. 易逝性

易逝性也叫不可储存性，时机这种稀有珍贵的资源在世界上是独一无二的。它不像煤炭、石油、森林、矿山等资源，如现在不开采，在一定的时间之内还能始终保持一种潜能，而时机却不具备这种潜能。

5. 关联性

我国古代商人就有“旱则资舟，水则资车”的辩证思想，也就是看到物质之间的关联关系。我国 1998 年夏季发生的百年不遇的特大洪水，给灾区人民造成巨大的损失，但重建家园也为建材行业提供了机遇，这是比较明显的关联性，还有一些潜在的关联需要挖掘。海尔集团就是根据国家气象总局长期天气预报分析北方 1997 年盛夏出现持续高温闷热天气，在此之前生产大量空调投放市场，一步领先，步步领先，盈利大增。

3.5.2　经营时机对战略选择的影响

辩证唯物主义者认为，一切应以时间、条件、地点为转移。捕捉商机可创造财富。有时抓住一个机会可以使企业起死回生、大展宏图；而失去一个机会，则企业可能由盛转败、一落千丈。

【案例 3-11】

1978 年,河北清河县杨二庄社办企业业务员戴子路从内蒙古东胜羊绒衫厂拉回一车被扔掉的扫地毛,又购置了两台“181”梳棉机,经天津纺织工学院专家改造试验成功后纺出了 24～26 毫米的短线。这是清河县分梳短山羊绒的起点。后来在县委县政府的支持下,清河县抓住时机,一批合资合作企业形成,经过 20 年的创业,如今河北清河县已成为全国最大的羊绒加工销售集散地和主要的羊绒制品生产基地。

据统计,清河县占全国羊绒市场份额为 65%左右,从业人员 10 多万人。1999 年全县加工各类无毛绒 1.13 万吨,其中山羊绒 5 200 吨,占全国总量的 70%;出口 2 800 吨,占全国的 65%;纳税超过 300 万元的羊绒企业有 8 个,纳税超过 200 万元的羊绒企业 15 个,纳税超过 100 万元的羊绒企业 26 个,纳税超过 50 万元的羊绒企业 25 个。该市场的成因可以归纳为:“群众偶然创造,改革开放推动,家庭工业起步,政府顺势引导。”其成功的关键点是在战略选择上抓住了时机,利用商机创造财富。现在的战略目标正向羊绒信息中心、羊绒制品开发中心挺进。该市场的宣传口号是:“世界羊绒看中国,中国羊绒看清河。”

3.5.3 小微企业在经营战略选择过程中要充分把握、利用时机

企业经营者尤其是高层领导者的首要任务就是制定、选择经营战略。要时刻注意寻找、分析、选择、利用、调控和创造时机,为此应从以下几方面入手。

首先,要寻找、捕捉时机。

“巧妇难为无米之炊。”企业必须根据内部条件、经营战略及经营理念有指向性、有目的地收集各种信息,从中分析筛选出对本企业有用的信息,这是企业经营战略选择成功的前奏。老子曰:“道生一,一生二,二生三,三生万物。”这反映了自然界从无到有的哲学历程。企业家在战略选择时必须善于把握这一哲学命题,否则,会陷入“零到一,一到零”的恶性循环。把握这一过程的实际是考察企业家的运筹力和创造力,是捕捉商机、获得信息能力的最终体现,也是经营战略创意的最高境界。

其次,要分析选择时机。

对待时机也要“去粗取精,去伪存真,由此及彼,由表及里”。

在多种时机中要区分哪些是战略性时机,哪些是战术性时机;哪些是有利时机,哪些是不利时机。企业应当特别注意选择对自己有利的战略性时机,要“咬定青山不放松”,绝对不能坐失良机。香港著名企业家霍英东成功宝典的秘密就是“抓住机会”。起先,经营一家小店并一直寻觅机会的霍英东从报纸上看到一则消息:战后物资正在拍卖,他的眼睛亮了,这是一个致富的好机会啊!他立即借钱购买了一些需要小修的小艇、廉价的舢板和海军机器,凭着自己的修船本领在一个月内他就把这些东西修好并转手卖了出去,霍英东首次尝到了成功的滋味。1950 年,朝鲜战争爆发。当时,中国的海岸受到美帝国主义及其帮凶的封锁,香港地区成了中国对外贸易的辗转站,大批军用物资从香港运到内地。霍英东看准了这一百年不遇的机会,与几位朋友联合开办了大规模的驳运业务,他的驳船由

一条、两条发展到数条。同时，他还利用驳运之便，买卖战余物资，获利极丰。在别人总是埋怨战争之苦的时候，霍英东抓住机遇，彻底摆脱贫穷，成为香港的航运业大亨。

再次，要调控创造机会。

企业在战略选择时必须随时监视随着环境变化而变化的详细情况，并据此不断调整自身的行动，以便利用最佳时机取得良好的效果。因此，企业高层领导者在选择时机时应具有创造性思维，某些与企业看起来是毫不相干的信息，却隐藏着大量的，有时甚至是战略性的有利时机。企业家要独具慧眼、意识敏锐、创造机会，“金风未动蝉先觉”，即当别人对市场需求尚处于朦胧状态时，企业要能预测到或看到市场将要有大量的需求；当别人刚刚看出这种需求时，企业已开始试制了；当别人刚开始试制时，企业已经投产了，甚至已打入市场捷足先登了。出其不意，攻其不备，知天知地，胜乃无穷。适应环境、改善经营主体的自身条件是创造时机的重要手段。

最后，要善于把握利用时机。

在企业实践中许多人也能看到机会，但往往患得患失、不敢去抓。结果与之擦肩而过，后悔莫及。

总之，企业家在战略选择时应敢于超越自我、不断捕捉机会，只有突出“敢”字才能有所收获。邓小平同志在提出“摸着石头过河”的同时，也提出要敢闯、敢冒、敢试，这表达了同样的哲理。如果辨识了时机，也有抓住时机的胆量，但却没有把握时机的能力，同样等于零。“机遇偏爱时刻准备夺取胜利的人。”简而言之，成功的企业＝时机＋抓住时机的能力，这才是小微企业经营战略选择之真谛。

思考题

1. 简述小微企业经营环境的意义。
2. 小微企业宏观环境因素分析有哪些？
3. 简述宏观环境与微观环境的分析方法。
4. 小微企业竞争对手的分析内容有哪些？
5. 小微企业怎样识别机会规避威胁？
6. 试论小微企业经营战略选择的时机性。

即测即练

习题3

第 4 章

小微企业战略管理

学习目标

- 掌握小微企业战略管理概念及其特征
- 掌握小微企业战略管理的构成要素
- 了解小微企业战略管理的基本内容和过程
- 了解小微企业战略层次与态势发展战略
- 理解小微企业基本竞争战略

【案例 4-1】伊利战略营销“五部曲”

例4-1

4.1 小微企业战略管理概述

4.1.1 当今小微企业必须注重现代经营战略

企业要经营，战略要先行。“战略”一词源于军事术语，战略决策是关系全局的、长远的、重大问题的决策。现代小微企业在经济形势复杂多变的情况下，研究制定小微企业的经营战略并据此制定中、长期规划，对小微企业的发展前途至关重要。孙子兵法曰：“夫未战而庙算胜者，得算多也。”经营者只有“善算”“巧算”“妙算”才能在竞争中精于计谋、技高一筹、战胜对手。

首先，小微企业注重经营战略是市场经济发展的客观要求。小微企业必须依靠市场供求规律和价值规律自我调节生产经营活动，作出正确的经营战略决策，在优胜劣汰的竞争中求生存谋发展。俗话说：“人无远虑，必有近忧。”从企业发展的角度来看，企业今天的行动是为了执行昨天的战略，企业今天制定的战略正是为了明天更好地行动。

其次，经营战略是消费需求多样化的必然要求。消费既是生产过程的终点，又是再生产过程的起点。这是因为消费是产品的完成，没有消费就没有生产；消费为生产创造出新的需要，这种不断增长的新的需要是生产得以不断进行的原动力。随着科技的进步、生产结构的调整和人民生活水平的提高，市场的消费需求呈现出分散化、复杂化、多样化的趋势。

最后，经营战略是小微企业一切管理工作的精髓。小微企业经营战略是全体员工的行动纲领，它为小微企业的发展指明了基本方向和前进的道路，也是生产经营活动的中心。它能使小微企业有明确的经营活动目的和主心骨，能够起到统一全体员工思想和行动的作用，有助于调动全体员工的积极性、主动性和创造性，使广大员工心往一处想，劲往一处使，为实现企业的战略目标而作出不懈的努力。制定经营战略能够对企业当前和长远发展的经营环境、经营方向和经营能力有一个正确的认识，做到胸中有数。通过全面了解本小微企业的优势和劣势、机会和威胁，从而做到"知己知彼"，不失时机地把握机会、利用机会、扬长避短，求得小微企业的生存和发展。

4.1.2 小微企业制定经营战略客观必然性

"战略"一词源于军事术语，指在敌对状态下将军指挥军队克敌制胜的方法和艺术。小微企业领导要高瞻远瞩、面向未来、把握主动。特别是小微企业高层管理者应当把自己的主要精力集中放到制定和实施小微企业的经营战略上来。在美国进行的一次调查中发现，有90%以上的小微企业家认为"最占时间、最为重要、最为困难的事就是制定战略规划"。由此可见，经营战略已成为许多小微企业取得成功的重要因素，小微企业已进入"战略制胜"的时代。以农业经济为主的社会人们所关心的是过去——经验和做法，以工业经济为主的社会人们所关心的是现在——技术和市场，以信息为主的社会人们关心的是未来——战略和策划。意识能量就是财富的种子，财富就是意识能量的果实。

有人将改革开放经济转轨过程中的机会分为4个轮次，每种发财方式都不一样。第一轮次，发政策财——天上掉馅饼；第二轮次，发关系财——幕后抱馅饼；第三轮次，发技术财——自己烙馅饼；第四轮次，发管理财——小饼变大饼。从以上可以看出，机会的把握越来越依靠实力，依靠战略管理者的韧性、悟性、理性与学识、胆识、见识。

1. 三种主要力量使小微企业越来越难赢

新世纪有三种主要力量不可低估。

第一，顾客(customer)占上风。今天的市场，卖方不再占据优势，买方真正占了上风，"萝卜慢了削层皮"，顾客更富于个性，挑剔、刻薄是现代消费者的一大特点。人们对日用商品出现了高中低不同层次的消费需求。部分高档商品进入家庭，要求提供相应的售前、售后服务。因此，根据消费需求发展趋势的变化而制定小微企业的营销战略，如名牌战略、售后服务战略等，满足和创造市场需求，是小微企业在制定经营战略中的首要任务。顾客与小微企业，互惠解难题，顾客是上帝，信赖成朋友，顾客忠诚度、美誉度，是小微企业生存之根、立命之本。

第二，竞争(competition)在加剧。市场经济越发展，小微企业竞争越激烈。在日趋激烈的市场竞争中小微企业必然是主体，如果说市场是舞台，那么企业就是演员。企业经营的宗旨是获利，利是经济建设之本，利是富国强民之源。利之获，人心聚；利之丰，小微企业强；利之聚，社稷兴。市场上的利益诱惑使众多企业趋之若鹜，竞争者的队伍越来越庞大。"赢得竞争优势，夺取领先地位，获得更大效益"已成为全球经济竞争的新景观。谁都可以得罪，市场不能得罪。

第三，变化(change)是常事。当今世界只有一个东西是不变的，那就是"变"。变化已成为社会经济运行的一种常态。美国通用电气公司一直信奉"充满宗教般的狂热"的信念：如何预见变化，如何应付变化，如何使一家各项工作都做得很好的公司发生变化。在市场经济的海洋里，潮涨潮落，变化频繁，顺潮流善变者生，逆潮流不善变者亡。市场风云，变幻莫测，强手如林，各显神通。小微企业要善于把握千变万化的市场行情，以变应变，先谋后战，才能在海中避风浪、绕暗礁、越激流、过险滩，直挂云帆济沧海，夺取最后的胜利。大海航行靠舵手，舵手靠的是舵，经营战略就是小微企业的命运之舵。

2. 小微企业面临着生命周期的严峻挑战

小微企业是一个生命的机体，它也有生命过程的周期规律。小微企业从诞生的那一天起，就站到了其生命周期的起点上，同时也面临生命周期的挑战。

据统计，中国企业平均寿命只有7～8岁，民营企业只有2.9岁，跨国公司的平均寿命为11～12岁，世界500强的平均寿命为40～42岁，世界1 000强的平均寿命为30岁。那些决策失误、对市场反应迟钝、管理不善的企业会过早地进入"公司恐龙博物馆"。

3. 小微企业未来的市场竞争日趋激烈

第一，竞争对手抢占了市场。现代市场竞争，强手如林，各有招数；商场激战，更为惨烈。仅了解顾客的需要已不是灵丹妙药，因为众多企业都朝着同样的目标市场前进，形成千军万马过独木桥的格局。在这种情况下，企业要多一个心眼儿，善于观察敌、我、友的行踪，联合盟友，击败对手，扩大自己的优势以赢得市场，这就是小微企业战略的基点。

第二，面向未来的竞争更为惨烈。今日市场上的领先者，并不一定是明日市场上的领先者。你是否想过5年甚至10年后市场究竟会怎样？请思考下面几个问题。

(1) 你是像一个维持今日市场碌碌运转的维修"工程师"，还是更像一个构想明日市场优胜者的"设计师"？

(2) 你是"战略家"还是"救火队员"，两眼一睁，忙到熄灯，忽视战略，盲打盲从？

(3) 你投在创造未来上的精力，是否比投在延长过去上的精力更多？

今天的竞争实质上是一场挑战者与落伍者之间、创新者与守成者之间、勤奋的开拓者与偷懒的模仿者之间的竞争。挑战者、创新者、开拓者之所以成功，是因为他们敢于跳出老框框，向远处眺望，走机会最多的路。

第三，名牌瓜分天下，精品扮演主角。我国加入WTO(世界贸易组织)后，国内市场国际化、国际市场国内化、世界市场一体化是当今全球经济发展的基本趋势，赢得竞争优势、夺取领先地位、获得更大效益成为全球经济竞争的新景观。市场经济在一定程度上讲就是名牌经济，竞争的最终局面是名牌瓜分天下、精品扮演主角。无怪乎有人说：农业时代竞争土地，工业时代竞争机器，信息时代竞争品牌。品牌是进入21世纪的入场券。因此我们在设计小微企业发展战略时，只有将品牌提升到战略的高度，树立名牌质量意识，保护民族工业精品，才能弘扬国粹、竞争制胜。

【案例 4-2】砸了 76 台冰箱换来了质量意识

过去，海尔抓产品质量，推行的是从日本引进的全面质量管理，这套办法在中国推行了多年，但并不成功。原因是照搬了质量管理的方法，却没有引进质量管理的思想。当时国内企业确定产品的标准是一等品、二等品、三等品、等外品和处理品，只要这个产品生产出来了，还能转，还能用，就要为它找到出路。这种为产品找出路的政策，使工人没有任何质量意识。所以为了树立一个“有缺陷的产品就是废品”的意识，海尔从 400 多台冰箱中检查出 76 台有不同程度缺陷的冰箱搞了个展览会。大多数工人认为既然这些冰箱还能使用，是不是便宜些处理了；领导者则认为，如果不杜绝这种思想，明天就可能出现 760 台、7 600 台残缺品，那么永远会有不合格的产品生产出来，所以当时就决定把这些冰箱销毁。冰箱砸了是一笔很大的损失，但正是这样才提高了工人的质量意识。从此之后，海尔推行了很多质量管理的制度，冰箱质量问题有了转机，为今后的发展打下了很好的基础。

4.2　小微企业战略概念及其特征

“战略”是一个既古老又新颖的名词，说它古老，是因为远在中国的三国时代，诸葛亮就表现出战略家的过人智慧，后人常以他的战例为借鉴；说它新颖，是因为现代小微企业战略要比古代战略无论从概念还是内容都复杂得多、微妙得多。

4.2.1　战略的概念

战略，古称韬略，原为军事用语。顾名思义，战略就是作战的谋略。《辞海》对“战略”一词的定义是：“军事名词，指对战争全局的筹划和指挥。它依据敌对双方的军事、政治、经济、地理等因素，照顾战争全局的各方面，规定军事力量的准备和运用。”

战略最初多应用于军事领域。在英文中，战略一词为 strategy，它来源于希腊语的 strategos，这也是一个与军事有关的词。《简明不列颠百科全书》称战略是“在战争中利用军事手段达到战争目的的科学和艺术”。许多著名军事家都对战略一词做过精辟的解释。著名的德国军事战略家冯・克劳塞维茨将军曾说过：“战略是为了达到战争目的而对战斗的运用。战略必须为整个军事行动规定一个适应战争目的的目标。”另一位著名的德国军事战略家毛奇也曾经说过：“战略是一位统帅为达到赋予他的预定目的而对自己手中掌握的工具所进行的实际运用。”

除军事领域外，战略正越来越多地被应用于诸如政治、经济、科技、文化、教育等领域。那么，战略的内涵是什么呢？

【案例 4-3】两个典型的战略实例

实例一：一席隆中对，三分天下事

《三国演义》第三十八回“定三分隆中决策，战长江孙氏报仇”中，详细、生动地描写了刘备、关羽、张飞三顾茅庐，请诸葛亮出山的历史情景。当诸葛亮闻知刘备“欲伸大义于天下”的“将军之志”，又受刘备的三顾之恩，便在茅屋中为刘备献出了自己的谋略，这就是历史上有名的“隆中对”。诸葛亮先对曹操、孙权、刘备三方的实力做了分析，接着提出了自己的谋略。

曹操——曹操势不及袁绍，而竟能克绍者，非惟天时，抑亦人谋也。今曹已拥百万之众，挟天子以令诸侯，此诚不可与争锋。

孙权——孙权据有江东，已历三世，国险而民附，此可用为援而不可图也。

刘备——将军乃汉室之胄，信义著于四海，总揽英雄，思贤如渴，若跨有荆、益，保其岩阻，西和诸戎，南抚彝越，外结孙权，内修政理；待天下有变，则命一上将将荆州之兵以向宛、洛，将军身率益州之众以出秦川，百姓有不箪食壶浆以迎将军者乎？诚如是，则大业可成，汉室可兴矣。将军欲成霸业，北让曹操占天时，南让孙权占地利，将军可占人和。先取荆州为家，后即取西川建基业，以成鼎足之势，然后可图中原也。

实例二：抗日持久战，战争三阶段

1938年5月26日至6月3日，毛泽东同志在延安抗日战争研究会上做了一个著名的讲演——“论持久战”。这个讲演的内容极其丰富、深刻，但主要是批判“亡国论”和“速胜论”，提出了“抗日战争是持久的，最后胜利属于中国”的“持久战”战略。其主要观点如下。

第一，批判了“亡国论”。“亡国论”认为“日本太强了，中国战必败，再战必亡”。

第二，批判了“速胜论”。“速胜论”认为“日本也没有什么了不起，中国能够迅速打败日本”。

第三，提出了“持久战”战略，认为“抗日战争是持久的，最后胜利属于中国”。

其根据是中日双方存在着相互矛盾的四个基本点：一是敌强我弱；二是敌退步，我进步；三是敌小国，我大国；四是敌寡助，我多助。指出抗日战争可以分为三个阶段：第一阶段是敌进攻、我防御时期，即战略退却阶段；第二阶段是敌之战略防守、我之准备反攻时期，即战略相持阶段；第三阶段是我反攻、敌退却时期，即战略反攻阶段。

可见，“持久战”就是毛泽东同志为抗日战争制定的一个大战略。

4.2.2 小微企业战略的概念及特征

小微企业战略是企业以未来为基点，为赢得持久的竞争优势而作出的事关全局的重大筹划和谋略。

小微企业战略有如下几方面特征。

1. 全局性

它以小微企业全局为出发点和着眼点。它是小微企业发展的整体蓝图，它关心的是“做对的事情(Do the right things)”，注重对小微企业未来总体方向的谋划，而不是仅仅“把事情做对(Do the things right)”、纠缠眼前的细枝末节。因为“把事情做对”只是“效率”的好坏而已，唯有“做对的事情”才会产生长远的效果。

2. 长远性

战略的立足点是谋求提高小微企业的市场竞争力，使小微企业兴旺发达、长盛不衰，谋求的是小微企业的可持续发展，而不是追逐短暂的虚假繁荣。要强化战略思考力和组织设计，不要仅仅追求眼前财富的积累。

3. **方向性**

它规定小微企业未来一定时期内的方向，“它关心的是船只航行的方向而不是眼下遇到的波涛”。大海航行靠舵手，舵手靠的是船上的舵，经营战略就是小微企业的命运之舵。

4. **纲领性**

战略管理是小微企业的宏观管理，是统御小微企业活动的纲领。它为小微企业的发展指明了基本方向和前进道路，是各项管理活动的精髓，也是生产经营活动的中心。它有利于调动员工的积极性、主动性和创造性，使广大员工心往一处想、劲往一处使，为实现小微企业的目标而作出不懈努力，战略管理虽然不是万能的，但没有战略却是万万不能的！

5. **现实性**

小微企业战略是建立在现有的主观因素和客观条件基础上的，一切从现有起点出发。也就是说，小微企业战略必须易于操作，要结合小微企业自身条件和环境状况来制定切实可行的战略。一个完整的战略方案不仅要对战略目标作出明确的规定，还要明确战略重点方针、策略和实施步骤，体现小微企业战略整体的可操作性和现实性。

6. **竞争性**

小微企业战略也像军事战略一样，其目的也是克敌制胜、赢得市场竞争的胜利。为此，小微企业战略必然带有对抗性和学习性。对抗性就是要针对对手的行为制定和采取应对性的措施，学习性是指小微企业对竞争对手的了解和向竞争对手的学习。小微企业通过针对性学习，一方面可做到知己知彼，从而熟知自己的相对长处与短处；另一方面可学习竞争对手的长处，以在知识和技能方面更好地充实和提高自己，达到更好的克敌制胜效果。

7. **稳定性**

战略是解决长远性、全局性的问题，影响面大。因此，要保持其相对的稳定性，不能朝令夕改。只有小微企业的外部环境和内部条件发生重大变化后才能做战略性调整、转移。而战术则是指解决局部问题的原则和方法，它具有局部性、短暂性、灵活性、机动性等特点。毛泽东曾指出，研究全局性的战争指导规律是战略学的任务，局部性是战术、战役学的任务，在战略上要藐视敌人，在战术上要重视敌人。“一策而转危局，一语而退千军，一计而平骚乱，数言而定国基”，这里讲的就是战略战术的作用。

战略与战术两者的关系是：战略是战术的灵魂，是战术运用的基础。战略如果错了，就无所谓战术上的对与错。战术的运用是战略的深化和细化，它要体现既定的战略思想，二者的出发点相同，都是为了制定和实现小微企业的既定目标。

8. **创新性**

“物竞天择，适者生存。”环境是小微企业赖以生存的空间。战略管理最重要的一个规律就是，小微企业必须适应环境变化才能生存和发展，而适应环境变化的关键则在于不断地变革、创新。美国学者彼得·德鲁克说过一段关于小微企业经营创新的话，他说："这个要求创新的时代中，一个不能创新的已有小微企业是注定要衰落和灭亡的，一个不知道如何对创新进行管理的管理者是无能的，不能胜任其工作。对创新进行管理将日益成为小微企业管理者，特别是高层管理者的一种挑战，并且成为他的能力的一种试金石。小微企业家的职能是创新。"

【小知识 4-1】

小微企业战略思考"四要""四不要"：

要看将来，不要留恋过去。

要抓机会，不要摆困难。

要把握好自己的前进方向，不要总是跟在别人后面跑。

要有崇高的目标，不要任其自然。

4.3 战略的构成要素

关于企业战略的构成要素，不同的学者可能会有不同的观点。比较有代表性的是安索夫(H. I. Ansoff)的四要素说。

安索夫认为小微企业战略由四种要素构成，即产品与市场范围、增长向量、竞争优势和协同效应。这四种战略要素是相辅相成的，它们共同决定着小微企业的"共同经营主线"。通过分析小微企业的"共同经营主线"可把握小微企业的方向，同时小微企业也可以正确地运用这条主线，恰当地指导自己的内部管理。

1. 产品与市场范围

它说明小微企业属于什么特定行业和领域，小微企业在所处行业中产品与市场的地位是否占有优势。为了清楚地表达小微企业的"共同经营主线"，产品与市场的范围常常需要分行业来描述。分行业是指大行业内具有相同特征的产品、市场、使命和技术的小行业，如汽车行业中的工具车分行业，家电行业中的电视机分行业等。

2. 增长向量

它说明小微企业经营运行的方向，即小微企业从现有产品与市场组合向未来产品与市场组合移动的方向，故也称成长方向。常用于表示小微企业成长方向的增长向量有市场渗透、市场开发、产品开发和多种经营等。可见，增长向量不仅指出小微企业在一个行业里的方向，而且指出小微企业计划跨越行业界线的方向，是对以产品与市场范围来描述"共同经营主线"的一种补充。

3. 竞争优势

它说明了小微企业竞争机会之所在：小微企业凭借某一产品与市场组合的特殊属性可以给小微企业带来强有力的竞争地位。美国战略学家迈克尔·波特(Michael E.

Porter)认为，小微企业获得竞争优势主要有三种战略：差异化战略、低成本战略和集中化战略。

【小知识 4-2】

市场竞争有术，经营战略有策：若人缺，我则补，满足需求，增加销售；若人有，我则好，以优取胜，精益求精；若人好，我则多，市场热门，大量投放；若人多，我则廉，薄利多销，吸引顾客；若人廉，我则转，伺机转让，开拓新路。

小微企业竞争优势模型如图 4-1 所示。

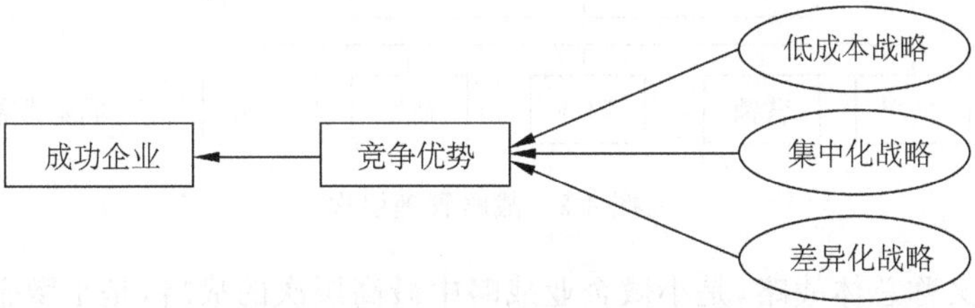

图 4-1　小微企业竞争优势模型

4. 协同效应

协同效应(synergy effects)，一个企业可以是一个协同系统，协同是经营者有效利用资源的一种方式。这种使公司整体效益大于各个独立组成部分总和的效应，经常被表述为“1+1>2”或“2+2=5”。协同效应可分外部和内部两种情况，外部协同是指一个集群中的企业由于相互协作共享业务行为和特定资源，因而将比一个单独运作的企业取得更高的盈利能力；内部协同则指企业生产、营销、管理的不同环节、不同阶段、不同方面共同利用同一资源而产生的整体效应。协同就是企业通过识别自身能力与机遇的匹配关系来成功拓展新的事业，协同战略可以像纽带一样把企业多元化的业务联结起来，即企业通过寻求合理的销售、运营、投资与管理战略安排，可以有效配置生产要素、业务单元与环境条件，实现一种类似报酬递增的协同效应，从而使企业得以更充分地利用现有优势，并开拓新的发展空间。

4.4 战略的层次及公司层战略的类型

4.4.1 战略管理的层次

公司层战略(corporate-level strategy)，又称总体战略，是小微企业最高层次的战略。它需要根据小微企业的目标，选择小微企业可以竞争的经营领域，合理配置小微企业经营所必需的资源，使各项经营业务相互支持、相互协调。

小微企业战略是表明小微企业如何达到目标、完成使命的综合计划。而小微企业的目标和使命是多层次的，它包括小微企业的总体目标、小微企业内各个事业部层次的目标以及各职能层次的目标，各层次目标形成一个完整的目标体系。因此，小微企业战略不仅要说明小微企业总体目标以及这些目标所用的方法，而且要说明小微企业内每一层次、每一类业务以及每一部分的目标及其实现方法。一般来说，典型的小微企业战略分三个层次：由小微企业最高管理层制定的公司战略，由事业部制定的经营战略，由职能部门制定的职能战略，如图 4-2 所示。

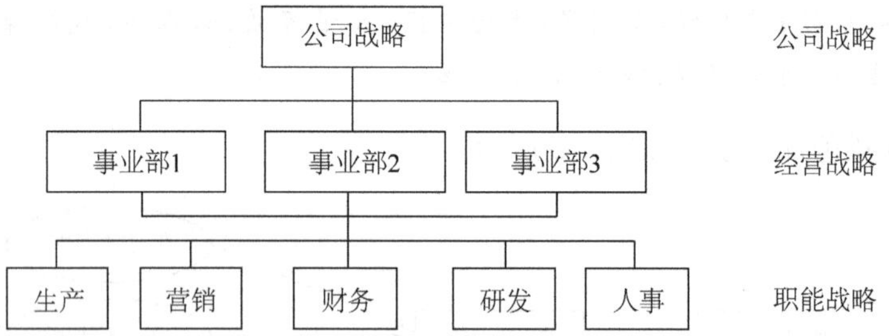

图 4-2 战略管理层次

公司战略又称总体战略，是小微企业战略中最高层次的战略，是小微企业最高管理层指导和控制小微企业的一切行为的最高行动纲领。公司战略的对象是小微企业整体，公司战略决策通常要求有远见、有创造性，并且是全局性的。通俗来说，公司战略主要描述小微企业在业绩增长、多种业务和产品种类等方面的态度。公司战略还需要根据小微企业的目标合理配置小微企业经营所必需的资源，使各项经营业务相互支持、相互协调。

经营战略又称事业部战略，因为它通常发生在事业部和产品层次上。具体来说，经营战略是在小微企业总体战略的指导下，由某一个战略经营单位(事业部)制订的战略计划，是公司战略框架之下的子战略，为小微企业的整体目标服务。事实上，经营战略把公司战略中规定的方向和意图具体化，成为更为明确的针对各项经营事业的目标和策略。它重点强调小微企业产品或服务在某个产业或事业部所处的特定细分市场中竞争地位的提高。当然，经营战略既包括竞争战略也包括合作战略。

职能战略通常发生在生产、营销和研发等职能领域。职能战略主要是以公司战略和事业部战略为根据确定各职能领域中的近期经营目标和经营战略，一般包括生产战略、营销战略、研究和开发战略、财务战略和人力资源战略。职能战略的主要作用是使职能部门的管理人员可以更加清楚地认识到本职能部门在实施小微企业总体战略与经营战略中的责任和要求。各个职能部门主要是通过最大化资源产出率来实现公司和事业部的目标与战略。具体来说，职能战略面临的决策课题是：生产和营销系统的效率，用户服务的质量和范围，特定产品的市场占有率，生产设备的专业化程度，研发工作的重点，库存水平的高低，人力资源开发和管理等。

4.4.2 公司层战略的类型

1. 稳定发展战略

顾名思义，稳定发展战略不是不发展不增长，而是稳定地、非快速地发展。其特征如下：第一，公司(小微企业)满足它过去的效益，继续寻求与过去相同或相似的战略目标。

第二，期望取得的成就每年按大体相同的百分数来增长，如每年增长 10%。第三，公司继续以基本相同的产品或服务来满足它的顾客。

公司之所以采用稳定发展战略是有多种原因的，其中一些原因如下：第一，管理层可能不希望承担较大幅度地改变现行战略所带来的风险。因为当改革需要新的技能时，它会对使用以前所学技能的人员形成威胁。第二，战略的改变需要资源配置的改变。已经建立起来的公司要改变资源配置模式是很困难的，通常需要很长时间。

其优点：保持战略的连续性、稳定性，减少风险性。在稳定增长和稳定的环境中是小微企业的上策。一般都集中于单一经营或服务。

其缺点：由于公司只求稳定的发展，可能会丧失外部环境提供的一些可以快速发展的机会。如果竞争对手利用这些机会能加速发展的话，则小微企业处于非常不利的竞争地位。墨守成规、不求改革、行为懒惰、坐以待毙，一慢、二看、三通过，错过时机无处寻。

【案例 4-4】船王借钱买船

在中国航运史上，有 2 位“船王”都是靠“借钱买船”发家的。一个是香港船王包玉刚。他开始创业的时候，就是向朋友借的钱。他借钱先买了一条破船，然后，用这条船去银行抵押贷款，贷来了款，再买第二条船。然后，再用第二条船做抵押，去买第三条船。他就是采取这种“抵押贷款”的办法，滚动发展起来的。

有一次，他竟两手空空，让著名的汇丰银行为他买来了一艘崭新的轮船。他是怎样操作的呢？我们来听听他的说法。他跑到银行，找到信贷部主任说：“主任，我在日本订购了一艘新船，价格是 100 万元，同时，我又在日本的一家货运公司签订了一份租船协议，年租金是 75 万元，我想请贵行支持一下，能不能给我贷款？”

信贷部主任说：“你这个点子不错，但你要有担保。”他说：“可以，我用信用状担保。”什么是信用状？就是货运公司从其他银行开出的信用证明。很快，包玉刚到日本拿来了信用状，银行就同意了给他贷款。你看，船都没有造，钱就给他了。你会问：为什么银行会给他贷款呢？我们来分析一下。

如果银行给他 100 万元造这条船，每年就有 75 万元的租金，不需 2 年，他就可以还清 100 万元的贷款。

银行肯定担心，怕他有钱不还，或者有情况还不了钱。这没关系，因为银行这里有货运公司的“信用状”担保，这家公司很守信用，如果他不给钱，银行可以找这家货运公司，安全不成问题。所以，银行就敢贷款给他了。如果你借了，又还了，今后别人才敢跟你打交道。

还有，包玉刚赚到一笔钱，不是像有些小财主那样存起来，这样发展太慢，而是拿它继续扩大规模。有规模才有效益，这样才能做大做强。他就是用这种“滚动式”的“抵押贷款”的经营方式，在大洋里越滚越大，成为世界航运之首。

香港还有一个船王叫虞洽卿，他也是靠银行贷款起家的。他的诀窍是买旧船进行“包装”，再向银行抵押，得到贷款后，又买旧船“包装”再抵押。这样循环往复，资本就越滚越大。据说，他买一条旧船一般价格是 5 万～10 万元，修理配件、油漆一新后，到银行可贷款 15 万～20 万元。就这样，他也用这种办法，滚成了一个“百万富翁”。

他这种贷款办法,比前面的办法又进了一步。一个进行了"包装",一个没有"包装"。东西就是这样,一"包装"身价就上升,包不包装价值大不一样。现在什么都讲究"包装"。俗话说:人靠衣装,佛靠金装。一个脸上不发光的人,永远成为不了一颗星。包不包装,给别人的感觉效果完全不一样。二者相同的是"滚动"发展,只有滚动才能大发展。

资料来源:陈承欢,杨利军,高峰. 创新创业指导与训练[M]. 北京:电子工业出版社,2017,有改动.

【感悟与反思】

随着大众创业、万众创新的不断推进,越来越多的年轻人走向创业之路,其中就不乏很多大学毕业生,他们满怀理想、抱负,有着对市场和未来的憧憬与希望,踏上了创业的道路。在这个过程中,融资是一个难题,大学毕业生手里没有钱,只能通过融资方式获得,应该怎么办呢?

"有投入才会有产出",要创业赚钱,就需要先投入资金。对于大多数创业者来说,资金是制约创业和发展的最大困境之一。只有做好资金的规划和筹措,才能保障你的创业不会因陷入"无米之炊"而夭折。

2. 发展(增长)战略

增长战略是一种使小微企业在现有的战略水平上向更高一级目标发展的战略(百尺竿头,更进一步)。它以发展作为自己的核心导向,引导小微企业不断开发新产品、开拓新市场、采用新的管理方式和生产方式,扩大小微企业的产销规模,增强其竞争实力。

其特点:第一,公司总是获得高于行业平均水平的利润率。第二,小微企业多要用非价格竞争的手段与竞争者抗衡。第三,它的基础是"价值创新",试图通过创新和创造以前未存在的新的需求,来使外界适应它们自己。

例如,采取集中生产单一产品或服务的最典型的企业是美国的麦当劳公司。1948年,迪克·麦当劳和莫里斯·麦当劳兄弟俩合伙开了一个叫麦当劳的餐馆,主要出售汉堡包、炸薯条和饮料及冰淇淋。当时兄弟俩并无太大的雄心,对在其他地方开设类似的餐馆无多大兴趣。但在1954年,雷·克洛克建议在全国范围内设立餐馆,麦当劳兄弟俩采纳了克洛克的建议,随即成立了麦当劳公司。时至今日,麦当劳公司的主要产品仍是汉堡包,辅以炸薯条和饮料及冰淇淋。多年来,它也增加了早餐食品、炸排骨、炸鸡块和其他的快餐食品。它的发展是通过区域扩张、维持高质量和优质服务以及洁净的就餐环境等手段。目前,麦当劳公司占有美国餐饮市场的7%的份额、国内快餐市场的18%和快餐汉堡包市场的45%的份额,它是美国十大餐馆公司之一。

3. 密集增长战略

密集增长战略是指小微企业在原有生产范围内,充分利用在产品和市场方面的潜力来求得成长的战略。其表现形式有以下几种。

(1) 市场渗透。市场渗透指小微企业生产的老产品在原市场上进一步渗透,扩大销量。是一种稳扎稳打、步步为营的战略。①努力使现有顾客多购买本企业现有产品。②努力设法通过定价、产品差别化和各种促销手段,从竞争对手那里"抢"出更多的顾客。③设法使从未用过本企业产品的顾客购买本企业的现有产品,如毛毛细雨润物细无声。

(2) 市场开发。市场开发指小微企业用老产品去开发新市场,以拉大老产品的销售量。①将老产品打入其他地区市场。②在新市场寻找潜在顾客。③开辟新的销售渠道。如葡萄酒不通过中间商直达最终用户。例如杜邦公司生产的尼龙产品最初是做降落伞的原料，后来又做妇女丝袜的原料，再后来又做男女衬衣的主要原料。每一种新用途的发现，都使该产品进入新的生命周期，为公司带来了源源不断的利润。

(3) 产品开发。产品开发指小微企业向现有市场提供新产品或发展改进的产品来增加其在老市场的销售量。关键点是：第一，在捕捉市场机会和进行产品设计时，应注重市场导向，而不是强力推行某个技术人员所喜欢的构思。第二，要从战略高度强化开发以核心能力为基础的核心产品，并以此构建小微企业长期发展的技术基础。第三，在产品开发过程中要充分借鉴顾客、供应商和营销人员的意见。

4. 一体化增长战略

一体化增长战略是研究小微企业如何确定其经营范围，主要解决与小微企业当前活动有关的竞争性、上下游生产活动的问题。其典型形式有以下几种。

(1) 后向一体化：目的是确保产品或劳务所需的全部或部分原材料的供应，加强对所需原材料的质量控制。如自行车厂原来要专门生产自行车轮胎，现在自行车厂与橡胶厂联合起来，让橡胶厂专门生产自行车轮胎，保证了自行车厂的轮胎供应。再如内蒙古草原开发的模式为市场舞龙头、龙头带基地、公司加农户。

例如，玉溪卷烟厂在这方面则走了一条良性循环的道路：1985 年该厂用 50 万元扶植当地农民试种优质烟叶 2 500 亩，一年后产量增加，上等烟叶达 30%，优质烟叶有了保证，1986 年几乎用了全部积蓄从英国引进生产线，生产能力扩大到原来的 4 倍，大规模生产高档香烟。此后不断追加原料基地建设投入，然后不断扩大规模。到 1995 年对农业的投入达到 17 亿元，保证了粮、烟的旱涝保收，生产设备不断更新，年生产能力达到 200 万～250 万箱，成为亚洲最大的卷烟厂。

(2) 前向一体化：将小微企业的价值链进一步向最终产品方向延伸。目的是促进和控制产品的需求，搞好产品营销。如纺织印染厂，原来只是将胚布印染成各种颜色的花布供应服装厂，现在纺织印染厂与服装加工厂联合，即该厂不仅搞印染而且还制成服装出售，促进了产品营销。

(3) 水平一体化(横向一体化)：是指与处于相同行业，生产同类产品或工艺相近的小微企业实现联合，实质是资本在同一产业和部门内集中，目的是扩大规模、降低产品成本、巩固市场地位。

一体化增长战略的优点：①有利于生产要素的优化和重组。可以集中优势提高小微企业的市场竞争力、市场占有率。②有利于实现小微企业生产的专业化。可以集中精力创名牌。③有利于实现规模经济，加速科技进步。可以集中小微企业所有的经营资源，扩大生产能力，达到合理规模。

一体化增长战略的缺点：单一经营市场风险大，易“吊死”在一棵树上，市场需求旺盛时，小微企业景气；市场疲软时，小微企业萧条。

单一经营适宜选择的领域和条件：①规模经济显著的行业，如汽车制造、水泥、化工、钢铁等。②市场容量大、需求增长率相对稳定的行业。③新建小微企业，因为它受经营管理经验不足、资金有限、技术积累差等条件的限制，所以，不宜多种经营。④特别是追求规模的小微企业，资源供应必须有保障，否则，单一经营小微企业就会“前面临市场销售风险，后面临资源供应风险”。

5. 多角化增长战略

1）多角化增长战略的分类依据

（1）单一经营战略：小微企业生产的单一产品销售额占销售总额的95%以上。

（2）主导经营战略：小微企业生产的主导产品销售额占销售总额的70%～95%。

（3）多角化经营战略：小微企业某一主导产品销售额占销售总额的70%以下。

2）多角化经营的类型

多角化经营的类型有技术相关多角化（同心多角化）、市场相关多角化（水平多角化）、垂直多角化、附产品（服务）多角化。

3）小微企业多角化增长战略是“馅饼”还是“陷阱”

所谓“馅饼”，是指带来一定的利益：协同效应（管理营销、生产技术）；分散经营风险；市场内部化，降低交易成本。

多角化增长战略与分散风险之间不存在直接的因果关系。认为“多角化战略一定可以分散风险”是不正确的。问题的关键在于如何从事和从事什么样的多角化战略。多角化的陷阱如下。

（1）资源配置过于分散。

（2）运作费用过大。

（3）产业选择误导。

（4）人才难以支持。

（5）时机选择难以把握。

6. 横向多元经营

对于横向多元经营，人们总倾向于将其与专精发展做比较，从而存在着这样几种比较形象的提法。如赞成多元经营者建议，在小微企业逐步做大时，“不要将全部鸡蛋放在同一个篮子里”，认为这样可以做到“小钱集中，大钱分散”；赞成单一经营者建议：“与其把鸡蛋分散放进不同的篮子里，还不如把所有鸡蛋都装进一个篮子里，然后看好那个篮子。”这首先是由于“装鸡蛋的篮子本身也需要钱”；其次是由于“人们常常只知道把鸡蛋放在不同的篮子里，却不知道哪个篮子底下有洞”；最后是由于“无法保证捡到篮子里的一定是好鸡蛋”。

实际上这些提法，基本上抓住了多元与专精两种决策问题的本质，这就是：能否识别出优质业务？多元经营业务范围多宽为宜？

【小知识4-3】多元化经营六问

基础稳：在当前市场上，比对手做得更好的是什么？

进得去：为在新市场取得成功，必须具备什么优势？

站得住：进入新业务能否迅速超越其中现有竞争者？

无冲突：多元化是否会破坏公司现有整体战略优势？

能取胜：在新业务领域公司是否有可能成为优胜者？

有发展：多元化是否能为公司进一步发展打下基础？

【小知识 4-4】多元化经营六戒

(1) 盲目跟随：片面仿效行业领先企业的战略，忽视了行业中同类产品市场可能已趋于饱和、很难再进入的现实，盲目跟风，一哄而上，结果造成重复建设和资源的浪费。

(2) 墨守成规：由于成功地开发了一个新产品，暂时取得了市场竞争的主动权，就期待再次交好运，倾向于按同样的思路去开发另一个成功的新产品，结果往往以失败而告终。在开拓新业务时，已被经验证明是成功的战略，如果不再创新，并不一定达到相同的效果。墨守成规、守株待兔是不可取的。

(3) 军备竞赛：为了增加企业的市场份额，置可能引发的价格战于不顾，针锋相对与另一个企业展开白炽化的市场争夺战，结果或许能够为企业带来销售收入的增长，但却可能由于广告、促销、研究开发、制造成本等方面费用的更大增长，小微企业的盈利水平下降，造成两败俱伤，得不偿失。

(4) 多方出击：在企业面临许多发展机会时，往往会自觉不自觉地希望抓住所有的机会，以实现广种薄收的目的。结果常常因小微企业资源、管理、人才等方面的制约，很难达到多头出击的目的，最终会被过长的“战线”所累，不但新业务没有开展起来，甚至连“大本营”也会告急。

(5) 孤注一掷：当企业在某一战略方案上投入大量资金后，企业高层管理者往往难以接受战略不成功的现实，总是希望出现“奇迹”。所以，战略思路上的惯性，致使他们不肯中途撤退，这种孤注一掷的做法可能导致越陷越深。

(6) 本末倒置：在市场开拓与产品促销上盲目投入，甚至不惜代价大搞“造名攻势”，而不是在解决产品质量、性能等根本方面下功夫。这种本末倒置的战略取向，好似水中月、空中楼，没有坚实的根基，迟早难逃小微企业坍塌之厄运。

4.5　小微企业多元化经营陷阱与风险防范

小微企业多元化主要指向不同的行业市场提供产品或服务。多元化发展战略也是一种常见的小微企业成长战略，总体来讲它是有非常明显的拓展小微企业经营边界、谋求广阔发展空间、增强小微企业竞争优势、规避小微企业风险的优越性。小微企业采取多元化经营战略的根本动因有：一是为了规避经营风险，努力使小微企业生产经营活动稳定，增强抗风险的能力，而采取犹如“将鸡蛋放入多个篮子”的一种风险组合；二是拓展小微企业成长发展空间，根据对各个行业潜在收益、市场需求潜力、未来发展前景的分析判断，选择满意的行业进入经营，追求更快的发展、更高的收益。即希望由产品、业务项目在价值活动方面的关联性形成协同效应。然而，任何事物都是一分为二的，其实多元化成长战略是一把“双刃剑”，不能简单地说它是“馅饼”还是“陷阱”。多元化经营战略要选择恰当的时机和适当的行业，结合目前企业的实际，本节就小微企业多元化成长战略的常见病状陷阱及其风险防范进行一些探究。

4.5.1 小微企业多元化成长战略的常见病状分析

中国小微企业多元化失败的原因或“常见病”大致有以下症状。

(1)“早熟症”。“早熟症”即过早地进入多元化经营,也就是说,多元化经营时机不当,在未具基本条件的情况下进入目标行业。我国许多企业集团都把不相关的多元经营当作自己的基本战略,不仅追求“科、工、技、金、房”一体化,而且还讲“产、供、销、农、工、商”一条龙发展,甚至涉足几十个不同行业,精力财力分散,欲速则不达。根据西方经验,企业集团的发展过程是:集中发展核心产品—发展相关多元化经营—不相关多元化的成长。从采用集中战略向多元化战略转变是有条件的,否则就会患“早熟症”。

(2)“急躁症”。“急躁症”主要表现在对目标行业了解得不多,小微企业内部缺少应有的准备和积累,从而急于进入目标行业。采用集中发展战略的企业要改用多元化发展战略,必须考虑的条件是:①这个企业所在的行业是否已经没有增长潜力了;②这个行业是否在所在的行业占据了相当稳固和非常有利的地位;③新进入的行业是否能带动原来的主业或受到原来主业的带动,存在着协同效应;④是否积累了足够的人才、资金、技术实力,这一点至关重要。

(3)“自恋症”。“自恋症”主要表现在过度自信:“别人行,我也行!”“白手起家我都能创业成功,还有什么事我干不好呢?”再加前后左右的朋友和同事见机行事、互相奉承:“我们要干不成,别人谁能干成?”隔行如隔山,忽视新行业、新市场的特殊性,到头来什么都想干的小微企业往往什么事也干不成。

(4)“失眠症”。“失眠症”主要表现在不了解和不借鉴其他企业的成功经验与失败教训。不在事前从事可行性研究,看不清自己的优势和劣势。“什么赚钱就干什么”,这山望见那山高,折腾来折腾去元气大伤,熬红双眼操碎心,久而久之,失眠健忘,想入非非,举棋不定。

(5)“近视症”。中国许多企业成长经历证明:一个幼稚的国度、一个幼稚的市场,用一种幼稚的方法完成创业期的资本原始积累并不难,而最难能可贵的是可持续发展长盛不衰。珠海“巨人”的坍塌、郑州“亚细亚”的沉浮、沈阳“飞龙”的反思,都说明单凭胆量和运气去运作小微企业,迟早是要栽跟斗的。这些小微企业失误的症结在于“三盲”:一是盲目,战略目标不清晰,好高骛远,超越实际,盲动主义。二是盲从,一听说什么赚钱就一哄而上,又一哄而散,赶时尚,追潮流。三是盲打,心中无数,不讲战略,多面出击,急于求成。归根结底,这些“三盲”小微企业在战略决策上患上了严重的“近视症”,甚至盲目多元化,把许多小微企业集团拖下了水。

(6)“早衰症”。企业是一个生命机体,它也有生命过程的周期规律。小微企业从诞生的那一天起就站到了其生命周期的起点上,同时也面临生命周期的挑战,存在着生与死的对立。据统计,中国企业平均寿命只有7~8岁,民营企业只有2.9岁,跨国公司的平均寿命为11~12岁,世界500强的平均寿命为40~42岁,世界1 000强的平均寿命为30岁。这一现象表明,那些因决策失误,对市场反应迟钝、盲目多元化、管理不善的企业会过早地进入“公司恐龙博物馆”。小微企业“早衰”甚至速死现象相当普遍。

4.5.2　小微企业多元化成长战略的陷阱与风险

多元化发展战略要求企业同时涉足多个产业领域，实施多种产品、业务项目的组合经营，导致企业经营资源分散使用，经营管理难度加大，可能使其追求的目标落空。因为多元化经营是一项涉及技术、市场、管理和其他经济、非经济问题的内容相当复杂的企业成长战略，在其避免单一产品、业务经营的风险和获得更大、更快发展的同时，自身的风险程度也是相当高的。如果不顾条件盲目多元化将会使小微企业面临更大的风险，甚至将生机变成危机。

第一，小微企业实施多元化成长战略所面临的最大失误或陷阱是分散的资源配置方式。小微企业资源有限甚至严重不足，导致每个意欲发展的领域都难以得到充足资源的持续支持，从而难以形成规模经济和竞争优势，更无法可谈持久的竞争优势。还更有甚者，一旦小微企业陷入"资源危机"，使其众多经营项目投入难以为继、供血不足，后果不堪设想。这就会增大小微企业的经营风险，原规避经营风险的策略"东方不亮西方亮，黑了北方有南方"反而变成"东西南北全不亮"，一片漆黑，小微企业陷入多元化陷阱，欲生不成，欲死不行，两难选择，所以对非相关多元化战略尤其要谨慎从事。

第二，多元化成长战略可能面临运作费用过大的风险。多元化成长战略的不恰当实施，可能使小微企业经营运作费用加大。一方面跨行业进入新领域，业务不熟悉，从投入资源开始经营到产生效益，要经历一个艰难漫长甚至是曲折的过程，一切从头做起。这个过程中因陌生、不懂而导致效率低、浪费多、费用高，最终影响经济效益。另一方面小微企业在原领域内的信誉、品牌、顾客认知度等不可能太快转移到新的领域里。没有多少人会相信一个小微企业能做好一种产品就一定能做好所有的产品或业务。这都将导致多元化成长战略外部经济的协调效应丧失。

第三，产业选择误导，产业选择失误。这主要是受某个行业高预期收益的诱惑，也受原行业经营业绩的成功过分自信的支持，从而忽略对一个产业前景、经营者必备条件及本小微企业的"核心能力"竞争优势之所在。导致产业选择失当，一着不慎，满盘皆输。

第四，人才难以支持。企业是人的企业，人是企业的灵魂。经营之本重在得贤、任贤。由于跨行业不相关多元化，隔行如隔山，不能尽其专长发挥优势，新的产业没有人才的支撑，基础工作十分薄弱，犹如空中楼阁，难以为继。

第五，时机选择难以把握。经营时机是一种特殊的资源，具有价值性，如同资金、技术、劳动等，它也是一种重要的资源。然而时机的价值性及资源性都不是客观性的东西，而是带有主观性和依赖性。同一时机由于经营者的需求认识理解程度不同所产生的效益也不同。时机是一种宝贵的无形资源，只有通过开发和利用才能变为直接财富，因此对于经营者来说时机就是市场，就是潜在财富，实施多元化有时需要恰当地把握时机。现在我国虽然进入了"过剩经济"阶段，但机会多多，关键是看企业在战略选择时能否看出来、抓得住、用得上。

4.5.3　小微企业多元化成长战略的风险防范

综合以上分析，多元化战略是小微企业重要的一种成长战略，对小微企业的发展和营造竞争优势都有积极的作用，同时对多元化成长战略的常见症也做了分析，目的是防止步入误区掉入陷阱。以下的建议对多元化成长战略实施中防止陷阱和防范风险都是有益的。

第一，明确认识，纠正认识偏差。多元化成长战略与分散风险之间不存在直接的因果关系。认为“多元化战略一定可分散风险”是不正确的，问题的关键在于：如何从事和从事什么样的多元化战略。新行业的选择要特别注意行业之间的关联性和协同效应。

第二，要有足够的资源和经济实力。实施多元化成长战略的企业必须具备充足的资源和实力，有能力支持新产业领域、培植新的经济增长点，并能承受进入初期激烈的竞争压力。

事实上每一种市场机会中都包含着风险，这些机会的价值很大程度上取决于企业驾驭风险、把握机会的能力，而这种能力又与战略性资源的积累水平有关。小微企业在甄别市场机会时，必须考虑它们与战略资源的一致性、与长期发展方向的一致性，而不应该做无限制的选择。许多小微企业的经验已证明，那些表面看来最有吸引力的机会，也恰恰含着最大的竞争风险。因此，只有在积累自身能力的基础上，小微企业才能把机会转化为效益。

第三，要防止“多动症”。实施多元化成长战略，不可“贪多”“爱多”，小微企业在一定时期内不可同时涉足过多的产业或产品。“爱多 VCD，我们一直在努力！”由于“爱得太多”，“末代标王”终于皇冠坠地。反观国内一些小微企业从事的多元化经营，似乎更多的小微企业只看重市场从事的多元化经营，只看重市场机会，大家争先恐后地向高盈利行业投资，而很少考虑自己有没有条件。生产彩电的搞电脑、空调；搞空调的又去开发摩托车、冰箱，结果往往导致副业没有搞好、主业陷入危机，这很值得小微企业深思，并引以为戒。

第四，要分清主次缓急，抓住重点。小微企业在一定时期内不可同时涉足过多产业或产品、业务项目。要注意资源的使用在一定时期内相对集中、有重点，注重已从事经营项目竞争实力和竞争优势的培育，力求“做一事成一事”。同时，要注意重点支柱业务项目的培育，在一定时期内要明确选择一项业务或产品作为主业，在各方面给予重点支持。

第五，要重视企业核心能力的培育和人才的培养。企业核心能力是有独特性和辐射性的，小微企业应不断孕育自己的核心能力，并向其他领域不断辐射，这是小微企业核心竞争能力之关键，也是小微企业长盛不衰之根本所在。与此同时，应不断加强对人才的培养和使用，舍不得在人才方面下本钱就像只种田不施肥一样，久而久之地下降，小微企业核心能力和竞争优势也会随之消失。由于技术进步、市场多元化、生产经营的国际化，小微企业所面临的外部环境日益严峻，如何保持竞争中的组织优势、保持组织中人力资源优势，是小微企业在市场竞争中立于不败之地的关键。

【案例 4-5】民营企业发展转型期的战略与变革

李先生经过 12 年的艰苦创业，经营的恒达集团已具备坚实的竞争实力和根基，并考虑更高层次的发展。目前公司总资产 2 亿元，年销售收入 3 亿元，年净利润 1 000 万元，（优势 1：实力强）并且销售收入和利润正以年平均 15% 的速度递增。（优势 2：市场增长率快，为金牛企业）制药业和轻工业是集团的两大支柱产业。制药公司设备先进并拥有数个基本类药物，但目前缺乏新、特药品种，利润稳定。轻工业方面市场需求增长很快，产品

严重供不应求，但该行业市场进入壁垒较低，生产厂商众多，竞争激烈。（多元化经营，但发展不平衡）

公司目前的困难直接体现在：融资困难，公司有非常具市场前景的项目以及厚实的企业基础，但作为民营企业其融资渠道缺乏，资金问题已成为企业发展的瓶颈；人员问题，公司中随同李先生创业的元老们忠诚有余但不具备现代企业管理能力和素质，但要更换他们也很为难，且公司的人才引进、培训、激励机制尚未建立，使得人才的匮乏问题一时难以突破。（劣势：融资困难、人员问题）

李先生意识到企业今后竞争的残酷性和紧迫性，他必须在短期内完成企业向现代企业的转型，完成对老企业的改造，确立更明确的战略发展思路，迅速壮大企业规模，为此他希望从以下两方面着手进行企业变革，使企业在更高的层次能有进一步的发展。

【讨论题】

（1）公司战略的制定：方法和框架。

（2）公司高层的平稳顺利调整和人力资源系统的构建。

【感悟与探索】

公司战略的制定包括战略分析、战略制定、战略实施三个环节。三个环节是相互联系、循环反复、不断完善的动态过程。其中，战略分析主要包括内外部环境分析、战略目标的设定；战略制定主要包括公司战略、竞争战略、职能战略及战略方案的评价与选择；战略实施主要包括战略决策、战略控制。

民营企业在管理方面突出的问题便是家族式管理。在创业初期使用这种家族式管理模式，在一定阶段和范围内有着不可比拟的优势。但当企业发展到一定阶段后，弊端就很明显地暴露出来，企业发展的历史习惯使得他们在用人方面常表现为对外人不放心、任人唯亲、过分集权、论资排辈等。因此，用人机制有待进一步健全和规范。

（1）营造现代企业文化氛围，使全体员工有共同行为准则。

（2）设置人力资源管理机构与提高人员配备专业化程度。

（3）加强人力资本的投入。

（4）建立健全用人制度和长期有效的薪酬与激励机制。

中小型民营企业具有相当的人力资源管理优势，如组织层次少，对市场反应灵敏；机制灵活，有利于吸引优秀人才等，如能合理解决上述问题，将会极大地改善企业的人力资源管理现状，成为企业赢取竞争力的重要来源。在人事制度上由任人唯亲转变为任人唯贤的科学管理，依靠一整套先进的用人制度，广招科技人才和管理精英，才能使企业发展壮大。

【知识拓展】企业使命管理精要探析

拓4

思考题

1. 当今小微企业为什么必须注重现代经营战略?
2. 战略管理的概念及其特征是什么?
3. 简述企业战略管理的过程。
4. 创业战略管理构成要素是什么?
5. 试论小微企业多元化成长战略的风险防范。
6. 试论制定经营战略的客观必然性。
7. 小微企业基本竞争战略有哪些?
8. 谈谈企业使命管理精要探析给你带来的心智启迪。
9. 写作应用题:以“创业经营,战略先行”为题,结合企业的实践,写一篇小论文。

即测即练

第 5 章

小微企业决策计划与目标管理

学习目标

- 掌握决策的定义、特点和类型
- 理解影响决策的因素
- 熟悉决策的基本步骤
- 理解定性与定量决策方法
- 理解计划的含义、性质、作用
- 掌握目标管理的概念、特点及其主要内容

【案例 5-1】娃哈哈进军零售业，准备好了吗？

例5-1

5.1　科学决策机制概述

决策是管理的核心。大多数管理者认为，在他们履行职责过程中感到最困难、最花费时间的就是决策，整个管理过程都是围绕着决策的制定和组织实施而展开的。诺贝尔经济学奖得主、美国著名管理学家西蒙甚至强调：管理就是决策。

决策制定得正确与否会影响到一个组织的成长轨迹与前途命运的好坏。在经济全球化的竞争与发展中，企业的生存与发展，并不完全取决于企业内部生产能力的大小或技术的先进与落后，而是在很大程度上取决于企业管理者，尤其是高层管理者的决策能力。管理者如何正确认识、掌握和利用决策方法有效地提高决策的科学性，是组织未来生存与发展的关键问题。

5.1.1　决策的定义

关于决策的定义，不同的学者看法不同。美国学者亨利·艾伯斯（Henry Embers）认

为:决策有狭义和广义之分。狭义地说,决策是在几种行为方案中作出选择;广义地说,决策还包括在作出最后选择之前必须进行的一切活动。这里我们主要从广义上来理解决策的含义,决策不仅指在某一瞬间作出明确、果断的决定,还应该指在决定之前进行一系列的准备活动,比如对各种选择的利弊、风险作出权衡,以期达到最优的决策结果,并在决定之后采取具体措施落实决策方案。

因此,在本书中,决策是指在一定的环境条件下,决策者为了实现特定目标,借助一定的科学方法和手段,从若干个可行方案中选择一个满意方案,并付诸实施的全过程。正确理解决策概念,应把握以下几点。

(1) 决策要有明确的目标。决策是为了解决某一问题,或是为了达到一定目标。确定目标是决策过程的第一步。决策所要解决的问题必须十分明确,所要达到的目标必须十分具体。没有明确的目标,决策将是盲目的。

(2) 决策要有两个以上备选方案。如果只有一个备选方案,就不存在决策的问题。因而,至少要有两个或两个以上备选方案,决策者才能从中进行比较、选择,最后选择一个满意方案作为行动方案。

(3) 决策的本质是一个过程。决策不仅是一个认识的过程,而且也是一个行动的过程。选择后的行动方案必须付诸实施,如果不付诸实施,决策也等于没有决策。

【案例 5-2】谁来骑这头驴

一个老头儿和他的孙子要去县城,他们准备骑着驴去。老头儿先骑着驴,孙子跟在后面走,走了一会儿,碰到一位当了母亲的女子,那位母亲责怪老头儿不关心儿童,不应该让孙子走着。于是,老头儿就下来让孙子骑着驴,自己走着。走了一段路,又碰到一个和尚,和尚则责怪孙子不孝顺爷爷,不应该自己骑驴。没办法,老头儿就和孙子一起走路。过了一会儿又碰到一个学者,这位学者就笑他们,有驴不骑,偏要走着。老头儿和孙子没办法就一同骑驴。结果,走了一段路,又碰到了一个外国人,这个外国人责怪他们虐待动物!

那么究竟应该谁骑这头驴呢?

5.1.2 决策的特点

从决策的概念看,决策具有下列特点。

1. 目标性

决策是为了解决一定的问题,达到一定的目标。任何组织决策都必须首先确定组织的活动目标。如果没有目标,人们就难以拟订未来的活动方案,评价和比较这些方案也就没有了标准,对未来活动效果的检查也就失去了依据。

2. 可行性

一个合理的决策是以充分了解和掌握各种信息为前提的,即通过组织外部环境和组织内部条件的调查分析,根据实际需要选择切实可行的方案。如果缺少必要的人力、物力、财力和技术等条件的支持,理论上非常完善的方案在现实中也无法操作。团此,组织决策应在外部环境与内部条件相结合进行研究和寻求动态平衡的基础上来制定。

3. 选择性

决策的关键是选择，没有选择就没有决策。组织可以从事多种不同的活动来实现相同的目标，这些活动的资源需求、可能结果以及风险程度等方面均有所不同。因此，决策时要提出多种可以相互替代的备选方案，根据一定的标准而有所选择。

4. 满意性

选择组织活动的方案，通常是满意化准则，而不是最优化准则。最优决策往往只是理论上的幻想，在现实中，由于信息的不对称性、未来的不确定性等因素，决策者难以作出最优决策。因此，决策者只能根据已知的条件，加上预测以及主观判断，作出相对满意的选择。

5. 过程性

决策不是指作出选择或抉择的那一瞬间，而是一个多阶段、多步骤的分析判断过程。决策的过程特点可以从以下两方面去考察。

第一，组织决策不是一项决策，而是一系列决策的综合。通过决策，组织不仅要选择业务活动的内容和方向，还要决定如何组织业务活动的具体展开，同时还要决定资源如何筹措、结构如何调整、人事如何安排。只有当这一系列的具体决策已经制定、相互协调，并与组织目标相一致时，才能认为组织的决策已经形成。这一系列的决策本身就是一个过程，从活动目标的确定，到活动方案的拟订、评价和选择，这本身就是一个包含了许多工作、由众多人员参与的过程。无论决策的复杂程度如何，决策都有一个过程。

第二，作为过程，决策是动态的。决策是一个不断循环的过程，它没有真正的起点，也没有真正的终点。这就要求决策者时刻监视并研究外部环境的变化，从中找到可以利用的机会，并据此调整组织的活动，实现组织与环境的动态平衡。

6. 科学性

科学决策并非易事，它要求决策者能够透过现象看到事物的本质，认识事物发展变化的规律性，作出符合事物发展规律的决策。科学性并非否认决策有失误、有风险，而是要善于从失误中总结经验教训，要尽量减少风险，这是决策科学性的重要内涵。

5.1.3 决策的过程

科学决策是一项复杂的活动，是指从问题提出到作出决策所经历的过程。决策过程有着一般的规律性，大致包括以下几个步骤，如图 5-1 所示。

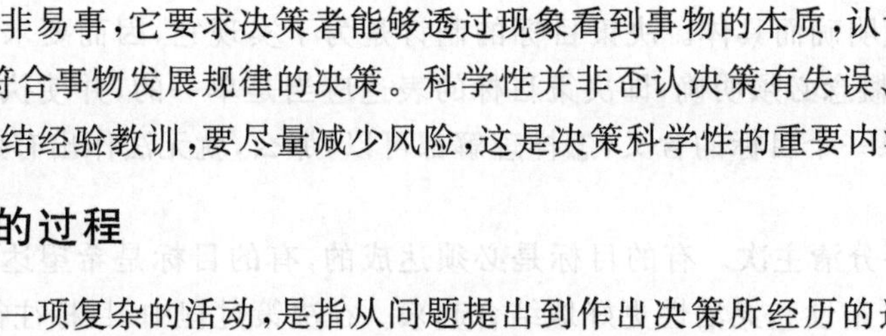

图 5-1　决策过程示意图

1. **发现问题**

发现问题是决策的起点。所谓问题是指理想与现实的差距，问题可以是消极的，如生产线上的一台机器坏了，车间管理者要决定是立即进行抢修或是调换新的机器；问题也可以是积极的，如娃哈哈的管理者面临把庞大的现金流用来扩大投资。换而言之，这里有待通过决策解决的"问题"实际上是一种机会，而不是通常意义上的"麻烦"。

任何管理组织的进步、管理活动的发展都是从发现问题开始，然后作出变革而实现的。发现问题需要依赖于管理人员的知识、经验、洞察力、分析判断能力等主观条件。同一个事实或现象，在某个管理人员看来是"问题"，而另一个管理人员则可能认为是"事物的正常状态"，即使都认为是问题的两个管理人员，对于造成问题的起因的判断也可能是不一样的。所以要正确认识并分析问题，就必须进行科学的调查研究，尽量获得精确的、可信赖的信息，把握客观事实。著名的丰田汽车公司强调管理者应该亲临现场进行调查研究，为了真正了解问题的根本原因，还要连问五次"为什么"。对此，丰田生产方式的创始人大野耐一这样解释道："通过连问五次'为什么'，并每次都作出相应的回答，我们就能掌握隐藏在表面现象背后的问题的真正原因。"

2. **明确目标**

在识别了问题的实质之后，是否采取决策行动及采取何种行动，取决于决策目标的确定。决策目标体现的是组织想要获得的结果，是决策方案评价和选择的依据，是衡量要实施的行动是否取得预期成果的尺度。能否正确地确定决策目标是关系到决策成败的关键。

决策目标是由上一阶段明确的有待解决的问题决定的。在确定目标时，必须把要解决问题的性质、结构及其原因分析清楚，才能有针对性地确定出合理的决策目标。决策目标的确定应符合以下要求。

(1) 目标应明确而具体。决策目标的制订是为了实现它，因而要求决策目标订得准确，首先是要求概念必须明确，即决策目标的表达应当是单一的，并使执行者能够明确地领会含义。如果一个目标的含义，怎样理解都可以，那么，就无法作出有效的决策，也无法有效地执行。

(2) 目标要分清主次。有的目标是必须达成的，有的目标是希望达成的。这样可以使实现目标的严肃性和灵活性更好地结合起来。在决策过程中，目标往往不止一个，多个目标之间既有协调一致的时候，有时也会发生矛盾。例如，要求商品物美价廉就有矛盾，物美往往要增加成本；价廉就得降低成本，有时还会影响质量。因此在处理多目标问题时，一般应遵循下列两条原则：第一，在满足决策需要的前提下尽量减少目标的个数，因为目标越多，选择的标准就越多，选择方案越多越增加选择的难度。第二，要分析各个目标的主次关系，先集中力量实现必须达到的重要目标。

(3) 要规定目标的约束条件。决策目标可以分为有条件目标和无条件目标两种，凡给目标附加一定条件者称为有条件目标，而所附加的条件则称为约束条件；不附加任何条件的决策目标为无条件目标。约束条件一般分为两类：一类是指客观存在的限制条件，如一定的人力、物力、财力条件；另一类是目标附加的一定主观要求，如目标的期望，以及不能违反国家的政策等。凡是有条件目标，只有在满足其约束条件的情况下达到目标，才算真正实现了决策目标，不顾约束条件，即使达成目标，结果也可能适得其反。

(4) 决策目标要有时间要求。决策目标中必须包括实现目标的期限。即使将来在执行过程中有可能会因情况变化而对实现期限做一定修改，但确定决策目标时必须把预定完成期限规定出来。

(5) 决策目标的数量化。就是要给决策目标规定出明确的数量界限。有些目标本身就是数量指标，如产值、产量、利润等。在订立决策目标时要明确规定增加多少，而不要用"大幅度"和"比较""显著"之类的词。有些属于组织问题、社会问题、质量问题等方面的决策，目标本身不是数量指标，可以用间接测定方法。例如，产品质量可以用合格品率、废品率等说明。

3. 拟订可行方案

目标确定后，接下来的工作就是分析目标实现的可能途径，即拟订可行方案。拟订可行方案，好与坏、优与劣，都是在比较中发现的。丰田汽车公司在开始研制第一辆商用混合动力车普锐斯时，就分析探讨了可能的 80 多种混合发动机方案，比较后把方案缩减到 10 种，最后是 4 种。此后对这 4 种可能方案逐一分析讨论。如果没有预先分析讨论这么多的方案，丰田汽车公司可能研制不出那样完善的发动机。

因此，只有拟出一定数量和质量的可行方案供对比选择，决策才能做到合理。如果只拟订一个方案，就无法对比，就难以辨认其优劣，也就没有选择的余地。在这一阶段，决策者必须开拓思维、充分发挥想象力、广泛收集与决策对象及环境有关的信息，并从多角度预测各种达到目标的途径及每一途径的可能后果。

拟订可行方案时需注意以下几点：第一，供决策者决策的方案至少需要两个或两个以上，这样决策者才可能从中进行比较，然后选出满意的方案。在方案拟订的过程中，各种可能实现的方案尽量都考虑到，以免漏掉那些可能是较好的方案。第二，拟订的方案应该注意可行性，要充分考虑方案的实现必须具备哪些条件，其中哪些是现已形成的，哪些是经过努力以后可以形成的，这种努力有多大的成功把握。第三，拟订的方案还应具有相互排斥性，如果各方案内容接近甚至相同，那就失去了选择的意义。第四，各个方案之间还应当是可以比较的，如果没有可比性，同样会给选择带来不便。

4. 评价方案

拟订出各种备选方案后，就要根据目标的要求评估各种方案可能的执行后果。决策者必须针对每个行动方案提出这样一个关键问题："这是在所有已知的约束下最好的行动方案吗?"为了回答这一问题，决策者应该预测和合理估计各种行动方案结果可能发生的概率，分析各个行动方案可能发生的潜在后果。在此基础上，对上一阶段所形成的各个行动方案进行比较。

5. 选择方案

选择方案是在比较鉴别方案优劣的基础上，选取一个满意方案的过程，它是决策过程中的关键环节。虽然满意化程度最高的方案是最好的，但在实际工作中真正做到"最优"是办不到的。为此，西蒙提出一个现实的标准，即"满意标准"，认为只要决策"足够满意"即可。每个方案均有各自的优劣势，这个方案在某一方面较有竞争力，但在另一方面又显得欠缺，而另一方案可能正好相反。

选定备选方案时，通常还需要在想做和能做之间达成平衡，而这就需要折中妥协和进行调整。例如，一个工厂的经理正在寻找将生产能力提高50%的办法。其中一个方案是通过购买某个厂来扩大生产，但是经过评估后，买下这个厂只能提高35%的生产能力。在这种情况下，一个选择是放弃这个方案选择，另一个选择是先买下这个厂，再设法解决余下的15%的生产能力提高问题。管理者在选择备选方案时，无论妥协与否，都应坚决果断，否则就会延误时机。决策选定的最终方案是要找出一个平衡点，不是最优方案，而是选出一个合理的满意方案。

方案的选择方法有以下三种：①经验判断方法。决策者根据以往的经验和掌握的材料，经过权衡利弊，作出决断，这里决策者个人的素质、性格、知识和能力起着决定性的作用。②数学分析方法。在控制变量属于连续型情况下，经验判断方法很难直接找到最优方案，需要借助数学工作。在决策中应用数学方法，可使决策达到准确优化。③试验方法，即先取试点进行试验的方法。经验判断、数学和试验三种方法各有优缺点，有赖于决策者根据具体情况灵活运用，才能对决策方案作出尽量合理的评价和最后的选择。

6. 实施方案

方案成功与否，关键在于它是否被成功地落实。一些方案不能转化为切实的行动，不是因为方案缺乏可行性，而是因为管理者缺乏执行方案的基本资源和能力。实施方案往往是决策过程中最困难、最费时的一步，因此管理者必须尽最大的努力来推进这一步。在推行方案的过程中，管理者需要充分发挥领导能力，积极地与决策所涉及的人员进行磋商、交谈、激励。

管理者必须清楚地认识到决策是由员工来推进和落实的，方案仅仅靠陈述是不会自我贯彻执行的，必须向具体执行者落实行动职责，明确规定完成时间。要明确为达到期望的成果，决策执行者需要具备什么样的技能，如何及时获取这些技能；如何使用能引起每位执行者共鸣的语言来进行沟通交流，把决策的执行看作机会而非威胁；为了使决策执行者肩负其职，如何调整激励机制和绩效考评办法等。

7. 评价决策效果

评价决策效果是决策过程中的最后一个步骤，通过追踪、检查、评价和反馈，可以发现决策方案执行过程中出现的偏差，以便采取相应的措施来纠正。在动态环境下，评价与反馈机制的建立可以提醒管理者根据变化的情况进行调整和改进，以免浪费宝贵的资源和时间。同时，通过评价与反馈这个环节，管理者可以了解本可以处理得更好或者以另外的方式解决的问题，以不断提高自身的决策技能。

以上步骤表明，决策是一个动态的系统反馈过程，而不是瞬间完成的决断。值得注意的是，不能把决策程序当作教条来看待，在具体决策过程中，各个阶段可能有所交叉；由于决策对象不同，各个阶段的比例也不尽一致。总之，要视决策者的经验多少、决策对象及手段的不同等情况来定，这也就是对待决策步骤的灵活性问题。

【案例5-3】老鼠如何给猫挂上铃铛

某地的一群老鼠，深为附近一只凶狠无比、善于捕鼠的猫所苦。一天，老鼠们群聚一堂，讨论如何解决这个心腹大患。思来想去，毕竟老鼠的能力有限，除掉猫是不可能的。

老鼠头儿说："既然不能除掉这只令我们厌恶的猫，那我们就讨论一下如何防范猫的偷袭吧。"此话一出，众老鼠七嘴八舌地议论了起来。突然，有一个建议博得了满堂喝彩："给猫挂上一只铃铛！"是啊，只要给猫挂上了铃铛，我们老鼠自然就可以防患于未然了，妙！

在一片叫好声中，老鼠头儿突然问道："那么，谁去给猫挂上铃铛呢？"

5.2　定性决策方法

在决策的过程中，由于决策对象和决策内容的不同，相应地产生各种不同的决策方法，归纳起来可以分为两大类：一类是定性决策方法，另一类是定量决策方法。把决策方法分为两大类只是相对的，真正科学的决策方法应该把两者结合在一起综合利用。

定性决策方法，又称"软方法"，主要是指管理决策者运用社会科学的原理，并根据个人的经验和判断能力，充分发挥专家内行的集体智慧，从对决策对象的本质属性的研究入手，掌握事物的内在联系及其运用规律。通过定性研究，为制订方案找到依据。了解方案的性质、可行性和合理性，然后进行目标和方案的选择。它较多地运用于综合抽象程度较大的问题、高层次战略问题、多因素错综复杂的问题、涉及社会心理因素较多的问题。常用的定性决策方法有以下四种。

1. 头脑风暴法

头脑风暴法(brainstorming)，是由美国创造学家奥斯本于 1939 年首次提出、于 1953 年正式发表的一种激发创造性思维的方法。其思想是将对解决某一问题有兴趣的人集合在一起，在完全不受约束的条件下，敞开思路，畅所欲言。

运用此种方法应遵循以下原则：①严格限制预测对象范围，明确具体要求，独立思考，开阔思路，不重复别人的意见；②不能对别人意见提出怀疑和批评，对别人的意见不做任何评价，要认真研究任何一种设想，而不管其表面看来多么不可行；③鼓励参会人员对已提出的方案进行补充、修正或综合，使某种意见更具说服力；④解除与会者顾虑，创造发表自由意见而不受约束的气氛；⑤提倡简短精练地发言，尽量减少详述。

头脑风暴法的目的在于创造一种自由奔放思考的环境，诱发创造性思维的共振和连锁反应，产生更多的创造性思维。因此，头脑风暴法强调的是数量，而不是质量。一般头脑风暴法的参与者最佳为 6～10 人，多则 20 余人，时间 1～2 小时。

【案例 5-4】如何清除电线上的积雪

有一年，美国北方格外严寒，大雪纷飞，电线上积满冰雪，大跨度的电线常被积雪压断，严重影响通信。过去，许多人试图解决这一问题，但都未能如愿以偿。后来，电信公司经理应用奥斯本发明的头脑风暴法，尝试解决这一难题。他召开了一种能让头脑卷起风暴的座谈会，参加会议的是不同专业的技术人员，要求他们必须遵守以下原则。

第一，自由思考，即要求与会者尽可能解放思想，无拘无束地思考问题并畅所欲言，不必顾虑自己的想法是否"离经叛道"或"荒唐可笑"。

第二，延迟评判，即要求与会者在会上不要对他人的设想评头论足，不要发表"这主意好极了!”“这种想法太离谱了!”之类的“捧杀句”或“扼杀句”,至于对设想的评判,留在会后组织专人考虑。

第三,以量求质,即鼓励与会者尽可能多而广地提出设想,以大量的设想来保证质量较高的设想的存在。

第四,结合改善,即鼓励与会者积极进行智力互补,在增加自己提出设想的同时,注意思考如何把两个或更多的设想结合成另一个更完善的设想。

按照这种会议规则,大家七嘴八舌地议论开来。有人提出设计一种专用的电线清雪机;有人想到用电热来化解冰雪;也有人建议用振荡技术来清除积雪;还有人提出能否带上几把大扫帚,乘直升机去扫电线上的积雪。对于这种“坐飞机扫雪”的想法,大家心里尽管觉得滑稽可笑,但在会上也无人提出批评。相反,有一位工程师在百思不得其解时,听到后想,每当大雪过后,出动直升机沿积雪严重的电线飞行,依靠调整旋转的螺旋桨即可将电线上的积雪迅速扇落。他马上提出“用干扰机扇雪”的新设想,顿时又引起其他与会者的联想,有关用飞机除雪的主意一下子又多了七八条。不到一小时,与会的 10 名技术人员共提出 90 多条新设想。

会后,公司组织专家对设想进行分类论证。专家们认为设计专用清雪机,采用电热或电磁振荡等方法清除电线上的积雪,在技术上虽然可行,但研制费用大、周期长,一时难以见效。那种因“坐飞机扫雪”激发出来的几种设想,倒是一种大胆的新方案,如果可行将是一种既简单又高效的好办法。经过现场试验,发现用直升机扇雪真能奏效,一个久悬未决的难题,终于在头脑风暴会中得到了解决。

资料来源:陈承欢,杨利军,高峰. 创新创业指导与训练[M]. 北京:电子工业出版社,2017,有改动.

【感悟与探索】

自古以来中国民间就流传着“三个臭皮匠,顶个诸葛亮”的说法,形容在遇到问题时采取集思广益的方式,博采众长。英国学者萧伯纳也说:倘若你有一个苹果,我也有一个苹果,而我们彼此交换这个苹果,那么,你和我仍然只有一个苹果。但是,倘若你有一种思想,我也有一种思想,而我们彼此交流这种思想,那么我们每个人将各有两种思想。头脑风暴法就是基于这个道理产生的。这种技法一方面能够给予与会者的大脑较多的信息刺激,促进与会者的大脑把已有知识和所得信息围绕着要解决的问题重新安排,形成多种新的组合,从而产生大量的新设想;另一方面能够营造一种鼓励与会者大胆思维和提出新设想的氛围,提高与会者的创新积极性。

随着发明创造活动的复杂化和研究对象涉及技术的多元化,单枪匹马式的冥思苦想将变得软弱无力,而“群起而攻之”的发明创造战术则显示出攻无不克的威力。

2. 德尔菲法

德尔菲法又称专家会议预测法,是一种主观预测方法。它是 20 世纪 60 年代初美国兰德公司的专家们为避免集体讨论存在的屈从于权威或盲目服从多数的缺陷提出的一种有效的群体决策方法。德尔菲法采用背对背的通信方式征询专家小组成员的预测意见,经过几轮征询,专家小组的预测意见趋于集中,从而得出预测结果。

1）德尔菲法的主要特点

（1）不记名投寄征询意见。就预测内容写成若干条含义十分明确的问题，规定统一的评价方法。例如，要求专家从某项技术发明在未来可能出现的时间给予估计或区间估计中，选定一个估计。根据情况，可以选择有关的多方面的专家，将上述问题邮寄给他们，背对背地征询意见。这样可消除专家之间的各种不良影响。

（2）统计归纳。收集各位专家的意见，然后对每个问题进行定量统计归纳。通常用回答的中位数反映专家的集体意见。

（3）沟通反馈意见。将统计归纳后的结果再反馈给专家，每个专家根据这个统计归纳的结果，慎重地考虑其他专家意见，然后提出自己的意见。由于全部过程保密，所以各专家提出的意见就比较客观。对于回答超出规定区间的专家，可以要求他们说明特殊理由，对于这类特殊意见也可反馈给其他专家，予以评价。然后，把收回的征询意见，再进行统计归纳，再反馈给专家。如此多次反复，一般经过 3～5 轮，就可以取得比较集中一致的意见。

2）德尔菲法的优点及缺点

优点：①便于独立思考和判断；②低成本实现集思广益；③有利于探索性解决问题；④应用范围广泛。

缺点：①缺少思想沟通交流；②易忽视少数人的意见；③存在组织者主观影响。

虽然德尔菲法的应用具有广泛性，但在下述情形下运用较其他方法更能体现效果：①缺乏足够的资料；②做长远规划或大趋势预测；③影响预测事件的因素太多；④主观因素对预测事件的影响较大。

3. 名义小组法

在集体决策中，如对问题的性质不完全了解从而导致意见分歧严重，则可采用名义小组法。具体说来，名义小组法的步骤如下。

（1）组织者召集有关人员，把要解决的问题的关键内容告诉他们，并请他们独立思考，要求每个人尽可能地把自己的备选方案和意见写下来。

（2）按次序让他们一个接一个地陈述自己的方案和意见，以便把每个想法都弄清楚。

（3）在此基础上，由小组成员对提出的全部备选方案进行投票和排序，赞成人数最多的方案即为所选方案。当然，管理者最后仍有权决定是接受还是拒绝这一方案。

这种方法的主要优点在于，使群体成员正式开会，但不限制每个人的独立思考，可以有效地激发个人的创造力和想象力。而传统的会议方式往往做不到这一点。在这种方法下，小组的成员互不通气，也不在一起讨论、协商，从而小组只是名义上的。

4. 电子会议法

电子会议法是群体决策与计算机技术相结合的决策方法，是一种新颖的定性决策方法。在使用这种方法时，先将群体成员集中起来，每人面前有一个与中心计算机相连接的终端。群体成员将自己解决有关问题的方案输入计算机终端，然后再将它投影在会议室的大型屏幕上。

电子会议法的特点：①匿名，决策参与者可以采取匿名的方式将自己的方案提出来，参与者只需把个人的想法输入键盘就行了；②可靠，每个人的想法都是如实地、不被改动地反映在大屏幕上；③快速，在使用计算机进行决策时，不仅没有闲聊，而且人们可以在同一时间互不干扰地交换见解，它要比传统面对面的决策咨询的效率高。

这种方法也有其局限性：①对那些善于口头表达，而运用计算机的技能却相对较差的专家来说，电子会议会影响他们的决策思维；②在运用这种预测方法时，由于是匿名，因而无法对提出好的政策建议的人进行奖励；③人们只是通过计算机来进行决策咨询的，从而是“人与机对话”，其沟通程度不如“人与人对话”那么丰富。

【小知识 5-1】英特尔的参与式决策

不同公司的决策流程各不相同。在英特尔内部，采用自己独特的决策过程，既不独断，也非一致通过，称之为“参与式决策”。一个典型的“参与式决策”包括以下几个流程。

第一步，要清楚地定义问题和解决问题的时间表。

第二步，要确定决策者与核准者。

第三步，为决策小组找一个领导人，这个人汇集所有相关人员的意见，包括赞成、反对以及交通方案等，并制作出建议案。

第四步，召开正式的决策会议，决策小组的领导人代表的是种种赞成和反对意见以及其他可能的替代方案。决策会议上被提出来的替代方案有时会完全替代讨论好的决策，只要是优秀的、合适的方案。

英特尔的参与式决策克服了独断与协商不一致的缺点，不但可以广泛吸收众人的建议，还可以使决策更有效率。为了发展参与式决策的工作方式，英特尔专门针对如何处理参与式决策设置了培训课程，成为英特尔最受欢迎的培训课程之一。

5.3 定量决策方法

定量决策方法，又称“硬方法”，主要是指在定性分析的基础之上，运用数学模型模式和电子计算机技术，对决策对象进行计算和量化研究以解决决策问题的方法。定量决策方法的关键是建立数学模型，即把变量之间及变量与目标之间的关系用数学关系和数学模型表示出来，并且用计算机来处理数学模型。定量决策方法主要有以下三种。

1. 确定型决策方法

确定型决策方法的特点是只有一种选择，决策没有风险，只要满足数学模型的前提条件，数学模型就会给出特定的结果。确定型决策方法主要有盈亏平衡分析模型和经济批量模型。这里主要介绍盈亏平衡分析模型。

盈亏平衡分析模型用于研究生产、经营一种产品达到不盈不亏时的产量或收入的决策问题。这个不盈也不亏的平衡点即为盈亏平衡点。显然，生产量低于这个产量时，则发生亏损；超过这个产量时，则获得盈利。

盈亏平衡分析法，又称为量—本—利分析法、保本分析法，是进行产量决策时经常使用的一种定量分析方法。这种方法主要通过分析产品产量、成本或利润之间的关系，找出投资方案的盈亏平衡点，为经营决策、成本控制和生产规划提供依据。

盈亏平衡点分析是这一方法的核心。盈亏平衡点是指在这一点时，生产经营活动正好处于不盈不亏的状态，即总收入等于总成本，与这一点相对应的产量被称为平衡点产量或保本点产量。当产量低于平衡点产量时出现亏损，产量高于平衡点时出现盈利。

总成本可分为固定成本(fixed cost)和变动成本(variable cost)。

固定成本，是指成本总额，即在一定时期和一定业务量范围内，不随产品产量或商品流转量变动的成本。固定成本大部分是间接成本，如企业管理人员的薪金和保险费、固定资产的折旧和维护费、办公费等。

变动成本是指成本总额随着产量的增减变化而成正比例增减变化的成本，但是，其单位产品的成本保持不变。在产品制造成本中，直接人工、直接材料都是典型的变动成本。

1) 图表法

量、本、利三者之间的关系如图 5-2 所示，图中收入曲线与和成本曲线一般来说必交于一点，该点所对应的量即保本点或盈亏平衡点，方案的产量或销量、销售额等最低不得低于该水平。

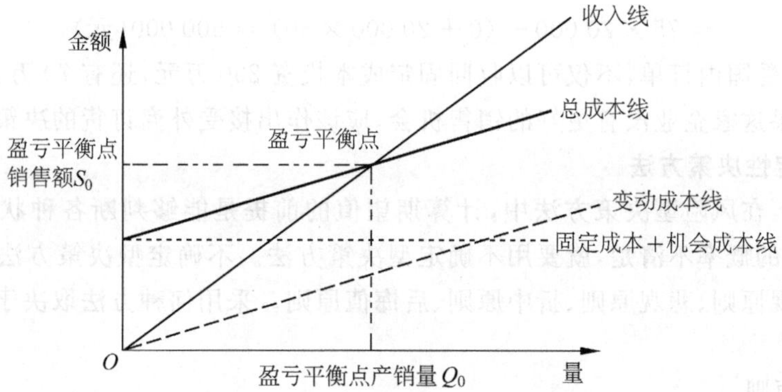

图 5-2　盈亏平衡分析模型

2) 公式计算法

Q——量；

Q_0——保本量；

P——产品或服务单价；

C——总成本；

F——固定成本；

V——总变动成本；

C_v——单位变动成本；

π——机会成本(如 100 万元投资股市年收益 30 万元，这 30 万元就构成 100 万元投资其他项目的机会成本，机会成本也可以理解为目标利润)。

则：盈亏平衡点产量的计算公式为

$$Q_0 = \frac{F}{P - C_v}$$

目标利润值为 π，则临界点产量计算公式为

$$Q = \frac{F + \pi}{P - C_v}$$

【例 5-1】 某电子器件厂的某产品生产能力为 10 万件，产销固定成本为 250 万元，单位变动成本为 60 元。现有国内订货合同共 8 万件，单价为 100 元。最近有一外商要求订货，但他的出价仅为 75 元，订货量为 2 万件，他自己承担运费。由于这外销的 2 万件产品不需要企业支付推销费用和运费，这样使单位变动成本降至 50 元，该厂要作出是否接受国内订货合同、是否接受外商订货的决策。

$$\pi = P \times Q - (F + C_V \times Q)$$
$$= 100 \times 80\,000 - (2\,500\,000 + 80\,000 \times 60) = 700\,000(\text{元})$$

计算该电子厂的盈亏平衡点的产量 Q_0。

$$Q_0 = \frac{F}{P - C_v} = \frac{2\,500\,000}{100 - 60} = 62\,500(\text{件})$$

国内订货合同 8 万件，高于盈亏平衡点产量，需计算该合同能给企业带来的利润 π。

$$\pi = P \times Q - (F + C_v \times Q)$$
$$= 75 \times 20\,000 - (0 + 20\,000 \times 50) = 500\,000(\text{元})$$

意味着接受国内订单，不仅可以收回固定成本投资 250 万元，还有 70 万元的利润。因此，如果这家企业没有更好的销售机会，应该作出接受外商订货的决策。

2. 不确定性决策方法

我们看到，在风险型决策方法中，计算期望值的前提是能够判断各种状况出现的概率。如果出现的概率不清楚，就要用不确定型决策方法。不确定型决策方法常遵循以下几种原则：乐观原则、悲观原则、折中原则、后悔值原则。采用何种方法取决于决策者对待风险的态度。

1）乐观原则

乐观原则又称大中取大法，它基于对未来前景的乐观估计，不放弃任何一个获得最好结果的机会，愿意承担风险以争取最大收益。采用大中取大法进行决策时，首先，找出各方案在各种状态下的最大收益值（最有利的状态发生），然后，在各方案的最大收益值中取最大的方案作为所要的方案。

【例 5-2】 某企业准备生产一种新产品，对于市场的需要量估计为三种情况，即较多、中等和较少。企业拟订了三种方案，即第一方案是改建生产线；第二方案是新建生产线；第三方案是与外厂协作生产；对这种产品，工厂拟生产 5 年。根据计算，其收益值见表 5-1。

表 5-1 企业产品生产各方案在不同市场情况下的收益值 万元

自然状态 / 方案	不同需求量的收益值			最大收益
	较多	中等	较少	
方案一：改建生产线	18	6	−2	18
方案二：新建生产线	20	5	−5	20
方案三：协作生产	16	7	1	16

在上述三种方案中，各种方案的最大收益值分别为 18、20 和 16。最大收益值中的最大值为 20。若采用大中取大法，应选取最大收益值为 20 时所对应的第二个方案：新建生产线。

2）悲观原则

悲观原则即小中取大法，采用这种方法的管理者对未来持悲观的看法，认为未来会出现最差的自然状态，因此不论采取哪种方案，都只能获取该方案的最小收益。决策者在进行方案取舍时以每个方案在各种状态下的最小值为标准（假定每个方案最不利的状态发生），然后从各方案的最小值中取最大值对应的方案。

在【例 5-2】中，各种方案的最小收益值分别为－2、－5 和 1，最小收益值中的最大值为 1。若采用小中取大法，第三方案"与外厂协作生产"应为最优方案。

3）折中原则

折中原则是介于乐观决策法和悲观决策法之间的一种决策方法。这种方法既不像乐观决策方法那样在所有的方案中选择效益最大的方案，也不像悲观决策法那样从每一方案的最坏处着眼进行决策，而是通过乐观系数确定一个适当的值作为决策依据。折中的方法要求决策者对未来发展作出判断，选择一个系数 a 作为主观概率，叫作乐观系数。

以表 5-1 为例，若 $a=0.7$，则：

改建生产线期望值＝0.7×18＋0.3×(－2)＝12

新建生产线期望值＝0.7×20＋0.3×(－5)＝12.5

协作生产期望值＝0.7×16＋0.3×1＝11.5

三种方案中新建生产线期望值最高，故决策方案为新建生产线方案。

4）后悔值原则

后悔值原则又称最小最大后悔值法。某一种自然状态发生时，即可明确哪个方案是最优的，其收益值是最大的。如果决策人当初并未采用这一方案而采取其他方案，这时就会感到后悔，最大收益值与所采用的方案收益值之差，叫后悔值。

为了确保避免较大的机会损失，决策者在运用最小最大后悔值法时，首先要将决策矩阵从利润矩阵转变为机会损失矩阵；其次确定每个可选方案的最大机会损失；最后在这些方案的最大机会损失中，选出一个最小值，与该最小值对应的可选方案便是决策选择的方案。

接【例 5-2】，首先，从表 5-1 中找出各自然状态的最大值为 20、7、1。其次，对各个自然状态，用最大收益值减去同种状态的其他收益值，即为后悔值。如表 5-2 所示。

表 5-2　企业产品生产各方案在不同市场情况下的后悔值　万元

自然状态 / 方案	在不同需求下的后悔值			最大后悔值
	需求较多	需求中等	需求较少	
方案一：改建生产线	20－18＝2	7－6＝1	1－(－2)＝3	3
方案二：新建生产线	20－20＝0	7－5＝2	1－(－5)＝6	6
方案三：协作生产	20－16＝4	7－7＝0	1－1＝0	4

从表 5-2 中可见，各方案的最大后悔值分别为 3、6、4。决策者应选择最大后悔值中最小的那个方案为较优方案。因此，改建生产线方案是最佳决策方案。

3. **风险型决策法**

风险型决策是指决策者对决策对象的自然状态和客观条件比较清楚，也有比较明确的决策目标，但是实现决策目标必须冒一定风险的决策。风险型决策方法有：决策损益表法和决策树分析法。

风险型决策常用的方法是决策树。决策树是以图解方式分别计算各个方案不同自然状态下的损益值，将可行方案、影响因素用一张树形图表示，通过综合损益值比较，作出决策。决策树包括四要素：决策点、方案枝、状态点和概率枝。以决策点为出发点，引出若干方案枝，每个决策点都代表一个可行方案。在各方案枝末端有一个自然状态结点，从状态结点引出若干概率枝，每个概率枝表示一种自然状态。在各概率枝末梢，标注有损益值。

决策树分析法的程序主要包括以下步骤。

(1) 绘制决策树图形，按要求由左向右顺序展开。

(2) 计算每个结点的期望值，计算公式为

$$\text{状态结点的期望值} = \sum(\text{损益值} \times \text{概率值}) \times \text{经营年限}$$

(3)剪枝，即进行方案的选优。

方案净效果＝该方案状态结点的期望值－该方案的投资额

【例 5-3】 某企业为了扩大某产品的生产，拟建设新厂。据市场预测，产品销量好的概率为 0.7，销路差的概率为 0.3。有以下三种方案可供企业选择：

E1：新建大厂，需投资 300 万元。据初步估计，销路好时，每年可获利 100 万元；销路差时，每年亏损 20 万元。服务期为 10 年。

E2：新建小厂，需投资 140 万元。销路好时，每年可获利 40 万元，销路差时，每年仍可获利 30 万元。服务期为 10 年。

E3：先建小厂，3 年后销路好时再扩建，需追加投资 200 万元，服务期为 7 年，估计每年获利 95 万元。

问：哪种方案最好？

解：(1) 绘制决策树，如图 5-3 所示。

(2) 计算期望值。

E1＝[0.7×100＋0.3×(－20)]×10－300＝340 (万元)

E2＝(0.7×40＋0.3×30) ×10－140＝230(万元)

要计算 E3 点的期望值，必须先计算 E4 和 E5 点的期望值，并取较大值。

E4＝95×7－200＝465(万元)

E5＝40×7＝280(万元)

E4 和 E5 中应取大值。

所以，H 点应取值扩建方案。

E3 ＝{[(95×7－200)×0.7]＋(40×0.7×3)＋(30×0.3×10)}－140

＝(325.5＋84＋90)－140＝359.5(万元)

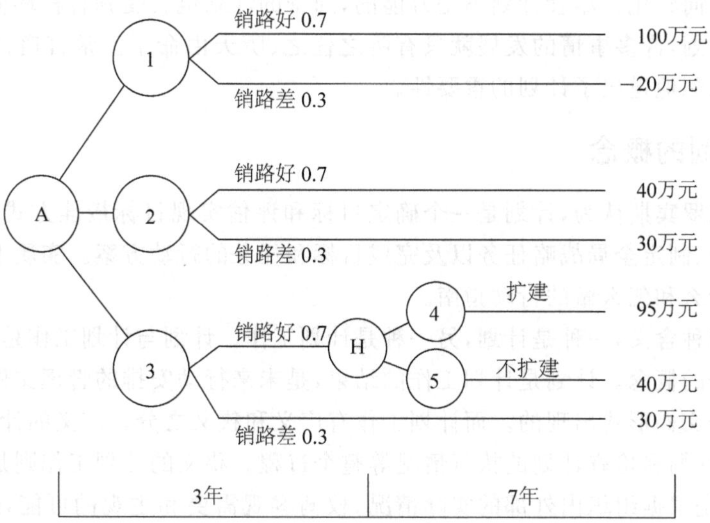

图 5-3　决策树

(3) 进行决策。

比较 E1、E2、E3，选择 E3 为最好，即先建小厂，销路好时再扩建。

定量决策方法的发展提高了决策的准确性、时效性和可靠性，使管理者从大量繁杂的常规决策中解放出来。同时，有利于培养决策者严密的逻辑论证习惯，克服主观随意性。但是，定量决策法也有一定的局限性。

(1) 定量决策方法适用于处理常规性决策，而对相当一部分重要的战略性的非常规性决策来说，还没有恰当的数学方法可供使用。

(2) 建立数学模型和使用计算机分析的过程往往要耗费大量的时间和人力费用，因此，采用定量决策方法要考虑所获得的效益与所付出的代价相比是否值得。

(3) 对于一般管理决策者来说，有的数学方法过于深奥，掌握起来有一定的难度。

(4) 某些决策问题中的变量涉及社会因素、心理因素等难以量化的因素和诸多不确定的变化因素，加大了建立数学模型的困难，也会降低决策的可靠性。因此，通常将定量决策方法与定性决策方法相结合，会取得更为理想的决策结果。

5.4　计划管理

计划是所有管理职能中一个最基本的职能，它是对未来活动所进行的预先的行动安排，是一种针对未来的筹谋、规划、谋划、策划、企划等。计划贯穿于组织各部门和各方面工作之中，是一项全面性、综合性的管理工作，企业的生产经营活动必须在计划的指导下进行。企业中的任何管理人员都必须制订计划，需要计划一系列的事情，如新产品的研发及生产、新产品的销售、产品的定价、人员的雇用、资金的筹集等。调查表明，在美国 500 家大型企业组织中有 94％进行长期计划。

通过计划活动，那些本来不一定能够实现的事情变得有可能实现，有可能变糟的事情得以向好的方向转化。尽管计划不是万能的,周密的计划也会受到各种环境因素的干扰,但如果没有计划,许多事情的发展就只有听之任之、听天由命了。常言道,“人无远虑,必有近忧”,就深刻地道出了计划的重要性。

5.4.1 计划的概念

管理学家罗宾斯认为,计划是一个确定目标和评估实现目标最佳方式的过程。计划包括确定目标、制定全局战略任务以及完成目标和任务的行动方案。实质上,计划就是一个组织要做什么和怎么做的行动指南。

计划有两种含义,一种是计划,另一种是计划工作。计划与计划工作是两个既有联系又有严格区分的概念。计划是计划工作的结果,是未来行动安排的管理文件,往往是以书面文字或电子文档形式出现的。而计划工作有广义和狭义之分。广义的计划工作是指制订计划、执行计划和检查计划的执行情况等整个过程。狭义的计划工作则是指制订计划。计划工作,就是根据组织内外部的实际情况,权衡客观需要和主观的可能,通过科学的预测,提出在未来一定时期内组织所要达到的目标以及实现目标的方法。

计划工作的内容可用“5W1H”来表示。

what——做什么:明确计划工作的具体任务和要求,每一时期的中心任务和工作重点。

why——为什么做:明确计划工作的宗旨、目标和战略,论证可行性,说明为什么做。

who——谁去做:规定计划每个阶段内哪些部门负责,落实人员、部门、责任。

where——何地做:规定计划的实施地点和场所,了解环境条件和限制,以便安排计划实施的空间布局,说明计划的地点。

when——何时做:明确工作开始和完成的进度,以便进行有效的控制和对能力与资源进行平衡,说明计划工作的时间安排。

how——怎么做:制定实施措施以及相应的政策和规则,对资源进行合理分配和集中使用,对人力、物力、财力进行综合平衡,说明计划工作的方式。

计划工作具有承上启下的作用。一方面,计划工作是决策的逻辑延续,为决策所选择的目标活动的实施提供了组织实施保证;另一方面,计划工作又是组织、领导、控制和创新等管理活动的基础,是组织内不同部门、不同成员行动的依据。正如哈罗德·孔茨所说的,计划工作是一座桥梁,它把我们所处的此岸和要去的彼岸连接起来,以克服这一天堑。

5.4.2 计划的性质

计划的性质可以概括为:目的性、普遍性、首要性、效率性和创新性。

1. 计划的目的性

计划是为了实现组织的目标而制订的,而非为了计划而计划。因此,每项计划及其派生计划都应根据组织的目标来制订,其目的都是促进组织目标的实现。然而在计划工作开始之前,这种目标可能还不具体,计划工作就是让这些目标具体化,以便执行和完成。

例如,某家百货公司的经理希望明年的销售额和利润额有较大幅度的增长,这就是一种不明确的目标。为此,需要制订计划,根据过去的情况和现在的条件确定一个可行的目标，比如销售额增长 25%，利润额增长 10%。这种具体的、明确的目标不是单凭主观愿望就能确定的，它要符合实际情况，是以许多预测和分析工作为基础的。

2. 计划的普遍性

组织中的管理者，无论职位高低、职权大小，都或多或少地需要进行计划工作。计划已作为各级主管人员的一个共同职能，这些管理者由于所处的位置和所拥有的职权不同，他们在从事计划工作中会有不同的特点和范围。

高层管理者不可能也不必要对自己组织内的一切活动作出确切的说明，这也是有效的管理者所必须遵循的一条原则。最常见的情况是高层管理人员仅对组织活动制订结构性的计划。也可以这样说，高层管理人员负责制订战略性的计划，而那些具体的计划由下级完成。这种情况的出现主要是由于一个人的能力是有限的，现代组织的工作是如此繁杂，即使是最聪明、最能干的领导人，也不可能包揽全部计划工作。此外，有研究表明，计划工作本身能够使人产生成就感，因而授予下级某些制订计划的权力，有助于调动下级的积极性和主动性，对贯彻执行计划和高效地完成组织目标大有好处。

3. 计划的首要性

计划由于具有确认组织目标的独特作用，而成为其他各项职能执行的基础，具有首要性。任何组织只有把实现目标的计划制订出来后，才能确切地知道需要什么样的组织层次与结构，配备什么样的合格人选，按照什么样的方针、政策来实行有效的领导及采取什么样的控制方法。所以，如果要使所有这些组织、领导、控制职能发挥效用，必须首先制订好计划。没有计划工作，其他工作就无从谈起。计划的首要性结构如图 5-4 所示。

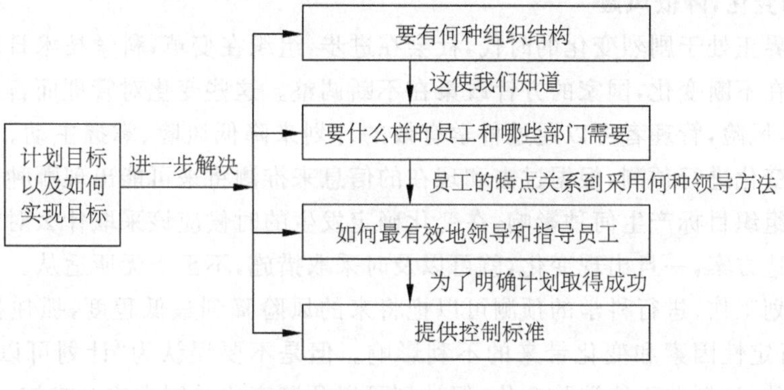

图 5-4　计划的首要性结构

4. 计划的效率性

计划工作的任务，不仅是要确保实现目标，而且是要从众多方案中选择最优的资源配置方案，以求得合理利用资源和提高效率。用通俗的语言来表达，就是既要“做正确的事”又要“正确地做事”。

计划效率是指制订计划与执行计划时所有的产出与所有的投入之比。这里所指的效率，不仅包括人们通常理解的按资金、工时或成本表示的投入产出比率，如资金利润率、劳动生产率和成本利润率等定量的客观指标，还包括组织成员个体和群体的动机和满意度等主观的评价标准。如果一个计划能够达到目标，但它需要的代价太大，那么这个计划的效率就很低，因此不是好的计划。

5. **计划的创新性**

计划工作总是针对需要解决的新问题和可能发生的新变化、新机会而制定的，因而它是一个创新性的过程。计划有点类似于一项产品或一项工程的设计，它是对管理活动的设计。正如一种新产品的成功在于创新一样，成功的计划也依赖于创新。

5.4.3 计划的作用

组织管理的好坏，能否达到预期的目标，有了正确的决策之后，主要取决于计划职能的完善与否。计划职能对于任何组织都是至关重要的。一个好的计划即科学性、准确性很强的计划，对于我们的工作将起到事半功倍的作用；相反，若是一个科学性、准确性很差的计划，则会使我们的工作事倍功半，甚至一无所得。因此，建立和加强组织的计划管理，对于实现组织目标、满足市场需要、提高企业的经济效益，都具有重要的意义和作用。具体地说，计划的作用主要表现在以下四个方面。

1. **提供依据，指明方向**

管理者开展活动要根据计划来进行。他们分派任务，根据任务确定下级的权力和责任，促使组织中的全体人员的活动方向趋于一致而形成一种复合的组织行为，以保证达到计划所设定的目标。计划工作使组织全体成员有了明确的努力方向，并在未来不确定性和变化的环境中把注意力始终集中在既定目标上。尽管实际工作结果往往会偏离预期目标，但是计划会给管理者以明确的方向，从而使偏离比没有计划时要小得多。

2. **预测变化，降低风险**

当今世界正处于剧烈变化的时代，社会在进步，组织在变革，科学技术日新月异，人们的价值观念在不断变化，国家的方针政策在不断调整。这些变化对管理而言，既可能是机会，也可能是风险，管理者可以通过科学有效的计划来降低风险、掌握主动。管理者可以针对未来的变化进行预测，根据过去和现在的信息来推测将来可能出现哪种变化，这些变化将对达成组织目标产生何种影响，在变化确定发生的时候应该采取什么对策，并制订出一系列的备选方案，一旦出现变化，就可以及时采取措施，不至于无所适从。

通过计划工作，进行科学的预测可以把将来的风险降到最低程度，抓住机会，保持主动，减少不肯定性因素和变化带来的不利影响。但是不要误认为“计划可以消除变化”。变化总会有的，计划并不能消除变化，但计划可以预测变化并制定应对措施。

3. **减少浪费，提高效益**

计划工作的重要任务就是使未来的组织活动均衡发展。预先进行认真的计划能够消除不必要活动所带来的浪费，能够避免在今后的活动中由于缺乏依据而进行轻率判断所造成的损失。计划可以使组织的有限资源得到更合理的配置，通过各种方案的技术分析，选择最有效的方案用于实施。由于有了计划，组织中各成员的努力将形成一种组织效应，这将大大提高工作效率从而带来经济效益。

4. **提供标准，便于控制**

计划是控制的基础，未经计划的活动是无法控制的，因为控制就是纠正脱离计划的偏差，以保持活动的既定方向。主管人员如果没有计划规定的目标作为测定的标准，就无法检查其下级完成工作的情况；如果没有计划作为标准，就无法测定控制活动。计划为控制工作提供了标准，没有计划指导控制就会变得毫无意义。

针对计划有一种误解，认为计划一旦制订，就是意味着所有工作必须一成不变地严格按照计划执行，“计划降低灵活性”。事实上，在一个变化的环境中，计划需要不断地制订和修订，以适应变化。计划的运行轨迹如图 5-5 所示。

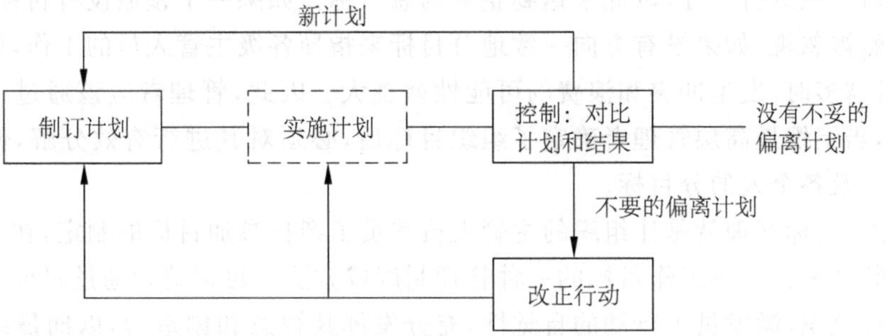

图 5-5　计划的运行轨迹

计划工作应遵循一定的程序，虽然各类组织编制的计划内容差别很大，但科学地编制计划所遵循的程序却具有普遍性。依次包括以下环节：估量机会、确定目标、确定计划的前提条件、拟订可供选择的方案、评价各种备选方案、选择方案、制订派生计划、编制预算。如图 5-6 所示。

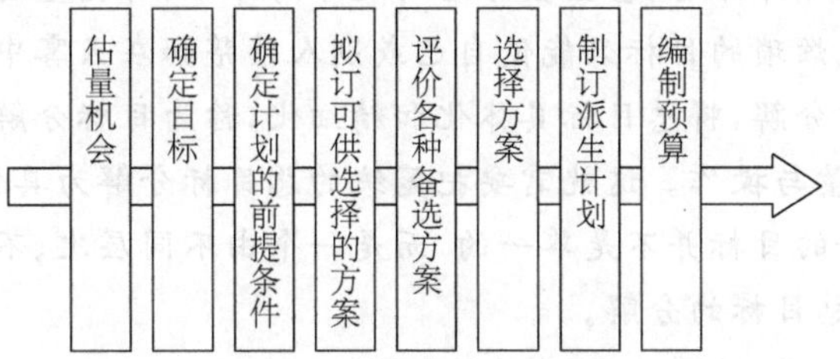

图 5-6　计划工作的步骤

5.5　目标管理

5.5.1　目标管理的含义

目标管理(management by objectives，MBO)是 20 世纪 50 年代中期出现于美国，以泰勒的科学管理和行为科学理论为基础形成的一套管理制度。凭借这种制度，组织的成员可以亲自参加工作目标的制订，实现“自我控制”，并努力完成工作目标。而对于员工的工作成果，由于有明确的目标作为考核标准，从而可以对员工的评价和奖励做到更客观、更合理，因而可以大大激发员工为完成组织目标而努力的自觉性。由于这种管理制度在美国应用得非常广泛，而且特别适用于对主管人员的管理，所以被称为“管理中的管理”。我国企业于 20 世纪 80 年代开始引进目标管理方法，并取得了显著的成效。现在，目标管理已成为世界上比较流行的一种企业管理制度。

德鲁克对目标管理的发展和使之成为一个体系作出了重大贡献。1954 年，他在其名著《管理实践》中提出了一个具有时代意义的概念——目标管理，其后又提出“目标管理和自我控制”的主张。德鲁克认为，并不是有了工作才有目标，而是相反，有了目标才能确定每个人的工作。所以，“企业的使命和任务，必须转化为目标”，企业的各级主管必须通过这些目标对下级进行领导，以此来达到企业的总目标。如果一个领域没有目标，这个领域的工作必然被忽视，如果没有方向一致地分目标来指导各级主管人员的工作，则企业规模越大、人员越多时，发生冲突和浪费的可能性就越大。因此，管理者应该通过目标对下级进行管理，当组织最高层管理者确定了组织目标后，必须对其进行有效分解，使之转变成各个部门以及各个人的分目标。

简言之，目标管理就是让组织的主管人员和员工亲自参加目标的制定，在工作中实行“自我控制”并努力完成工作目标的一种管理制度或方法。目标管理通过目标来激励员工的自我管理意识，激发员工行动的自觉性，充分发挥其智慧和创造力，以期最终形成员工与企业共命运的共同体。

【小知识 5-2】一分钟目标

目前，西方正在兴起“一分钟目标”。所谓“一分钟目标”，就是“写在一页纸上，最多不超过 250 个字”，“任何人都可以在一分钟内看完”。这要求目标的表达简明、集中。很难想象一项目标隐藏在洋洋万言，甚至数万言的文字海洋中，却指望自己或别人能深刻而透彻地领悟。表达形式烦琐的目标只能使自己或别人茫茫如在云雾中，不得要领。

对目标进行科学分解，将总目标具体化和精细化，称为目标分解。总目标往往是笼统而抽象的，不便于测量与操作。这就需要把笼统的总目标分解为具体、精确的小目标。在现实中能够有效运转的目标并不是单一的，而是一个由不同层次、不同性质的目标组成的目标体系，它来源于总目标的分解。

对于目标管理的定义，美国著名的管理学家哈罗德·孔茨在其《管理学》著作中认为：目标管理是一个全面的管理系统，它用系统的方法，使许多关键管理活动结合起来，有效地实现组织和个人目标。孔茨的说法，较好地概括了目标管理的实质，强调了在目标管理中，应把企业目标作为一个“系统”看待，从整体考虑问题，也就是说，在确定企业总目标时，就充分注意企业内部各分目标的确定和落实，从上到下构成一个有机的企业目标体系。

【案例 5-5】父子打猎

有一位父亲带着三个孩子，到沙漠去猎杀骆驼。他们到了目的地。父亲问老大：“你看到了什么？”老大回答：“我看到了猎枪，还有骆驼，还有一望无际的沙漠。”父亲摇摇头说：“不对。”父亲以同样的问题问老二。老二回答说：“我看见了爸爸、大哥、弟弟、猎枪，还有沙漠。”父亲又摇摇头说：“不对。”父亲又以同样的问题问老三。老三回答：“我只看到了骆驼。”父亲高兴地说：“你答对了。”

【感悟与探索】

一个人若想走上成功之路，首先必须要有目前的目标。目标一经确立，就要心无旁骛，集中全部精力，勇往直前。

5.5.2　目标管理的特点

1. 提倡“参与管理”

目标管理提倡民主、平等和参与的管理思想。目标的实现者同时也是目标的制定者，即由上级与下级在一起共同确定目标。首先确定出总目标，然后对总目标进行分解，逐级展开，通过上下协商制订出企业各部门、各车间直至每个员工的目标。用总目标指导分目标，用分目标保证总目标，形成一个“目标—手段”链。

2. 强调“自我控制”

德鲁克认为：目标管理的主要贡献之一，就是它使得我们能用自我控制的管理来代替由别人统治的管理。目标管理认为，员工是愿意负责的，是愿意在工作中发挥自己的聪明才智和创造性的。如果我们控制的对象是一个社会组织中的“人”，则我们应“控制”的必须是行为的动机，通过对动机的控制来达到对行为的控制。目标管理的主旨在于，通过预先确定目标、适当授权和及时的信息反馈，推动各级管理人员及员工实行自我控制，这种自我控制可以成为员工更强烈的工作动力，激励他们尽自己最大的力量把工作做好。

3. 促使权力下放

集权与分权的矛盾是组织的基本矛盾之一，唯恐失去控制是阻碍大胆授权的主要原因之一。授权是组织领导对自己和员工自信的表现。因为只有宽容而自信的领导才不怕自己失去对组织的领导力，才敢于授权，而且他对员工的才华和能力能够给予充分的信任。推行目标管理有助于促使权力下放，有助于在保持有效控制的前提下，调动员工的想象力和创造力，发挥其主观能动性，把组织局面搞得更有生气和更有效率一些。

4. 重视成果

目标管理注重成果第一，看重实际贡献。德鲁克强调：企业中每一个成员都有不同的贡献，但所有的贡献都必须是为着一个共同的目标。他们的努力必须全都朝着同一方向，他们的贡献必须互相衔接而形成一个整体。

传统的管理方法在评价员工表现时，往往容易出现根据印象、本人的思想等进行评价的现象，其结果往往会缺乏客观性和科学性。组织实行目标管理，由于有了一套完善的目标考核体系，从而能够按员工的实际贡献和业绩大小进行如实评价，克服了凭印象、主观判断等传统管理方式的不足。目标管理还力求组织目标与个人目标更密切地结合在一起，以增强员工在工作中的满足感。这对于调动员工的积极性、增强组织的凝聚力起到了很好的作用。

【案例 5-6】乔森家具公司五年目标

乔森家具公司是乔森先生在 20 世纪中期创建的，开始时主要经营卧室和会客室家具，取得了相当大的成功，随着规模的扩大，自 20 世纪 70 年代开始，公司又进一步经营餐桌和儿童家具。1975年，乔森退休，他的儿子约翰继承父业，不断拓展卧室家具业务，扩大市场占有率，使得公司产品深受顾客欢迎。到1985年，公司卧室家具方面的销售量比1975年增长了近两倍。但公司在餐桌和儿童家具的经营方面一直不得利，面临着严重的困难。

1. 董事长提出的五年发展目标

乔森家具公司自创建之日起便规定，每年12月召开一次公司中、高层管理人员会议，研究讨论战略和有关的政策。1985年12月14日，公司又召开了每年一次的例会，会议由董事长兼总经理约翰先生主持。约翰先生在会上首先指出了公司存在的员工思想懒散、生产效率不高的问题，并对此进行了严厉的批评，要求迅速扭转这种局面。与此同时，他还为公司制订了今后五年的发展目标。具体包括以下几方面。

(1) 卧室和会客室家具销售量增加20%。

(2) 餐桌和儿童家具销售量增长100%。

(3) 总生产费用降低10%。

(4) 减少补缺职工人数3%。

(5) 建立一条庭院金属桌椅生产线，争取5年内达到年销售额500万美元。

这些目标主要是想增加公司收入、降低成本、获取更大的利润。但公司副总经理托马斯跟随乔森先生工作多年，了解约翰董事长制订这些目标的真实意图。尽管约翰开始承接父业时，对家具经营还颇感兴趣。但后来，他的兴趣开始转移，试图经营房地产业。为此，他努力寻找机会想以一个好价钱将公司卖掉。为了能提高公司的声望和价值，他准备在近几年狠抓一下经营，改善公司的绩效。

托马斯副总经理意识到自己历来与约翰董事长的意见不一致，因此在会议上没有发表什么意见。会议很快就结束了，大部分与会者都带着反应冷淡的表情离开了会场。托马斯有些垂头丧气，但他仍想会后找董事长就公司发展目标问题谈谈自己的看法。

2. 副总经理对公司发展目标的质疑

公司副总经理托马斯觉得，董事长根本就不了解公司的具体情况，不知道他所制订的目标意味着什么。这些目标听起来很好，但托马斯认为并不适合本公司的情况。他心里这样分析：第一项目标太容易了——这是本公司最强的业务，用不着花什么力气就可以使销售量增加20%；第二项目标很不现实——在这个领域的市场上，本公司就不如竞争对手，绝不可能实现100%的增长；第三、四项目标亦难以实现——由于要扩大生产，又要降低成本，这无疑会对工人施加更大的压力，从而也就迫使更多的工人离开公司，这样空缺的岗位就越来越多，在这种情况下，怎么可能降低补缺职工人数3%呢？第五项目标倒有些意义，可改变本公司现有产品线都是以木材为主的经营格局，但未经市场调查和预测，怎么能确定5年内我们的年销售额达到500万美元呢？

经过这样的分析后，托马斯认为他有足够的理由对董事长所制订的目标提出质疑。除此之外，还有另外一些问题使他困扰不解，一段时期以来，托马斯发现董事长似乎对这家公司已失去兴趣，他已50多岁，快要退休了，他独身一人，也从未提起将来由谁来接替他的工作。如果他退休以后，那该怎么办呢？托马斯毫不怀疑，约翰先生似乎要把这家公司卖掉。董事长企图通过扩大销售量、开辟新的生产线增加利润收入，使公司具有更大的吸引力，以便在出卖中捞个好价钱。"如董事长真是这样的话，我也无话可说了。他退休以后，公司将会变成什么样子，他是不会在乎的。他自己愿意在短期内葬送掉自己的公司，我有什么办法呢？"

资料来源：中华硕博网. http//www.china-b.com，有改动.

【讨论题】

(1) 你认为约翰董事长为公司制订的发展目标合理吗？为什么？你能否从本案例中概括出制订目标需注意哪些基本要求？

(2) 约翰董事长的目标制订体现了何种决策和领导方式？其利弊如何？

(3) 假如你是托马斯，如果董事长在听取了你的意见后同意重新考虑公司目标的制订，并责成你提出更合理的公司发展目标，你将怎么做？

5.5.3 目标管理的过程

由于各个组织活动的性质不同，目标管理的步骤可以不完全一样。但一般来说，其具体做法分三个阶段：第一阶段为制定目标，第二阶段为组织实施，第三阶段为检查和评估。目标管理过程如图5-7所示。

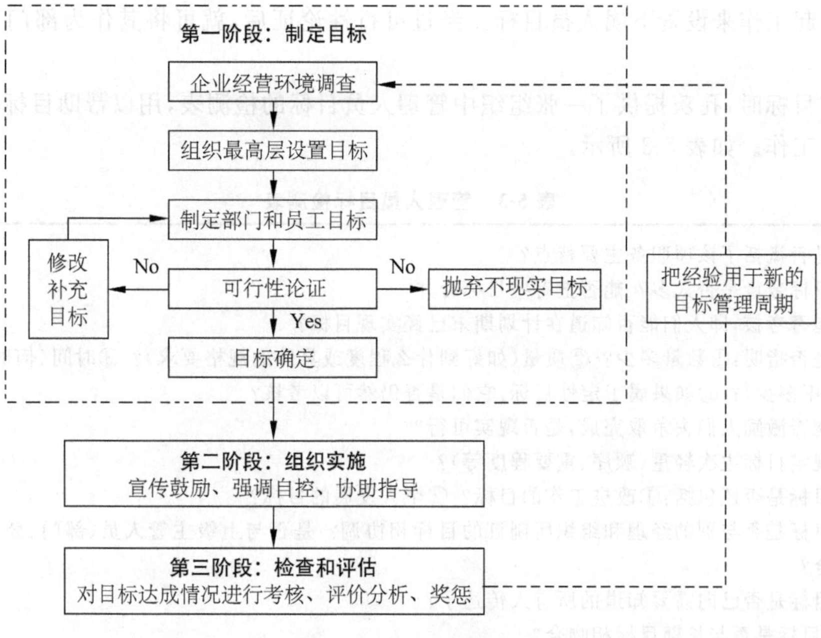

图5-7 目标管理过程

1. 制定目标

实行目标管理，首先要建立一套完整的目标体系。这项工作是从企业的最高主管部门开始的，然后由上而下地逐级确定目标。上下级的目标之间通常是一种"目的—手段"的关系，即某一级的目标，需要用一定的手段来实现，这些手段就成为下一级的次目标，按级顺推下去，从而构成一种锁链式的目标体系。

1）企业经营环境调查

经营环境调查是企业目标确立的依据。目标设置得明确、合适与否，取决于企业管理人员对外部环境的评价是否准确，以及对内部环境的分析是否完整、透彻。外部环境包括政治、经济、技术、社会等宏观环境和竞争者、供应商、顾客、替代品、潜在进入者等微观环境。内部环境则主要分析生产、研发、营销、理财、人员、组织能力。只有在对企业外部环境和内部环境进行分析的基础上，才能设置科学而客观有效的组织发展目标，为目标管理奠定基础。

2）组织最高层设置目标

组织最高层设置目标，即在对内外环境分析的基础上，确定企业的经营宗旨或使命以及战略目标。经营宗旨是企业管理人员对企业性质和活动特征的认识，是企业各项活动的最终依据，通常是一个试图抓住企业想要做的事的本质的文件，内容一般包括企业的基本产品、市场和技术、经营目的、经营哲学和自我评价。战略目标是企业经营宗旨的具体化，在企业整体的高度上告诉全体员工：如何运用本企业的资源，才能在最大限度地利用环境提供的机会的同时，使环境对企业造成的威胁降到最低。

3）制定部门和员工的目标

这一步是目标分解的过程。在确保企业经营宗旨和战略目标传达给下级后，一般由上下级一起工作来设置下属人员目标。经过可行性论证后，就可将其作为部门和员工的工作目标。

制定目标时，孔茨提供了一张组织中管理人员目标的检测表，用以帮助目标制订者判断和改进工作。如表5-3所示。

表5-3 管理人员目标检测表

1. 目标是否概括了该项职务主要特点？
2. 所订目标数量是否太多？能否把有些目标合并？
3. 目标能否考核，即人们能否知道在计划期末已经实现目标？
4. 目标是否指明：①数量多少？②质量（如好到什么程度或具体的规格要求）？③时间（何时）？④费用（耗用多少）？⑤如果属于定性目标，它们是否仍然可以考核？
5. 目标能否激励人们去争取完成，是否现实可行？
6. 是否规定目标主次轻重（顺序、重要程度等）？
7. 这些目标是否还包括：①改进工作的目标？②个人发展的目标？
8. 这些目标是否与别的经理和组织所制订的目标相协调？是否与上级主管人员、部门、公司的目标相吻合？
9. 这些目标是否已向需要知道的所有人传达了？
10. 短期目标是否与长期目标相吻合？
11. 据以拟订目标的一些设想是否都已清楚指明？
12. 这些目标是否已清楚或以文字表明了？
13. 目标是否适时地提供反馈信息，从而能够采取一切必要的纠正步骤？
14. 现有的资源和职权是否足以去实现这些目标？
15. 是否考虑给予那些想实现目标的个人一些机会去提出他们的目标？
16. 人们是否掌握了委派他们负责的那些工作？

资料来源：冯国珍. 管理学[M]. 上海：复旦大学出版社，2006：159.

4）反复循环修订

目标的设置不仅是一个连续的过程，也是一个相互作用的过程。下级的目标可能会影响相应的组织结构和上级的目标，企业战略和上级的目标也会影响下级的目标。从最高层开始确定目标再分派给下属，或者从基层开始，都是不合适的。实际上，两者应以战略目标为导向，在相互作用过程中不断反复循环地协调，最终趋于一致。

在设置目标的过程中，人们往往要考虑的一个问题就是什么样的目标是好的目标。判断一个目标是否是好目标，可以参照表 5-3 所示的标准。

2. 组织实施

目标的实施是目标管理的一个重大环节。目标管理重视结果，强调自主、自治和自觉，但这并不等于领导可以放手不管。相反，由于形成了目标体系，一环失误，就会牵动全局，因此领导层在目标实施过程中的管理工作是不可缺少的。

首先，要宣传鼓动。使有关人员对目标内容、意义、实施步骤、有利条件和困难有透彻的了解，充分调动其积极性和主观能动性。其次，强调自控。鼓励各部门、各岗位以及员工对目标实施情况进行自控和自评，主动采取措施确保目标实施进度与质量。最后，协助指导。上级管理者通过信息反馈渠道或亲临现场，要帮助下级解决工作中出现的困难问题，当出现意外、不可预测事件严重影响组织目标实现时，也可以通过一定的程序，修改原订的目标。

3. 检查和评估

目标管理的第三步就是检查和评估。对各级目标的完成情况，要事先规定出期限，定期进行检查。检查的依据就是事先确定的目标。检查的方法可灵活地采用自检、互检和责成专门的部门进行检查。

对于最终结果，应当根据目标进行评价，并根据评价结果进行奖罚。达到预定的期限后，下级首先进行自我评估，提交书面报告；然后上下级一起考核目标完成情况，决定奖惩；同时讨论下一阶段目标，开始新循环。如果目标没有完成，就分析原因总结教训。目标管理考核评价应坚持标准，严格考评；实事求是，重在总结；奖惩结合，鼓励为主。

制订目标、组织实施、检查评估是目标管理前后衔接、相辅相成的三个阶段。当所有的阶段完成后，目标管理将进入下一轮循环过程。

5.5.4　对目标管理的评价

目标管理在全世界产生很大影响，但实施中也出现许多问题。因此必须客观分析其优点和缺点，了解其利弊，从而扬长避短，尽可能充分地发挥目标管理的优势，而将其弱点抑制到最低限度。

1. 目标管理的优点

1）增强组织的目标性

目标管理法迫使企业管理人员去考虑计划的执行效果，而不仅仅是计划本身。而且，有了一套明确的目标，就有了控制的标准，同时也是评价各部门和个人绩效的标准。

2）有利于改进结构和职责分工

目标管理通过由上而下或自下而上层层制订目标，在企业内部建立起纵横连接的完整目标体系，把企业中的各类人员都严密地组织在目标体系之中，明确责任，划清关系，从而使员工看清个人目标和企业总目标的关系，了解自己的工作价值，激发员工关心企业总目标的热情。

3）起到凝聚和激励作用

目标管理把全体工作人员的注意力都集中到实现组织总体目标上来，可以提高凝聚力、增强全局观念。目标管理强调自我控制、自我调节，通过目标和奖励，将个人利益和组织利益紧密联系在一起，员工不再只是听从命令、等待指示的盲从工作者，而是一个可以自我控制、在一个领域内施展才华的积极工作者。因此，目标管理有助于调动员工的主动性和积极性，具有激励作用。

4）有利于排除工作的盲目性

通过制订总体目标和各个部门的分目标，部门的管理者就知道自己部门的目标在整个组织目标中的位置，就会减少很多盲目性，各个部门的协调也会增进不少。

【案例 5-7】用目标智慧战胜对手

1984 年，在东京国际马拉松邀请赛中，名不见经传的日本选手山田本一出人意料地夺得了第一名。记者围拢过来，最渴望知道的一点是，他凭什么取得如此卓越的成绩。山田本一的回答简短得只有一句话："用智慧战胜对手。"参加马拉松赛，运动员之间比的是意志和耐力，与智慧到底有什么关系？山田本一的回答让人如坠云里雾中。1986 年又一场国际大赛在意大利米兰举行，山田本一再次代表日本参加比赛，结果又是独占鳌头。面对记者伸过来的话筒，山田本一的回答还是那句话："用智慧战胜对手。"运动员在赛场上，看上去是斗勇，实际上也是在斗智。记者们猜测山田本一之所以这么说，肯定有他的道理。至于怎样运用智慧，仍是叫人摸不着头脑。

多年后，山田本一在自传中披露了个中奥秘："每次参赛之前，我都要乘车把比赛路线仔细看一遍，并将沿途醒目的标志画下来，比如说第一个标志是一家银行，第二个标志是一棵大树，第三个标志是一座红房子，就这样一直画到终点。比赛开始后，我就以同样的心态奋力奔向每一个目标。整个路程被我分解成几十个小目标，这样就比较轻松地跑完了。开始我没有认识到这一点，就把目标定在 42 公里外的终点线上，结果跑到十几公里就已经疲惫不堪了，因为我被前面那段遥远的路程吓到了。"

2. 目标管理的缺点

在实际操作中，目标管理也存在许多明显的缺点，主要表现在以下四方面。

1）目标设置困难

组织内的许多目标难以定量化、具体化，只能做定性的说明。例如，许多团队工作在技术上是不可分解的；组织环境的可变因素越来越多，变化越来越快，使组织活动的不确定性越来越大。这些都使得组织的许多活动制订数量化目标是很困难的。

2）目标管理的哲学假设不一定都存在

目标管理在指导思想上是以 Y 理论为基础的，即认为在目标明确的条件下，人们能够对自己负责，但这一假设并不一定能成立。因为 Y 理论对于人类的动机做了过分乐观的假设，现实并不完全是这样的。特别是目标考核和奖励并在一起以后，往往是指标要低、出力要少、奖励要多，定指标时互相摸底讨价还价，从而难以形成承诺、信任的气氛。

3）偏重短期目标

大多数目标管理中的目标是一些短期的目标，如年度的、季度的、月度的等。短期目标比较具体，易于分解，而长期目标比较抽象，难以分解，另外，短期目标易迅速见效，长期目标则不然。所以，在目标管理方式的实施中，组织似乎常常强调短期目标的实现而对长期目标不关心。这种观念若深深植入组织所有成员的脑海中，对组织的长远发展是有害的。

4）缺少灵活性

目标管理要取得成效，就必须保持其明确性和肯定性，如果目标经常改变，就难以说明它是经过深思熟虑和周密计划的结果，这样的目标是没有意义的。但目标一旦确定就不能轻易改变，否则就会使得组织运作缺乏弹性，无法通过权变来适应变化多端的外部环境。

鉴于上述分析，管理者在实际工作中推行目标管理时，除了掌握具体的方法以外，还要特别注意把握工作的性质，分析其分解和量化的可能；提高组织成员的职业道德水平，培养团结合作的精神，建立健全各项规章制度，同时注意改进领导作风和工作的方式方法，使目标管理的推行建立在一定的思想基础和科学管理基础上。

【知识拓展】现代小微企业领导管理决策十大戒律

拓5

思考题

1. 管理与决策究竟是一种什么样的关系？你怎样理解诺贝尔经济学奖获得者西蒙提出的“管理就是决策”这一论断？

2. 有人认为，使用满意化决策准则容易诱使管理者做决策时不去尽力寻找最好的方案从而对决策质量起到不利影响。你对此是怎么看的？

3. 中国传统文化一直强调中庸，强调求和与迁就，人们不习惯于责任，反而比较习惯从众，加上民间盛行“枪打出头鸟”“法不责众”的说法，人们更是希望责任淹没在多数人中。你认为文化因素对群体决策会带来何种影响？

4. 什么是德尔菲法？它有哪些优点和缺点？哪些情形下适合运用德尔菲法？

5. 试比较定量决策法与定性决策法的优缺点。

6. 什么是计划？在市场经济条件下，计划具有什么作用？

7. 计划有哪几种类型？

8. 美国行为科学家艾得·布利斯提出：“用较多的时间为一次工作事前计划，做这项工作所用的总时间就会减少。”你赞成这种观点吗？能否举出实例以支撑你的看法？

9. 目标管理的含义是什么？目标管理有哪些特点？日常管理中应注意哪些方面？

技能训练

假设你和朋友试图决定在市中心开一家饭店，困扰你们的问题是这个城市已经有很多饭店，这些饭店能提供各种价位的不同种类的餐饮服务。你们拥有开设任何一种类型饭店的足够资源。请以小组的形式，运用头脑风暴法进行决策，决定哪种类型的饭店将最成功。

即测即练

习题5

第 6 章

小微企业商业模式

学习目标

- 了解商业盈利模式的概念及特征
- 掌握盈利模式的设计
- 理解小微企业"避""借""联"商业模式

【案例 6-1】海底捞商业模式研究

例6-1

6.1 商业盈利模式的概念及形式

6.1.1 商业盈利模式的定义和特征

商业盈利模式是指为实现客户价值最大化，把能使小微企业运行的内外各要素整合起来，形成一个完整的高效率的具有独特核心竞争力的运行系统，并通过最优实现形式满足客户需求、实现客户价值，同时使系统达成持续盈利目标的整体解决方案。商业盈利模式的特征有以下几点。

第一，提供全新的产品或服务，开创新的产业领域，或以前所未有的方式提供已有的产品或服务。

第二，其商业模式有多个要素明显不同于其他小微企业，而非少量的差异。

第三，有良好的业绩表现，体现在成本、盈利能力、独特竞争优势等方面。

6.1.2 商业盈利模式的形式

制造商、品牌商、经销商、终端商都有自己比较独特的商业模式。这里主要针对快速消费品与耐用消费品制造小微企业，因此，所说的商业模式主要是指制造商（含品牌商）商业模式。

目前，制造商商业模式主要有如下六种形式。

1. 直供商业模式

这种商业模式主要应用在一些市场半径比较下，产品价格比较低或者是流程比较清晰、资本实力雄厚的国际性大公司。直供商业模式需要制造商具有强大的执行力、现金流状况良好、市场基础平台稳固、市场产品流动速度很快的特点。由于中国市场战略纵深很大、市场特点迥异、渠道系统复杂、市场规范化程度比较低，在全国市场范围内选择直供商业模式是难以想象的，因此，即使强大如可口可乐等跨国企业也开始放弃直供这种商业模式。但是，利润比较丰厚一些的行业与产业还是会选择直供商业模式，如白酒行业，很多公司就选择了直供商业模式。例如，云峰酒业为了精耕市场，在全国各地成立了销售性公司，直接控制市场终端，广州云峰酒业、西安云峰酒业、合肥云峰酒业、湖北云峰酒业等公司在当地市场上均具备一定的实力与良好的基础。再如很多OTC(柜台交易)产品也会选择直供商业模式。

2. 总代理制商业模式

这种商业模式为中国广大的小微企业所广泛使用。由于中国广大的小微企业在发展过程中面临着两个最为核心的苦难：其一是团队执行力比较差，它们很难在短时间内构建一个庞大的执行团队，而选择经销商做总代理可以省去很多当地市场执行面的困难；其二是资金实力上困难，中国小微企业普遍资金实力比较薄弱，选择总代理制商业模式，它们可以在一定程度上占有总代理商一部分资金，更有甚者，它们可以通过这种方式完成最初原始资金的积累，实现小微企业快速发展。

3. 联销体商业模式

随着大量小微企业选择总代理制商业模式，市场上好的经销商成为一种稀缺的战略性资源，很多经销商对于鱼目混珠的招商产生了严重的戒备心理。在这样的市场状况下，很多比较有实力的经销商为了降低商业风险，选择了与小微企业进行捆绑式合作，即制造商与经销商分别出资，成立联销体机构，这种联销体既可以控制经销商市场风险，也可以保证制造商始终有一个很好的销售平台。联销体这种方式受到了很多有理想、有长期发展企图的制造商的欢迎。如食品行业的龙头企业娃哈哈就采取了这种联销体的商业模式；空调行业巨头格力空调也选择与区域性代理商合资成立公司共同运营市场，取得了不错的市场业绩。

4. 仓储式商业模式

仓储式商业模式也是很多消费品企业选择的商业模式。很多强势品牌基于渠道分级成本很好、制造商竞争能力大幅度下降的现实，选择了仓储式商业模式，通过价格策略打造企业核心竞争力。比如20世纪90年代，四川长虹电视在市场上如日中天，为降低渠道系统成本、提高企业在市场上价格竞争能力，长虹集团就选择了仓储式商业模式，企业直接将产品配送到消费者手里。

仓储式商业模式与直供商业模式最大的不同是，直供商业模式下，企业不拥有直接的店铺，通过第三方平台完成产品销售，企业将货源直接供应给第三方销售平台。而仓储式商业模式下，企业拥有自己的销售平台，通过自己的销售平台完成市场配货功能。

5. **专卖店商业模式**

随着中国市场渠道终端资源越来越稀缺，越来越多的中国消费品小微企业选择专卖店商业模式。如TCL幸福村专卖系统、五粮液提出的全国2 000家专卖店计划、蒙牛乳业提出的蒙牛专卖店加盟计划、云南乳业出现的牛奶专卖店与牛奶总汇等。选择专卖店商业模式需要具备以下三种资源中的任何一种模式或者三种特征均具备：其一是品牌。选择专卖店商业模式的小微企业基本上具备很好的品牌基础，消费者自愿消费比较多，而且市场认知也比较成熟。其二是产品线比较全。一个专卖店要有稳定的利润，专卖店产品结构就应该比较合理，因此，选择专卖渠道的小微企业必须具备比较丰富的产品线。其三是消费者行为习惯。必须看到，在广大的农村市场，专卖店模式可能很难起到推动市场销售的作用，因此，专卖店商业模式需要成熟的市场环境。

专卖店商业模式与仓储式商业模式完全不同，仓储式商业模式是以价格策略为商业模式核心，而专卖店商业模式则是以形象与高端为核心。

6. **复合式商业模式**

由于中国市场环境异常复杂，中国很多快速消费品小微企业在营销策略上选择了复合式商业模式。复合式商业模式是基于小微企业发展阶段而作出的策略性选择。但是，要特别注意的是，一般情况下，无论多么复杂的小微企业与多么复杂的市场，都应该有主流的商业模式，而不能将商业模式复杂化作为朝令夕改的借口，使得营销系统在商业模式上出现重大的摇摆。而且，我们应该了解，一旦我们选择了一种商业模式，往往需要在组织建构、人力资源配备、物流系统、营销策略等方面都作出相应的调整，否则，我们就不能认为这个小微企业已经建立起成熟的商业模式。

首先，让我们看一个典型的案例：阿里巴巴的盈利模式人们谈论很多，可总结为：它是组合盈利拳，是进化盈利链，是动态发展的盈利模式。将其归结到企业战略和核心竞争力的一个共同点上，就是“难以模仿”。阿里巴巴的盈利模式是难以模仿的。

它的关键棋步，如果算上准备出台的，有以下四步。

阿里巴巴成功的第一步是抢先快速圈地。1998年马云以5万元起家时，中国互联网先锋瀛海威已经创办3年。瀛海威采用美国AOL(美国在线)的收费入网模式，这对于经济发展水平高的国家本身经济实力强而且网络信息丰富的AOL是适用的。马云并没有采用瀛海威的收入模式，而采用了免费大量争取小微企业的方式，这对于一个个人出资的公司，是非常有洞见和魄力的。坚持这样一种模式是需要坚毅的精神的。在遭遇互联网寒冬的2001年马云给公司定了一个目标，要做最后一个站着的人。他说：“今天是很残酷，明天更残酷，后天很美好，但是很多人都看不到后天，因为他们死在明天的晚上。”这种抢先圈地的模式坚持下来并贯彻至今，现在阿里巴巴在中国的小微企业会员有700万家，海外有200多万家。时机本身是最不可模仿的。现在如果谁还重复阿里巴巴的这一战略，还可能吸引这么多的小微企业吗？

如果仅仅逗留在圈地上，可以断定阿里巴巴是无法获得4次私募融资的，那么它早就灰飞烟灭了。马云成功的第二步是利用第一步的成功开展小微企业的信用认证，敲开了创收的大门。信用对于重建市场经济和经济刚起飞的中国市场交易是拦路虎，电子商务尤为突出。马云抓住了这个关键问题，2002年他力排众议创新了中国互联网上的小微企业诚信认证方式。如果说,这种方式在普遍讲诚信的发达国家是多余的,而在中国则是恰逢其时了。阿里巴巴既依靠了国内外的信用评价机构的优势,又结合了小微企业网上行为的评价,恰当配合了国家和社会对于信用的提倡。由于有了创收的渠道,2002 年马云给公司提出一个目标,全年赚一块钱。到 2003 年的时候,就达到一天有 100 万元了。现在这个项目,为阿里巴巴带来每年几千万元的收入。

这里要特别指出,中国信用问题突出,不等于小微企业就愿意参与阿里巴巴的诚信通认证。在诱导小微企业缴费加入"诚信通"方面,阿里巴巴巧妙利用了它抢先圈地的成果。几百万的小微企业为它提供了大量的小微企业需求信息。这对于 60%加工能力过剩的中国小微企业是非常宝贵的信息。阿里巴巴对通过诚信通认证的小微企业提供需求信息,一年提供 3 600 条。这些需求信息对于众多千方百计寻求订单的小微企业来说,其价值不言而喻,最起码也有把握现实的市场动态的参考价值。用圈地中换取的关键信息作为小微企业进入创收项目的"诱饵",这也是难以模仿的无敌的招数。

阿里巴巴的第三步就是它掌握 5 000 家外商采购小微企业的名单,可以实实在在帮助中国小微企业出口。对每家小微企业收费 4 万~6 万元,这又为阿里巴巴带来每年几千万元的收入,并提升了国内外的知名度。这一招其他单位也可以学,但阿里巴巴给予外商采购最大规模的供给信息和诚信通为基础的优势,其他单位是难以模仿的。

阿里巴巴的第四步,是它 2004 年 8 月收购雅虎中国后准备推出的电子商务搜索。2004 年 3 月,阿里巴巴已经推出自己的关键字竞价搜索。雅虎的搜索在中国仅低于百度 3 个百分点,超过全球龙头 Google 8 个百分点。阿里巴巴依靠雅虎每年几十亿美元技术开发投入形成的技术实力必然要有所创新。创建全球首个有影响力和创收力的专业化搜索应当是合理选择。电子商务搜索可以将电子商务涉及的产品信息、小微企业信息,还有物流、支付有关信息都串通起来,逐步自然形成一种电子商务信息的标准,可以首先推进阿里巴巴的电子商务,并统领全国的电子商务。中国 2004 年的出口额是 1 万亿美元,通过阿里巴巴做的只有 100 亿美元,是 1%,还有 99%的小微企业并没有使用电子商务,这里面的生意潜力可就太大了。这一招又是以前三招为基础而难以模仿的。

阿里巴巴的关键招数并不多,但招数的单纯性、连贯性、组合性和有效性非常突出。最典型的例子就是 2001 年,马云也险些迷失了方向。获得两轮风险投资后,"想做大"的马云邀请了多名在海外有优秀履历的人才。在阿里巴巴内部,坚持各种生意模式的人都有。终于,到 2002 年底,马云将他们一一清退,同时,他把当时占据公司收入 60%的系统集成业务一刀砍下,以保证公司继续按自己设定的方向前进,显然他找到了自己的盈利方向。

小微企业需要选择一个适合自己的盈利模式。那么,怎样才是成功的盈利模式呢?

一般而言,盈利模式是小微企业在市场竞争中按照利益相关者划分的小微企业收入结构、成本结构以及相应的目标利润,也就是在给定业务运作模式下,各价值链所有权和价值链结构已确定的前提下,小微企业利益相关者之间的利益分配格局。也可以简单地说,盈利模式就是小微企业赚钱的渠道,通过怎样的模式和渠道来赚钱。盈利模式是小微企业在市场竞争中逐步形成的小微企业特有的赖以盈利的商务结构及其对应的业务结构。

小微企业的商业结构主要指小微企业外部所选择的合作对象、商业内容、合作规模、合作方式、销售渠道、合作环境、交易对手等商务内容及其时空结构，小微企业的运作结构主要指满足商务结构需要的小微企业内部从事的包括科研、采购、生产、储运、营销等业务内容及其时空结构。运作结构反映的是小微企业内部资源配置情况，商业结构反映的是小微企业内部资源整合的对象及其目的。运作结构直接反映的是小微企业资源配置的效率，商业结构直接反映的是小微企业资源配置的效益。任何小微企业都有自己的商业结构及其相应的运作结构，但并不是所有小微企业都盈利，因而并不是所有小微企业都有盈利模式。

6.2　盈利模式的设计

现代市场经济中，从事商业的成本越来越高，小微企业承担的固定成本也就越高，自然造成了小微企业负债率的上升、经营风险的增大。小微企业经营的目的是实现持续的利润增加，而实现持续盈利的关键是设计和制定合理的盈利模式，也就是做好内部供给与外部需求的结合，两者结合做得越合理，小微企业的投入产出比越大；结合得越紧密，小微企业管理效率也越高；结合得越持久，小微企业的竞争力就越强。特别是对于创业小微企业而言，更需要这种合理的盈利模式来引领小微企业健康快速地发展。

【案例 6-2】“e 袋洗”的商业模式设计

张荣耀在 20 世纪 90 年代初创立了荣昌公司，做皮货洗染，后来进入洗衣行业，成立了“荣昌洗衣”，20 多年发展了 1 000 多家连锁店。

传统的洗衣行业表面风光、毛利挺高，其实净利润很低，因为房租占了很大一块儿，而且还在不断上涨。随着竞争加剧，行业发展面临困境，同时用户的痛点非常突出。于是，张荣耀决定创新商业模式，于 2013 年创立 e 袋洗，基于移动互联网，以 O2O(线上到线下)模式提供洗衣服务。e 袋洗上线不到半年，在北京地区粉丝突破 10 万人，日单突破 1 000 单。2015 年 4 月日订单突破 10 万，创造了行业纪录。2014 年获得腾讯的投资，估值 2 亿美元；2015 年获得百度等投资，估值 10 亿美元。

下面梳理一下 e 袋洗商业模式的设计。

1. 用户痛点

传统洗衣行业，到店洗衣是一件很麻烦的事情。首先要自己上门到洗衣店，到店后一件件清点、填单，洗好后还要自己去取，非常麻烦。用户有时间时，洗衣店可能关门了，好不容易到了洗衣店往往停车又难。时间问题、堵车问题、停车难问题、营业时间不能满足用户的取送需要，且价格高、服务不标准化，这些用户痛点再加上自身经营面临的困境，使张荣耀在很多年前就开始思索转型。

2. 价值主张

e 袋洗的价值主张非常清晰：基于移动互联网的“O2O 在线洗护平台”，这是对荣昌洗衣自身的彻底革命，把自己原来的 1 000 多家店全部关掉，完全变成一个线上服务的 O2O 公司。传统企业二次创业发新芽，长出新锐的互联网家政行业标杆品牌。

为了解决用户痛点，张荣耀最先做的转型探索不是做 e 袋洗，而是用更现代化的方式洗衣服。他2000年开始和新浪合作，通过新浪网给洗衣店导流，这让他意识到，他的行业不是洗衣服，而是经营数据的行业，拥有庞大的用户数和频次。

2004年张荣耀对荣昌洗衣进行信息化改造，通过"一带四""联网卡"，在一家洗衣店周边设立四个收衣点，消费者用一张"联网卡"就能在其所有的洗衣门店使用。这次信息化改造虽然不属于重大的战略调整，但是为后来的e袋洗的推出打下了很好的基础。

3. 解决方案

1）产品与服务

先看e袋洗的产品和服务，即创造了什么样新的用户体验。

传统洗衣店是按件收费的，e袋洗则是按袋计费，给你一个专业的帆布袋收取衣服，装多少都行，e也是"1"的意思，一袋99元（原价158元）。用户通过微信下订单，2小时e袋洗将衣服分类、检查，全程高清视频监控，洗衣过程可跟踪。用户体验不只是省心，服务也更好，管理更规范，性价比高。

e袋洗迅速从北上广深拓展到省会城市，发展非常快。由于订单量太大，还是经常有用户投诉，e袋洗拿出足够的资金和诚意，对用户投诉作出快速反馈，让有意见的用户重新建立好感。

2）渠道与传播

再看渠道与传播。原来的渠道是终端的洗衣店，e袋洗去中介化，直接通过O2O完成，房租和中间环节都没有了，1 000多家店全部关掉，把所有的洗衣业务搬到手机上完成。

用户体验的渠道变成手机，代表了移动互联网的特质。e袋洗制定了O2O在线洗衣行业的标准，通过微信预约，去掉烦琐的流程，去掉纸质衣物明细单，变为微信推送。选择专业的洗衣工厂清洗、消毒、熨烫。服务时自动推送，全程追踪，每个环节都可在微信上与用户保持互动。

3）交易结构

再次是交易结构，即生态圈。e袋洗采用"众包＋外包"的模式。

所谓外包，就是把洗衣工厂外包给其他厂商，与传统的洗衣店、洗衣工厂合作。张荣耀在洗衣行业做了20多年，对行业的品牌非常了解，知道哪个品牌的洗衣工厂更靠谱。行业的洗衣成本只占10%，房租、人工和设备折旧等占90%，所以选择与高端店面还是低端店面合作成本差别不大。为了保证洗衣品质，e袋洗只与一线品牌洗衣工厂合作。e袋洗制定了一套严格的标准，对合作的洗衣工厂的资质、品牌、店面面积、技术、员工数量、清洗流程等都严格把控和考核，以确保清洗的品质。

所谓众包，即以社区为单位招募配送人员，如社区内退休的老大妈，让这些老大妈配送，用户感受很亲切。由于取送衣服的半径不能太远，所以取送衣服的人员需求量非常庞大。e袋洗通过共享经济促进中老年人再就业，创造了社会价值。

4）盈利模式

如果在传统洗衣店，99元一袋肯定亏死了，根本无法维持，在线上运作则可把中间的成本砍掉，线上下单形成规模效应，边际成本递减，把节省下来的成本让利给消费者，消费者得到好处，自然会自发传播e袋洗。

资料来源：陈承欢，杨利军，高峰. 创新创业指导与训练[M]. 北京：电子工业出版社，2017，有改动.

【感悟与探索】

通过 e 袋洗这个案例，启发大家思考从找用户痛点到提出价值主张，再到提出解决方案，如何设计商业模式。

1. 设计商业模式的基本逻辑

以下是设计商业模式的“三步曲”。

第一步，找到用户痛点。

商业模式设计最根本的切入点是用户的痛点，而不是怎么赚钱、能否上市等。用户的痛点，也可以泛化为行业的痛点和社会的痛点。例如，食品安全问题、幼儿奶粉问题、环境问题等。当很多国人到境外疯狂买东西，奶粉问题和食品安全问题不是明摆着的行业痛点和社会痛点吗？

痛点就是商机，痛点有多大，商机就有多大。逐利是商人的本性，多数人做生意的出发点就是赚钱，而不是用户的痛点。卢梭说：“企业家就是愿意被社会驱赶的驴子。”企业家一定要找到用户痛点，痛点在哪里，商机就在哪里。

第二步，提出价值主张。

价值主张就是聚焦具体的一个点来凸显自己的核心价值，根据自身的情况决定聚焦什么痛点，然后面向社会提出自己的承诺。定位也好，品牌也罢，都离不开清晰的价值主张。什么是品牌，品牌就是承诺，就是承诺我能解决什么问题。价值主张梳理清楚了，战略方向就比较清晰了。

第三步，提出解决方案。

价值主张要落实到解决方案。解决方案是一个系统，至少包括以下 4 个方面。

1）产品与服务

能不能给用户新的体验、更舒服的体验，让用户的痛点有极大改善或者消失，如果能做到的话，那么你的产品与服务就有杀伤力。

2）渠道与传播

渠道与传播是市场营销层面的问题。互联网时代，产品即渠道，产品即传播，原来产品和渠道是分离的，现在的消费者既是购买者也是传播者。

3）交易结构

商业模式的本质是交易结构，即确定和政府、供应商、渠道及相关联企业之间的关系，构建企业生态圈。例如，企业与企业之间的合作、加盟，包括外包、众包、众筹等。

4）盈利模式

盈利模式即收入来源、怎么赚钱。狭义的商业模式就是盈利模式。有的商业模式设计很有创新性和颠覆性，但问题是盈利模式没有设计好，企业长期不赚钱，不断融资烧钱，最后还是死掉了。

2. 商业模式设计的几点思考

1）理念的创新

像 e 袋洗这些成功的商业模式，首先都是敢于在理念上大胆创新，具有一定的超前性，捕捉时代的趋势，针对用户的关键痛点下手，抓住机会建立自己新的企业定位和商业模式。而如何做到理念创新呢？我们在设计商业模式时首先要跳出来，特别是很多传统制造业的企业家朋友，长期在自己固化的行业和圈子里，如果老是不能跳出来，理念就很难创新，商业模式也就很难突破。

2）适度超前

理念创新有一定的超前性，但过度超前就是找死。我们在设计商业模式时，不能过于理想化和超前。

比如说e袋洗，之所以在今天突然获得成功，其实它是厚积薄发。张荣耀积累了多年的行业经验，特别是在10多年前就进行了信息化改造，这些基础工作非常重要。而跟e袋洗同时起步的其他一些O2O洗护平台，有很多不到一年就死掉了，烧了很多钱但仍未存活下来。因为有些东西严重超越了它们能力驾驭的范畴，它们可能对互联网、大数据信息传播等都非常熟，但对线下的、对行业最基本的理解和管理能力不够，再好的商业模式最终也离不开产品。张荣耀从1990年开始创业，经历了两三个发展阶段，2013年创立e袋洗时，一切都已经准备好了。这个准备不仅是对行业的准备，还包括他的团队，比如说，他从百度挖来了文勇来担任CEO，还有很多环节他都聘用了顶尖的高手，在做了充足的准备之后，他才正式创立了e袋洗。对于商业模式的创新，很多人急于求新、过度超前，不是跳起来摘苹果，而是跳起来摘星星。甚至有些人痴迷于乔布斯、马云等明星企业家，扬言要在互联网时代用新的商业模式颠覆世界，他们往往会制定出过度超前的、不成熟的商业模式而把自己搞死。

3）顺带赚钱

商业模式设计的原点不是为了有更高的行业利润，要把盈利模式放到后面，放在最前面的是用户的痛点，是我能帮用户和社会解决什么问题，能提供怎样的用户体验，设计什么样的交易结构，最后才是盈利模式的问题。恰恰很多人设计商业模式时，太过急功近利，把赚钱放到首要的位置，这类商业模式在资本市场和投资人那里行得通，但最终市场并不买账，因为没有真正解决用户的痛点。如果没有解决用户的痛点和需求，一时博眼球是可以的，但没有抓住根本问题。

4）不断迭代

商业模式没有一成不变、一劳永逸的，任何商业模式都是阶段性的，要不断迭代、持续创新，不然就会被出局。

商业模式严格地说应该叫“经营方式”，方式是持续创新、不断变化的，一旦说成“模式”就固化了，在哪里成功往往最终也会在哪里失败。很多模式不是一下子设计出来的，而是在过程中不断完善、进化、创新、逐步成熟的。

互联网时代的创业有个特点，很多模式考虑到七八分成熟时就可以启动了，这得益于资本市场，一些风险投资愿意对尚未完全成熟的商业模式进行投资，但前提是从用户的痛点出发，梳理出你的价值主张，提出一个初步可行的解决方案。

解决方案包括4个方面：产品与服务、渠道与传播、交易结构、盈利模式，这4个方面可能只考虑清晰两三个方面，可能盈利模式还不太清晰，但有些人就已经敢干了。

例如，美国有一家利用太阳能的公司，叫太阳城公司。这家公司起步时做屋顶太阳能的设备，成本比较高，而且美国人经常搬家，太阳能设备移动不方便，所以产品推广起来很吃力。

这家公司的发展过程是典型的摸着石头过河、不断迭代的过程，当它发展到相当规模时仍然不盈利，因为前期一次性投资于太阳能发电设备和安装费用，而收费模式是租赁，收取租金回报非常慢，属于长投短收，这种盈利模式显然是有问题的。

后来，太阳城公司完善了商业模式，建立起一个宏大的交易结构，一方面绑定政府，因为太阳城公司有了众多的用户和订单之后，就以这些订单为筹码跟地方政府谈合作，之后再去对接资本市场（如基金、财团等），建立起灵活的融资方式。这样，太阳城公司终于解决了盈利模式问题，公司开始盈利，并迅速甩开竞争对手，成为美国太阳能领域的领导者。

一般我们把盈利模式分为内外两个部分：外部由机会、市场、趋势、消费者等组成；内部由小微企业属性、资产、软实力、经验等组成。内外部的有效结合恰好是小微企业形成合理盈利模式的关键。俗话说得好，“知己知彼，百战不殆”，所以，找到小微企业匹配的盈利模式，再结合创业战略方能促使小微企业快速健康成长。盈利模式的设计要从以下几个方面思考并实施行动。

首先，“知己”，即清楚小微企业所处行业的一般属性，给小微企业合理定位。

在进行小微企业盈利模式设计时，首先，要分析小微企业产品的盈利空间、成本结构，自己产品有没有卖点，卖点有多高，这是实现小微企业盈利的必要准备。此外，要清楚地了解小微企业的资产结构，特别是负债情况。资产结构决定小微企业盈利能力，弄清资产结构是小微企业盈利管理的核心出发。一般地，行业属性的不同，投资结构就会不同，从而影响到成本结构的不同，决定了需要投入的生产成本和固定成本。此时，作为创业小微企业的管理者需要控制小微企业本身的现金流和资产负债率。从会计的角度来看，此时的固定成本，不仅包括固定资产投资，也包括相对固定的费用支出。所以，从事小微企业的盈利模式设计第一步就是做好“知己”。

其次，“知彼”，即找到自己小微企业的盈利点，进而设计合理的盈利模式。

了解行业情况的同时，创业小微企业要找到自身与同行业其他小微企业的不同，即盈利点，进而围绕盈利点来设计小微企业战略、营销方式和管理等。关注盈利点，有机地将行业属性与小微企业战略、营销、管理相结合，并围绕盈利点展开，一定要控制其战略设计之间的利益协调，以免发生冲突，影响整个的小微企业战略部署。做好围绕盈利点的战略部署，设置相应的保障措施使其在正确的道路上摆动。这样才能有效地将创业小微企业优势彻底发挥出来，从而避开高风险的影响。

最后，“有道”，即设计创业盈利模式的运营步骤，并积极付诸行动。

我们经常在小微企业管理中发现，很多之前制订好的方案、计划都没能落实，大部分都是因为我们忽视了设计行动步骤的重要性。而且，因为方案没能落实，我们就会怀疑方案和设计有问题等，这就带来了更大的迷茫，脱离了正确的方向。所以，设计一个合理的商业计划方案很重要，而坚决的执行力才是方案成功的保障。

商人以“盈利”为目的，然而通过何种模式去盈利，大家却各有说辞。抛开常规的通过产品组合、通过组建自己的渠道以及与厂家建立起战略合作伙伴关系等这些盈利模式外，还有没有其他的盈利模式？如何在现有的盈利模式基础上发挥自己的优势、寻找多元化的盈利模式？是每一个经销商老板必须思考的问题。毕竟，市场是瞬息变化的，要想能长久立于不败之地，就必须学会先行一步，不断开创新的盈利模式。

【案例 6-3】剖析滴滴打车的商业模式

滴滴打车（现为“滴滴出行”）的商业初衷很简单，这也是其商业模式，就是整合线下私车资源，将打车的消费者整合到一个平台上，为他们提供打车和接送服务，其现在发展的主要业务有顺风车、快车、出租车、专车服务。

1. 推广模式

首先，滴滴打车软件在刚上线的推广过程中，打造样板案例和样板市场，推广主要靠地推团队向出租车公司推广安装滴滴打车软件，虽然期间经历几次失败，但在北京它还是拿下了昌平地区的一家出租车公司，并以此作为市场推广样板大势推广。

其次，滴滴打车与快的、优步甚至其他移动端公司都一样，它们的策略都是培养消费者的习惯，而培养消费者的习惯就是补贴，如打车车费补贴，培养消费者支付习惯就用支付补贴，如用微信支付立减 10 元等；开拓司机市场采用的也是补贴形式，以抢占市场出租车或司机数量。

最后，“线上＋线下”推广，2014 年 3 月 3 日，滴滴打车宣布与湖北卫视《我为喜剧狂》开启快乐营销，该节目自 2014 年 2 月 13 日播出以来，即以“黑马”的姿态稳步爬升，创下连续八周全国省级卫视晚间节目收视率与市场份额双料冠军的佳绩。这一跨界联合足以让竞争对手措手不及，双方宣布合作后，即在三八节期间推出了“打车找乐”联合活动，将电视、手机 App、微博、微信多平台互通，让人眼前一亮。随后在愚人节期间，滴滴打车与《我为喜剧狂》在继续合作“打车找乐”活动的同时，还在北京、上海、武汉、深圳四大城市推出了“狂笑总动员”落地活动，将线上热度成功延伸到了地面，开创了电视节目与打车软件“线上＋线下”深度合作的新模式，既强化了品牌的关联度，又直观地向目标人群传递了有效信息，大大提升了跨界合作的附加值。

随后，这种开创性的跨界模式得到滴滴打车推崇，俨然成为其营销“新宠”。乐视 TV 就紧随《我为喜剧狂》之后，在 2014 年 3 月底联合滴滴打车发起了一场“打车送电视”活动，与前者线上活动合作创意如出一辙。2014 年 4 月 2 日，滴滴打车再与百丽旗下优购商城合作，推出“用滴滴添新衣”活动，实行“补贴＋购物卡”的奖励模式。打车软件营销转型的路径日渐清晰。

综上，可以看出滴滴打车的营销推广模式都是围绕着“钱”来推广的，采用的就是烧钱营销模式。

2. 盈利模式

滴滴打车前期无任何盈利，主要是以补贴的策略来培养消费者打车习惯，同时也是为了积累用户数据，提升市场占有率；其后期的盈利模式主要可以分为以下几个方面。

1）界面广告的收入

在 App 上插入广告界面和链接页面，客户点击即收取相关费用。

2）信息挖掘服务

收集用户的地理位置信息补上即时定位信息的短板，同时还可以提供各城市实时路况信息，目前很多打车软件和地图公司合作，这也是未来的盈利点。

3）收取交易手续费

当消费者打车成为习惯后就可以向出租车收取交易费用了，如广州2万辆出租车，每车每天800元收入，其中20%为电招收入，一天就有320万元，按照1%的交易手续费，一天就有3.2万元，一个月就有96万元；全国共有70个大中城市，那么一个月收入有6 720万元，一年就有8.064个亿元（这还不包含三线城市）。

4）精准营销

腾讯只有少量的即时定位信息，而滴滴打车可以补齐短板，自从腾讯入股大众点评和京东商城后，就可以预期这些客户用户信息，给其带来大量流量，从而提高转化率。

5）抢占支付市场

6）互联网金融

滴滴打车宣布独家接入微信，可以烘托微信叫车和支付。

7）预订专车服务

滴滴打车从乘客的车费中抽取部分佣金或全部费用。

资料来源：陈承欢，杨利军，高峰. 创新创业指导与训练[M]. 北京：电子工业出版社，2017，有改动.

【感悟与探索】

滴滴出行就是依靠商业模式发家的，而戴尔、宜家、亚马逊等也都是一批优秀的商业模式的代表。成功的企业都有它赖以成名的商业模式，那么这些商业模式都有哪些可遵循的特征呢？成功的商业模式都有哪些不同于其他企业的独特性呢？

商业模式就像球鞋，一穿上就知道合不合自己。无论是王健林和马云的“对赌”，还是董明珠与雷军的“特论”，都是多样化的商业环境中的不同商业模式代表，只是不在同一频道而已。

6.3 小微企业“避”“借”“联”商业模式

小微企业势单力薄，靠自己单枪匹马的奋战和与强大对手的硬拼是不足取的，而应该凭借自身的优势，取长补短，在营销上巧妙地采取“避”“借”“联”的策略模式。

6.3.1 “避”“借”“联”的策略模式

（1）“避”是小微企业在弱小阶段时要避免和大型企业的正面冲突，即避免生产和大型企业拳头产品相同的产品，避开大型企业的强势市场大本营，避开大型企业传统的分销渠道，避开使用大型企业惯使的促销绝招。否则，采用和大型企业相同的营销策略，不仅会因为相互撞车而自取灭亡，还会由于老是生活在“巨人”的阴影下而总是难以得到发展。

（2）“借”是小微企业应充分利用大型企业的资源来发展自己。大型企业有良好的商誉和响当当的品牌，小微企业可以借之；大型企业有宽广快速的营销网络，小微企业可以借之；大型企业有充裕的资金和先进的管理技术，小微企业也可以借之……只要小微企业具有整合资源的良好能力，一切都能为它所用。

（3）“联”是小微企业自身的联合与支援。在没有外援的情况下，小微企业自己相互抱聚成团，由小而大，由大而强，会大大增强抵抗风险的能力。

6.3.2 小微企业的营销模式

1. “缝隙营销”模式

小微企业势单力薄、竞争能力弱，难以和大型企业进行正面的直接竞争和抗衡，否则无异于“鸡蛋碰石头”。小微企业在势力壮大之前，最好避实就虚，“夹着尾巴做人”，即首先找到那些大企业没有发现，或大企业不想干但并非没有前途和利润的细分市场作为自己的目标市场。这样，可以避开大企业的巨大部分威胁，等自己势力增强、时机成熟之后，再和大企业一争高低。山西南风集团的奇强洗衣粉定位战略便是首先选择上海奥妙、美国宝洁和英国联合利华等大企业忽视的农村市场，采取“农村包围城市”的经营战略，不断拓展农村市场，使奇强产品市场占有率在全国名列前茅。

2. “卫星营销”模式

小微企业要善于借助大企业的优势来发展自己。许多大企业有着产品品牌优势和市场地位优势，它们是市场上光芒四射的“恒星”。而这些企业并不是万能的，它们的发展需要很多的配套工程，如非核心的相关零部件、某些服务等都需外部提供。小微企业在势力比较弱小时可以通过为它们服务来争取发展的机会，首先充当它们的配角，即围绕大企业这些“恒星”旋转的“卫星”。例如，温州虹桥镇的小微企业之所以获得迅速发展，是因为它们首先以 32 家上等级上规模的全国股份制大企业为“龙头”，采取“委托加工、协议加工、参股合资”的方法，和大企业建立了稳定的加工配套服务关系，拉动了虹桥镇 350 家小微企业联动发展，使虹桥镇成为浙江耀眼的明珠。

所以，小微企业为大企业配套发展，既是专业化分工协作的要求，又是提高自己竞争力的现实途径。

3. “寄生营销”模式

小微企业同样可以进行国际营销，但在构建国际分销渠道上和大企业不同。大企业可以自己在国外建立强大的代理商分销网络甚至建立分公司系统，完全能够控制和拥有自己的产品流通渠道。而小微企业由于自身无论是在资金、技术方面，还是在人力资源和管理经验等方面都存在某种程度的不足。所以，小微企业的产品销售，“借船出海”不失为一个可行的战略。“借船出海”战略之一是“猪驮式”出口，即小微企业通过为大企业出口产品生产相关的配套产品方式达到出口的目的。在这里，大企业是“负重者”，而小微企业是“搭乘者”。对大企业来讲，出口产品中有了企业的附加产品，在国际市场上竞争能力更强；对小微企业来讲，在大企业出口产品的同时，自己的产品也随之出口到国外。“借船出海”战略之二是代工生产，即为某些跨国大公司定牌生产，然后，借助跨国大公司的强大销售网络进入国际市场。“借船出海”战略之三是与外商合作，借用外商的资金、技术、渠道和管理。

4. “虚拟营销”模式

对于小微企业来讲，和大企业不同的是小微企业资源相对缺乏。所以，小微企业要把有限的资源用在刀刃上，而虚拟经营则是一种克服资源缺乏劣势的现代营销模式。“虚拟经营”是指小微企业在组织上突破有形的界限，只保留其中最关键、最核心的功能，如生产、营销、设计、财务等功能，而努力将其他功能虚拟化，即企业内没有完整执行这些功能的组织，而借助外部提供。所以，对于某些已经掌握核心资源或具有核心竞争力的小微企业来讲，采用虚拟经营是一个事半功倍的极佳战略。小微企业可以虚拟人员，借企业外部人力资源，以弥补自己智力资源的不足；也可以虚拟功能，借企业外部力量，来改善劣势的部门；还可以虚拟工厂，小微企业集中资源，专攻附加值最高的设计和营销，其生产则委托人工成本较低的地区的小微企业代工生产。美国耐克便是"虚拟营销"成功的典范。耐克是一个既无生产车间又无销售网络的企业，只拥有在全球具有核心竞争力的运动鞋设计部门和营销部门，生产和销售全部虚拟化，通过外部组织来完成。

5. "共生营销"模式

"一根筷子折就断，十根筷子断就难。"单个小微企业虽有点弱不禁风，但是，一个凝聚力强的小微企业命运共同体是坚不可摧的。共生营销是指"以契约为纽带通过两家或更多家相互独立的小微企业在资源与项目上进行合作"。

【案例 6-4】四川航空免费大巴的共赢商业模式

在成都机场的出口处，有 150 辆涂着特别颜色的免费接送乘客的大巴整齐地排列着。只要你买的是四川航空五折以上的机票，大巴就免费把你拉到成都市区的任何一个地方。

一辆免费大巴连接着四方利益体：航空公司、汽车公司、乘客、大巴司机，构建了一套各方共赢、皆大欢喜的商业模式。

在成都机场，150 辆大巴昼夜不停地免费接送天南海北的旅客。免费中，旅客省下 150 元从机场到市区的打车费；免费中，司机每载一个乘客，获得四川航空公司给付的 25 元劳务费；免费中，大巴制造商风行汽车公司每年省下了超过 200 万人次受众群体的广告费；免费中，四川航空公司每年获利上亿元。

真的有这样"天上掉馅饼"的好事吗？且看四川航空公司构建的各方共赢的商业模式路线图。四川航空公司一次性从风行汽车公司订购 150 辆风行菱智 MPV 休旅车，用于接送来往于机场和市区的旅客，每辆车原价 14.8 万元，四川航空公司只花 9 万元购得，仅此笔交易，四川航空公司就节省了 870 万元。四川航空公司转手以 17.8 万元的价格将车卖给司机，每辆车赚 8.8 万元，150 辆就赚 1 320 万元。

但四川航空公司也不是吃独食的，司机每搭载一名旅客，该公司付给司机 25 元劳务费。对于司机而言，花 17.8 万元买辆风行菱智 MPV 休旅车，可获得机场到市区的专线特许经营资格，还不用再缴杂七杂八的管理费，一门心思为四川航空公司服务。

旅客乘坐四川航空公司提供的大巴车可省下 150 元打车费，还可以享受免费上门接送的待遇，还有乘机五折的优惠。

而风行汽车公司得到的好处是，四川航空公司必须指令司机在载客途中向乘客详细介绍这辆车子的性能、结构、油耗、性价比等资料，为风行汽车公司做活广告、做汽车义务销售员，为乘客提供体验式服务。而每辆车可搭载 7 名乘客，按每天跑 3 个来回，150 辆车每年带来的广告受众人数是：$7\times3\times2\times365\times150\approx230$ 万，如此大的亲历体验的受众群体其宣传效果可想而知。

资料来源：陈承欢，杨利军，高峰. 创新创业指导与训练[M]. 北京：电子工业出版社，2017，有改动.

【感悟与探索】

不难看出,四川航空公司的这一商业模式以免费大巴为“诱饵”,实现利益链上四方共赢。运用之妙,存乎一心。四川航空公司这一商业模式构思密,真正用心到家,它有三个特点。

1) 找更多的人结成利益共同体

四川航空公司找来风行汽车公司、司机、旅客结成利益联盟,不吃独食,有舍才有得。四川航空公司让司机当起了风行汽车公司的业务员,让旅客在免费乘坐后成为风行汽车公司的潜在消费者,也成为四川航空公司的“回头客”。值得特别强调的是,四川航空公司也不是空手套白狼,它为利益各方提供了周到的服务,比如为风行汽车公司做广告,给司机提供稳定的收入,为旅客乘坐提供免费服务。四川航空公司把各方的利益整合到免费大巴上,四方的利益都得到妥善照顾,各取所需,只不过是四川航空公司在利益链上得大头而已。

2) 找更多的人为自己支付成本

四川航空公司买了150辆风行菱智MPV休旅车接送乘客,很明显,成本是由风行汽车公司和司机分担的,风行汽车公司将车便宜卖给四川航空公司,司机高价购买四川航空公司转手“倒卖”的汽车。乘客表面上看是免费乘车,实际上也在分担四川航空公司的成本,即口碑成本。众多合作伙伴的加入,摊薄了四川航空公司的分担成本。

3) 找更多的人为自己创造利润

一个好的商业模式必须寻求众多利益关联方,为自己创造利润,实现自身利益最大化。四川航空公司为旅客提供免费班车,旅客自然会替四川航空公司说好话,势必给四川航空公司带来巨大的客源,利润当然会滚滚而来,该公司已实现连续12年盈利。

从四川航空公司的案例不难看出,商业模式就是打造一个极致的商业平台,想办法用特殊的方式盈利,并且实现利润的最大化,而免费大巴只是其中的一个环节,只不过是四川航空公司将其“卖点”放大而已。

需要特别指出的是,四川航空公司的“免费午餐”并非消费陷阱,这与眼下商界司空见惯的免费骗局有着本质的区别。时下,免费赠送、免费护理、免费试吃、免费试穿……越来越多的免费项目成为商品或服务的一种促销手段,充斥着这个市场,冲击着我们的眼球。比如某地区电信免费套餐,存入5 000元话费,白送一部3G手机,可是那庞大的流量消费,让消费者惊呼上当,“白送”的3G手机成了一个烫手的山芋。在这里,免费是在挖坑,诱使消费者往里跳。

而四川航空公司的免费只是营销中的一个环节,其“免费”成本是由其他利益关联方分担的,消费者毫发不损(当然了,必须是五折以上机票),反而得到实实在在的免费乘车实惠。

营销的本质是“利益交换”,四川航空公司的免费大巴商业模式是一个整合式的营销策略,形同一个互利的“交换体系”。这种整合以互利互惠为目的,其架构是一条互为利益支撑点的商业链条。而真正的共赢,是商业链条上每一个环节的利益都能得以实现。在共赢中寻求自身利益最大化,这就是四川航空公司免费大巴的秘诀所在。

【知识拓展】小微企业提高市场人心占有率的十大攻心策略

思考题

1. 简述商业盈利模式的概念及特征。
2. 商业盈利模式的形式有哪些？
3. 怎样进行盈利模式的设计？
4. 简述小微企业“避”“借”“联”商业模式。
5. 谈谈小微企业提高市场人心占有率的十大攻心策略给你带来的心智启迪。

即测即练

第 7 章

小微企业组织设计与团队建设

学习目标

- 了解小微企业组织设计的原则与类型
- 理解如何构建并驾驭好你的团队
- 了解小微企业的特许与连锁经营模式
- 规范连锁经营，克隆商业财富

【案例 7-1】雁行千里排成行，团结协作齐飞翔

7.1 小微企业组织设计的原则与类型

7.1.1 小微企业组织设计原则

尽管组织结构的具体形式因不同的环境条件而异，但任何组织在进行组织结构设计时都有一些共同的原则需要遵守。组织设计时应遵守的主要原则有以下几条。

1. 统一指挥原则

统一指挥原则是指组织的各级机构以及个人必须服从一个上级的命令和指挥。一般情况下不能允许一个下属同时向两个以上的多个主管汇报工作，否则，对于来自多个主管的冲突要求或优先处理要求，下属将无所适从。统一指挥能避免多头领导，保证命令和指挥的统一，使最高管理部门的决策得以贯彻执行。因此，组织设计必须明确层级之间的权力关系，建立统一的指挥链条，明确直线、参谋以及职能部门之间的权力和相互关系。

2. 权责对等原则

这里的“权”是指职权，它是职务赋予的为保证履行职责而发布命令和使命令得到执行的一种权力；“责”是指职责，即职务所确定的必须完成一定工作的责任和义务。权责对等原则就是指职权与职责必须对称或相等。在进行组织设计时，既要明确每一部门的职责范围，又要赋予完成其职责所必需的权力，二者必须协调一致。只有责任，没有职权或权限太小，则必然束缚其积极性和主动性；相反，只有职权而无任何责任，或责任程度小于职权，就会导致滥用权力和“瞎指挥”。

3. 集权与分权相结合的原则

集权与分权相结合，是指组织结构中职权的集权与分权的关系。它们关系处理得越是恰当，就越有利于组织的有效运行。集权管理是社会化大生产保持统一性与协调性的内在需要。但集权又有其致命的弱点：弹性差，适应性弱，特别是在社会化大生产的复杂性和多样性面前，无弹性的集权甚至可以造成组织的窒息。因此，在设计组织结构时必须根据需要适度处理集权与分权的关系，把权力的集中和恰当的分散结合起来。

4. 因事设职与因人设职相结合的原则

组织设计的根本目的是保证组织目标的实现，是使目标活动的每项内容都落实到具体的岗位和部门，即“事事有人做”，而不是“人人有事做”，这就要求组织设计时首先要考虑工作的特点和需要，要因事设职，保证工作的完成。但这并不意味着组织设计的过程中可以忽视人的因素，这是因为：首先，组织设计的目的不仅是要保证“事事有人做”，而且要保证“有能力的人有机会去做他们真正胜任的工作”；其次，组织中各部门、各岗位的工作最终是要人去完成的，在进行组织设计时不能不考虑到组织内外现有人力资源的特点；最后，任何组织首先是人的集合，而不是事和物的集合，为社会培养各种合格的人才是所有社会组织不可推卸的责任。因此，组织设计必须有利于人的能力的提高，有利于人的发展，即必须考虑到人的因素。

7.1.2　小微企业组织结构类型

一个组织能否有效地运行，很大程度上取决于组织结构是否合理。组织结构是随着社会的发展而发展起来的，不同的环境、不同的企业、不同的管理者，都将有不同的组织结构。在实践中，组织结构类型大致有以下几种。

1. 直线制组织结构

直线制组织结构，是组织发展初期的一种最早、最简单的结构模式。它的特点是指挥和管理的职能由企业的行政负责人自己执行，下属只接受一个上级的指挥。从最高层领导到基层一线人员，通过一条纵向的直接的指挥链连接起来，上下级之间关系是直线关系，即命令与服从的关系。在这种组织结构中，每一级主管人员都不设参谋机构，向上级负责，直接指挥下级。其形式如图 7-1 所示。

直线制组织结构的优点是结构比较简单，便于统一指挥；责任和权力比较明确，上下级关系清楚；组织灵活，管理人员少，管理成本低。其缺点是由于不设参谋或职能部门，所有的管理职能都集中由一个人承担，这就要求管理者是全能型的，他必须具有与直属下级一切工作有关的知识和经验才能应付工作，如果企业规模较大，鉴于个人知识、经验和能力的限制，容易出现决策失误；这种组织结构由于权力过分集中，容易造成滥用职权。这种组织结构一般只适用于那些产品单一、工艺技术比较简单、业务规模较小的企业，或现场作业管理。

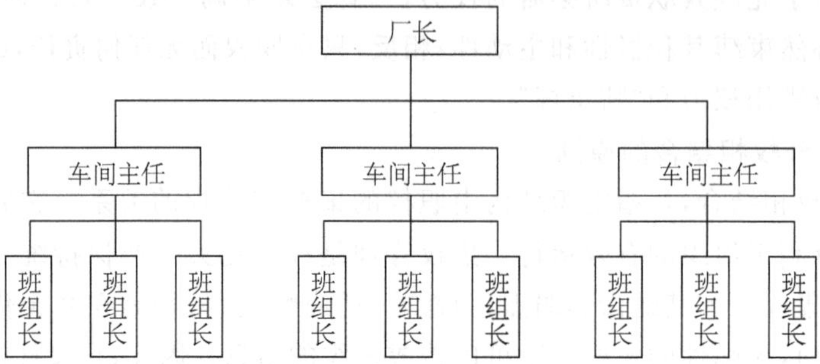

图 7-1 直线制组织结构

2. **职能制组织结构**

职能制组织结构与直线制组织结构正好相反，是采用按职能实行专业化分工的管理办法。其特点是采用专业化分工的管理者代替直线制的全能管理者，在组织内部设立职能部门，各职能部门机构在自己的业务范围内，有权向下级下达命令和指示，直接指挥企业的生产经营活动，各级负责人除了服从上级行政领导的指挥外，还要服从上级职能部门在其专业领域的指挥。其形式如图 7-2 所示。

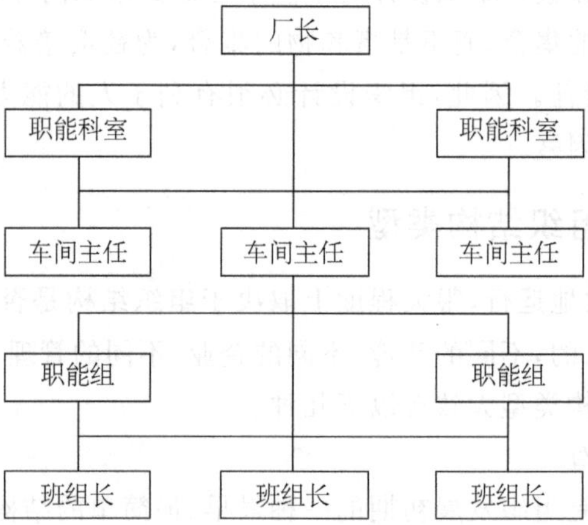

图 7-2 职能制组织结构

职能制组织结构的优点是适应现代企业管理工作较复杂的专业分工需要，能够充分发挥职能机构的专业管理作用；可以弥补各级行政领导人员管理能力的不足。缺点是由于实行多头领导，妨碍对企业生产经营活动的统一指挥，容易造成管理混乱；各职能部门往往都从各自的业务工作出发，不能很好地相互配合；组织中会因为追求职能目标而忽视全局利益；不利于明确划分直线领导人员和职能机构的职责和权限。在实践中，这种组织形式企业一般很少采用。

3. **直线职能制组织结构**

直线职能制是把直线制和职能制结合起来形成的，它是对职能制的一种改进，是以直线制为基础，在各级行政领导下，设置相应的职能部门，即在保持直线制组织统一指挥的原则下，增加了参谋机构。在这种组织结构中，两类人员的职权必须是十分清楚的，即一类是直线主管人员，他们拥有对下级的指挥和命令的权力，承担着实现所管理的部门的业务目标的任务；另一类是职能部门的职能管理人员，他们只能起参谋和助理的作用，对下级机构可以进行业务指导、提出建议，但无权向下属机构及其管理人员发布命令。其形式如图 7-3 所示。

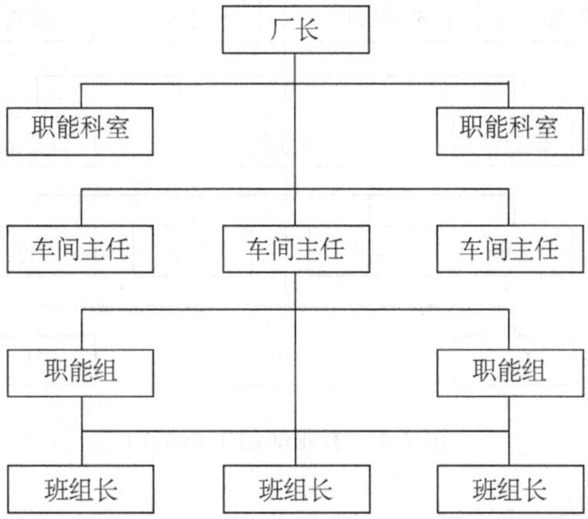

图 7-3　直线职能制组织结构

直线职能制的优点是既保证了集中的统一指挥，又能发挥各种职能专家业务管理的作用，有利于优化行政管理者的决策。缺点是各职能部门自成体系，不重视信息的横向沟通，造成工作重复，加大了管理成本；如果授权职能部门权力过大，容易干扰直线指挥命令系统。为了克服这些缺点，可以有限制地扩大职能部门的权力，如授予职能部门强制性磋商权，要求直线指挥人员在重大决策问题上必须与职能部门讨论和商量。目前，我国绝大部分企业都采用这种组织形式。

4. 事业部制组织结构

事业部制是西方经济从自由资本主义过渡到垄断资本主义以后，在企业规模大型化、企业经营多样化、市场竞争激烈化的条件下，出现的一种分权式的组织形式。这种组织结构形式最初是美国通用汽车公司总裁斯隆于 1924 年提出的，目前已成为国内外大型企业、跨国公司普遍采用的一种组织结构形式。其主要特点是"集中决策，分散经营"，即在集权领导下实行分权管理。它把企业的生产经营活动，按产品和地区不同，建立不同的经营事业部，同时，每个经营事业部都是一个利润中心，在总公司的领导下，实行统一政策、分散经营、独立核算、自负盈亏。其形式如图 7-4 所示。

5. 矩阵制组织结构

矩阵制组织结构是为了适应在一个组织内同时有几个项目需要完成，每个项目又需要具有不同专长的人在一起工作才能完成这一特殊的要求，由纵横两套管理系统组成，一套是纵向的职能领导系统，另一套是为完成某一任务而组成的横向项目系统。矩阵制组织结构是在直线职能制垂直形态组织系统的基础上，再加上一种横向的领导系统，因其形态如横、纵排列的矩阵而得名。其特点是在组织结构上，既有按职能划分的垂直领导系统，又有按项目划分的横向领导系统。这种组织形式出现于以完成工程项目为主的企业。

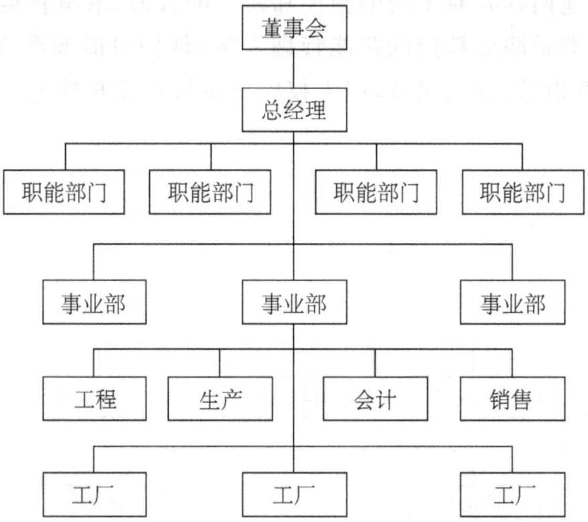

图 7-4 事业部制组织结构

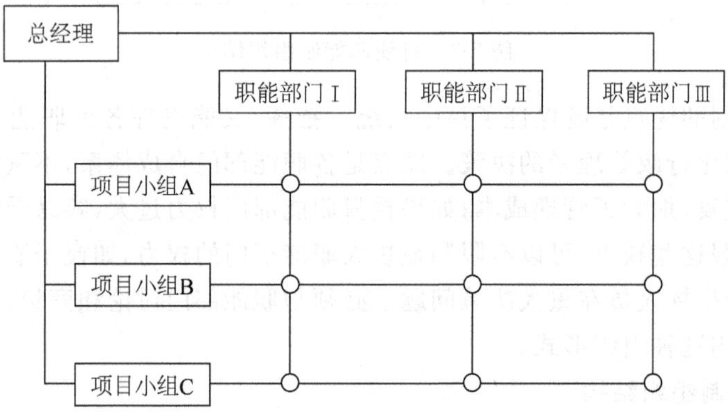

图 7-5 矩阵制组织结构

为了完成某一项目，由各职能部门抽调人员组成项目经理部，该项目经理部包括了完成项目所必需的各类专业人员；当项目完成后，各类人员另派用场，此项目经理部即不复存在。其形式如图 7-5 所示。

矩阵型结构的优点是机构设置和人员安排机动灵活、适应性强；克服了各职能部门相互脱节、各自为政的现象，有利于协调部门关系；有利于提高组织内各项资源的利用率。这种结构的缺点是成员不固定在一个位置，稳定性差；人员受双重领导，权责不清，降低了组织的效率；同时这种结构对项目负责人的要求较高，一般人难以胜任。

7.2 构建小而精的团队

组建团队是创立一个小微企业的前提和基础，团队组建主要包括寻找合伙人和组建经营团队，其中寻找合伙人是重中之重。其原因是：合伙人的调整难度较大，而且合伙人的选择和调整对企业的发展会产生巨大的影响。

团队组建之后的建设与管理，是小微企业经营管理的重要内容。企业的本质是通过资源的整合利用，为消费者创造价值，在满足客户需求的前提下，实现自身的盈利和发展。在企业的经营资源中，人是最重要的资源，是最活跃的资源。人本身是一种资源，同时也是对其他资源整合利用的实践者。

小微企业团队，主要包括合伙人和经营管理团队。因此，除了要选好合伙人，还需要搭建好经营管理团队。选择合伙人主要是为了解决资源的问题，但是有了资源，还需要人去运营和管理，使资源的效率得到最大的发挥，为企业创造更大的价值，这就需要搭建一支小而精的经营管理团队。合伙人可以作为经营管理团队的成员，也可以不参与经营管理。

【案例 7-2】鼎立建筑公司"元老"问题多

鼎立建筑公司原本是一家小企业，仅有 10 多名员工，主要承揽一些小型建筑项目和室内装修工程。创业之初，大家齐心协力、干劲十足，经过多年的艰苦创业和努力经营，目前已经发展成为员工过百的中型建筑公司，有了比较稳定的顾客，生存已不存在问题，公司走上了比较稳定的发展道路。但仍有许多问题让公司经理胡先生感到头疼。

创业初期，人手少，胡经理和员工不分彼此，大家也没有分工，一个人顶上几个人用，接项目、与工程队谈判、监督工程进展，谁在谁干，大家不分昼夜，不计较报酬，有什么事情饭桌上就可以讨论解决。胡经理为人随和，十分关心和体贴员工。由于胡经理的工作作风以及员工工作具有很大的自由度，大家工作热情高涨，公司因此得到快速发展。

然而，随着公司业务的发展，特别是经营规模不断扩大之后，胡经理在管理工作中不时感觉到不如以前得心应手了。首先，让胡经理感到头痛的是那几位与自己一起创业的"元老"，他们自恃劳苦功高，对后来加入公司的员工，不管其职位高低，一律不看在眼里。这些"元老"工作散漫，不听从主管人员的安排。这种散漫的作风很快在公司内部蔓延开来，对新来者产生了不良的示范作用。鼎立建筑公司再也看不到创业初期的那种工作激情了。其次，胡经理感觉到公司内部的沟通经常不顺畅，大家谁也不愿意承担责任，一遇到事情就来向他汇报，但也仅仅是遇事汇报，很少有解决问题的建议，结果导致许多环节只要胡经理不亲自去推动，似乎就要"停摆"。另外，胡经理还感到，公司内部质量意识开始淡化，对工程项目的管理大不如从前，客户的抱怨也正逐渐增多。

上述感觉令胡经理焦急万分，他认识到必须进行管理整顿。但如何整顿呢？胡经理想抓纪律、想把"元老"们请出公司、想改变公司激励系统……他想到了许多，觉得有许多事情要做，但一时又不知道从何处入手，因为胡经理本人和其他"元老"一样，自公司创建以来一直一门心思地埋头苦干，并没有太多地琢磨如何让别人更好地去做事，加上他自己也没有系统地学习管理知识，实际管理经验也欠丰富。

出于无奈，他请来了管理顾问，并坦诚地向顾问说明了自己遇到的难题。顾问在做了多方面调研之后，首先与胡经理一道分析了公司这些年取得成功和现在遇到困难的原因。归纳起来，促使鼎立建筑公司取得成功的因素主要有：①人数少，组织结构简单，行政效率高；②公司经营管理工作富有弹性，能适应市场的快速变化；③胡经理熟悉每个员工的特点，容易做到知人善任、人尽其才；④胡经理对公司的经营活动能够及时了解，并快速作出决策。对于鼎立建筑公司目前出现问题的原因，管理顾问归纳为：①公司规模扩大，但管理工作没有及时地跟进；②胡经理需要处理的事务增多，对"元老"们疏于管理；③公司的开销增大，资源运用效率下降。对管理顾问的以上分析和判断，胡经理表示赞同，并急不可耐地询问解决问题的"药方"。

【感悟与探索】

鼎立建筑公司由一家小企业发展壮大，出现了管理工作乏力、效率降低、总经理忙于应付事务处理，忽视对人员和组织的管理等问题。改进的建议有如下方面：加强公司制度化、规范化建设，使行政管理工作纳入正轨；强化公司组织建设，做好内部有关人员的分工；向各部门适当放权，同时强化管理人员的责任和纪律约束；明确公司的奖惩制度，使元老们摆正过去的功绩与当前工作之间的关系；等等。

7.2.1 选好合伙人

选好合伙人，企业就成功了一半。纵观各大知名企业，其中大部分企业家在创业初期都有自己的合伙人。不管企业创办成功之后，合伙人的合作状态如何，都不能否定合伙人在企业发展中，尤其是初创期的重要作用。

根据《中华人民共和国合伙企业法》界定，合伙企业，是指自然人、法人和其他组织依照本法在中国境内设立的普通合伙企业和有限合伙企业。可见，合伙人可以是一个自然人，也可以是一个企业法人和其他组织，包括风投或基金公司。本章所指合伙人为自然人。

从宏观来看，任何一个人的资源和能力都是有限的，不可能完成所有的任务；从微观来看，创办一个企业，能够具备所有企业创建和运营条件的人也是较少的，大多数人都需要寻找自己的合伙人，实现资源和能力的互补，来达到创建和运营企业的全部条件。合伙企业较独资企业，有利于风险分担、降低创办人的心理压力，此外，群体决策较单一决策也更趋于合理。

1. 选择合伙人的标准

创业是一条艰辛的道路，在这个过程中会遇到各种意想不到的困难。你需要有人与你一同面对、共同克服。创业的成败受多种因素的影响，如市场、项目、销售、技术、管理等，但最为重要的还是人的因素。

创建企业就像是一场"婚姻"，选择合伙人，就像是寻找"婚姻"的另一半。婚姻是人生的重大决定，是人生幸福的重要影响因素，甚至可以说是决定性的因素。同样，选择"合伙人"是企业发展的重大决策，是企业发展的重要影响因素。因此，在选择你的合伙人时，一定要慎之又慎。

要成功选择合伙人，首先要确定合伙人的选择标准。选择合伙人并没有统一规范的标准可循，不同的人有不同的标准，就像不同的人对"美"的看法是不同的一样。我们归纳总结了一些选择合伙人时需要考虑的因素。

1）资源和能力因素

（1）资源因素。大部分创业者之所以要寻找合伙人，其中一个非常重要的原因就是希望合伙人可以弥补自己资源上的不足。怀揣创业梦想的人有很多，但要把梦想变成现实，需要的不光是梦想，还需要有资源去实现。

一个人的力量总是有限的，一个人所能拥有的资源也是有限的。要想成功创业，必须学会寻找并整合资源。因此，在选择合作伙伴时，一定要充分了解对方的资源状况，并进行评估。

首先，对方所拥有的资源是不是你所需要的？资源包括的内容很多，如资金、技术、信息、知识、人力、机器设备、厂房等有形资源和无形资源。如果你现在缺少资金，就应该选择资金比较雄厚的合作伙伴；如果你缺少的是技术和经验，那应该选择技术型人才作为合作伙伴，而不需要他投入很多的资金，采取技术折价入股也是一种合伙的方式。

其次，对方的资源状况是否符合你的要求？即资源的数量和质量情况。为了弄清楚对方的资源状况，需要进行调查了解和评估，有必要的情况下还需要第三方权威部门的评估认定。

（2）能力因素。合伙人作为企业的投资方，持有企业的股份，对企业的经营决策具有话语权，尤其是控股股东，具有绝对的话语权。即使实行"两权分离"，所有权和经营权分离，合伙人不参与企业的经营，聘请职业经理人进行管理，合伙人依然可以行使他的话语权对企业经营进行干预。特别是对于小微企业来说，合伙人一般都会参与企业的经营活动，这就要求合伙人必须具备企业经营的能力。一个拥有资源的合伙人，如果不懂经营管理，风险是非常大的，除非他占股份比较少，或是合伙人不参与经营管理。

2）个人因素

（1）理想信念。1+1能不能大于2，除了合伙人之间的资源是否能整合优化以外，更重要的是合伙人是否有统一的理想信念。只有合伙人之间统一思想，才能形成强大的作战能力。理想信念的冲突是一切冲突的根源，所以，在选择合伙人时务必注意，一定要选择志同道合的合伙人。

（2）性格特点。人的性格具有多样性，即使拥有近似的世界观、人生观和价值观，人的性格表现也会千差万别。选择合伙人之所以要考虑对方的性格特点，是因为性格不合会导致合伙人之间的沟通障碍，而沟通障碍又会导致矛盾冲突，最终导致合伙人关系破裂。关于性格互补好，还是性格相似好的问题，并没有严格的标准和绝对准确的答案，关键看选择人自己的偏好、承载能力和驾驭能力。

（3）道德品质。道德品质是选择合伙人时需要考虑的首要因素。一个人的道德品质决定了一个人的价值观念和行为方式，进而影响着企业的经营理念和文化氛围。一个工作能力越强的人，如果人品不好，那么他的破坏力也越强，带来的伤害将会是致命的。遵纪守法是对合伙人道德品质的最基本要求，也是最低要求。合伙人的道德品质还要求有较好的人格修养和职业素养。

3）家庭因素

每个人都身处一个复杂的社会关系中，承担着各种各样的责任，扮演着各种各样的角色，一个人的决定，受多个方面的影响，其中一个重要的因素就是家庭。严格划分公务与家务是不现实的，家庭因素往往让一个人作出违背自己意愿的决定。因此，在选择合伙人时，要关注家庭对合伙经营的看法和态度。现在，很多大学生希望合伙创业，在同学圈里形成一个团队，蓄势待发，但很多情况下，因为家人的介入和反对，最终不了了之。

【案例 7-3】

小米成立之初，雷军在不同的领域找了 7 个合伙人，分别是来自微软的林斌、黄江吉，技术实力深厚；来自金山的黎万强，雷军在金山的老部下，擅长营销和交互；来自谷歌的洪锋，原谷歌中国的第一产品经理；来自摩托罗拉的周光平，有着多年的硬件开发的经验；还有美国艺术设计中心学院(Art Center College of Design)工业设计硕士刘德，分管设计。7 人各尽其职，用一年多的时间便打造出标志性产品小米 1。从此小米快速发展，价值节节上升！

2. 合伙人选择途径及评价

1) 合伙人选择途径

(1) 朋友圈。通过朋友圈寻找合伙人是一个重要且便捷的途径。这种方式具有很多优势：第一，彼此了解，信息充分。朋友之间的沟通交流比较多，因此，相互之间的了解比较深入，合作风险大大降低。第二，理想信念比较接近。朋友圈是基于一种共同的兴趣爱好形成的相对固定的群体，因此，彼此之间的价值观念、理想信念比较接近。当然，通过朋友圈寻找合伙人也有一些劣势：首先，朋友之间所拥有的资源可能相对一致，缺乏互补性；其次，朋友之间合伙，缺乏新鲜的创意和理念，对企业发展可能不利；再次，朋友之间的情感，可能会影响企业的经营管理活动；最后，朋友之间合伙存在朋友关系破裂的风险。

(2) 亲戚圈。亲戚之间合伙创业是最原始的方法和途径。与亲属之间建立合伙关系具有以下优势：第一，合伙关系相对稳定，亲属之间的合伙关系不仅受法律、制度和企业章程的约束，同时，还受血缘关系的伦理约束，因此，亲属合伙时，合伙人之间比较团结一致、尽职尽责，损坏合伙关系的事件发生概率小；第二，信息掌握充分，合作风险较小。与亲戚建立合伙关系也具有一些劣势，与以上朋友圈相似，此外，夹杂在合伙关系之中的伦理关系对企业经营管理的影响较大，亲属之间的利益纠葛也比朋友要多。

(3) 宣传媒体。新兴媒体的出现，特别是网络和移动终端的迅速发展，使信息传播越来越快、越来越便捷，大大缩短了人与人之间的距离，为寻找合伙人提供了更为广阔的空间。

2) 合伙人评价

寻找合伙人是一件困难的事情，选择合伙人也是一件纠结的事情。但不能因为困难而降低选择标准、饥不择食，也不能因为纠结就放弃对合伙人的评价，武断地作出决定。对合伙人进行充分的了解、分析和评价，谨慎决策，会大大降低合伙关系破裂的风险。

(1) 信息收集。信息是评价和决策的基础，要对合伙人作出客观的评价，必须对合伙人的信息进行充分的了解、收集和分析。信息收集的渠道有很多种，可以采用面谈法，双方进行面对面的沟通和交流，也可以查阅公开的信息资料，还可以了解关联人员对其作出的评价。如果确有需要，也可以委托专业的第三方机构进行调查和评估。信息收集过程中，最关键的环节是确保信息的准确性和真实性，如果信息失真，再怎么分析也无济于事。

(2) 标准。关于合伙人的选择标准在前文已有所提及，这里需要特别指出的是，合伙人评价标准没有统一的、绝对的指标体系，每个人有每个人的评价标准，仁者见仁，智者见智。

(3) 评价与选择。将收集到的信息进行分析,并将分析结果与设定的标准进行对比,来评价对方是否适合作为你的合伙人。最理想的状态当然是对方所有的条件都达到标准要求,但现实往往不是这样的。一个资金雄厚的人,可能性格与你不合;能力很强的人,可能身无分文。这种情况下,如何作出选择?我们的建议是先设定关键指标,并为这些关键指标设定"可以接受的下限"或"可以接受的上限"。所谓关键指标就是对方必须具备的条件,如果不具备其中任何一条都将不予考虑。其他指标作为非关键性指标,如果非关键性指标没有达到标准要求,需要考虑以下几个问题。

第一,这些未达到标准的因素是否可以在合伙过程中得到改善(如能力问题)?

第二,这些未达到标准的因素是否会给以后的合伙关系造成重大影响?

第三,是否可以重新审视你的标准,并降低要求?

第四,是否有改进的空间来合适对方(如性格特点)?

【案例 7-4】唐僧师徒团队

《西游记》里的唐僧师徒 4 人(唐僧、孙悟空、八戒和沙僧)一起去西天取经,他们性格迥异、各有优缺点,但共同的理想将他们联系在一起,一路虽多有冲突、险象环生,但终能同心协力、各显神通,历经千山万水,不惜跋山涉水,终于完成取经大任,并获得个人事业的成功,修成正果。

在取经团队中,4 个人是相互依存、缺一不可的。唐僧虽然既非擒妖能手,又不会料理行程上的事务,但是他能把握大局、信念坚定,得到上司的直接授权,又有广泛的社会资源。唐僧得到唐太宗的直接任命,被授以袈裟和金碗,又得到以观音为首的各路神仙的广泛支持和帮助,起到了凝聚和完善的作用,是团队的核心人物。孙悟空本领超强、冲锋陷阵、不拘小节,起着创新和推进的作用,是实现组织目标的关键人物。猪八戒虽然本事稀松、组织纪律性不强、好吃懒做,但具有乐观主义精神,能屈能伸、能说会道,在项目组中起到了润滑油的作用,并起到信息沟通和监督的作用。沙和尚言语不多、任劳任怨,承担了挑担等粗笨的工作,起到了协调和实干的作用。

师徒几人的技能相互补充、相得益彰,这是团队成功的关键。

唐僧是那种"完美型"的人,崇向美德,喜欢探索人的心灵世界,追求至善至美的艺术品位,严肃认真、注重细节、执着追求真理,一直遵循着"既然值得去做,就应该做到最好"的信念;孙悟空是那种"力量型"的人,永远充满着活力,勇于超越自己,崇向行动,无坚不摧,在意工作的结果,对过程和人的情感漠不关心,有时也会显得霸道和冷酷无情;猪八戒是那种"活泼型"的人,崇向乐趣、情感外露、热情奔放,对生活充满热爱,与他在一起永远也不会无趣,但有时会好逸恶劳、缺乏责任心;沙僧是那种"和平型"的人,崇向低调,情绪过于内敛,喜欢随波逐流,习惯既定游戏规则,听天由命,但有时会有主见,缺乏对生活的热情,比较马虎和懒惰。这 4 个人各有各的性格特点,而我们也应该感叹为什么 4 个人不同的性格特点,可以组成一个团队,能够成功地取到经。每个团队成员都会有个性,这是无法也无须改变的,而团队的艺术就在于如何发掘成员的优缺点,根据其个性和特长合理安排工作岗位,使其达到互补的效果。

资料来源:陈承欢,杨利军,高峰. 创新创业指导与训练[M]. 北京:电子工业出版社,2017,有改动.

【感悟与探索】

一个成功的团队不需要每一个人都是很优秀、性格一样的人，比如一支足球队，除了需要前锋来负责进球外，也需要后卫和门将来负责防守，这样才能在防住对方的同时，还可以进球，获得比赛的胜利。一个团队也如此，需要形形色色、不同性格特点的人，这样才会让一个团队变得具有战斗力和合作力。

一个坚强的团队，应有4种人：德者、能者、智者、劳者，德者领导团队，能者攻克难关，智者出谋划策，劳者执行有力。唐僧是一个目标坚定、品德高尚的人；孙悟空有个性、有想法、执行力很强；猪八戒有乐观主义精神、能屈能伸、能说会道、尊敬唐僧；沙僧任劳任怨、忠心耿耿。总的来说，唐僧师徒团队各个成员能够优势互补、目标一致，每个人都能发挥自己的效用，所以形成了一个越来越坚强的团队。

【讨论题】

(1) 剖析唐僧师徒4人的性格特点，试解读个人性格与团队建设之间的关系。

(2) 分析一个优秀创业团队的构成要素，如何让一个团队变得具有战斗力和合作力。

(3) 一个创业团队应如何充分发挥团队力量，谈谈你的观点。

7.2.2 构建精干高效团队

团队构建并没有固定的模式，不同的企业以及在企业不同的发展阶段，团队构建的要求和思路都是不一样的。评价一个团队的好坏，关键要看这个团队的效率、效益，以及团队成员的自我成长。小微企业由于其自身的特点，适合构建小而精的柔性团队。

1. 小

“小”，是一个相对的概念。小微企业相对而言，规模较小，工作量较少，人力资源需求数量较少，因此，构建“小”团队更合适。关键的问题是掌握团队“小”到什么程度最适宜，也就是团队“小”的下限。任何一个企业都不可能一次性把人力资源配置到最佳状态，而且，这个最佳状态只是一个理想中的状态。企业经营活动是动态的，工作量也是动态的，员工的能力和效率也是动态的。因此，小微企业不可能一次性将团队成员数量控制在一个最优的状态，需要不断地调节，理想目标是：工作任务高效完成、人力资源得到充分利用、员工收获满意回报。尽管不同的行业、不同的企业，关于团队人数配置的要求不尽相同，但精简团队成员数量时，还需要考虑以下几个问题：一是员工的生理承受能力；二是员工的心理承受能力；三是员工付出与回报的匹配度；四是精简后团队成员的薪酬设计与人力开发；五是员工精简是否会影响工作质量。

构建“小”团队，主要有以下三个方面的优势。

第一，人力成本低。小微企业一般处于创业初期，或是分割大中型企业的边缘市场，利润率比较低，且企业实力较弱，因此成本控制是小微企业重点关注的管理方向。构建“小”团队，可以避免机构臃肿、人员冗杂，为小微企业节约人力成本支出。

第二，容易管理。小微企业的管理能力相对较弱，这是由小微企业的特质决定的。小微企业管理主要靠“人治”，管理体系不健全，制度建设及监督机制不完善。“小”团队管理相对容易，难度小，在体系不健全的情况下，靠“人治”也可以达到良好的效率。

第三，信息传递快，工作效率高，灵活机动。小微企业管理层级比较少，业务流程短，审批手续简单，决策速度快，运营效率相对较高。

2. 精

“精”与“小”密不可分，“精”是“小”的前提和基础。

(1) 精兵强将。小微企业在吸纳人才方面存在明显的劣势，如薪酬福利、工作环境、发展空间等，这是制约小微企业发展的一个重要因素。“精兵强将”是与小微企业发展相适应的优质人力资源，小微企业选择团队成员时应放弃“最优”原则，采用“适宜”原则，结合小微企业自身的岗位要求和福利条件，选拔与福利条件和岗位要求最匹配、最适宜的成员。

小微企业经营团队核心成员的来源途径主要有以下三个方面。

第一，合伙人。小微企业合伙人成为经营团队成员是比较普遍的现象。合伙人作为投资方参与企业经营管理活动，主动性、积极性和忠诚度方面都会比较高，是打造小微企业精英队伍的重要来源途径。

第二，招聘。招聘的渠道有很多，既可以公开招聘，也可以举贤推荐，还可以精准定向“挖”人。公开招聘是目前比较主流的方式，具有信息量大、选择面宽的优点。但考虑到小微企业公开招聘“精兵强将”过程中存在的劣势，建议关注后两种选拔方式。举贤推荐包括亲戚推荐、朋友推荐、员工推荐等，推荐的好处在于，推荐人对双方都比较了解，被推荐人与招聘岗位的匹配度会比较高，另外，推荐人也充当了担保人的角色，对被推荐人也是一种鞭策。当然，推荐这种方式对推荐人也是有要求的。精准定向“挖”人，是指企业合伙人或高层管理者在工作生活接触的人群中，发现有适合某个职位的人员，主动向其发出加盟邀请。这种方式相比公开招聘来说，更加精准。

第三，内部培养。人的能力是可以通过培养和锻炼得到提升的。内部培养是小微企业构建小而精团队的重要方式。小微企业可以从招聘入手，选拔一些有发展潜力的种子成员，后期进行有计划的培训和锻炼，使其成长为企业的中坚力量。这些从企业成长起来的员工，业务精通、忠诚度高、人力成本也比较低，可以实现企业与员工的双赢。

(2) 一专多能、一人多岗。麻雀虽小，五脏俱全。小微企业和大中型企业一样，由多个职能联动运营，这些职能不会因为企业规模小而没有。只是对于小微企业，为每个职能设置相应岗位和人员，会增加人力成本负担。而构建“一专多能、一人多岗”的柔性团队，可以解决这个问题。这种柔性团队建设可以加强团队成员之间的协作，充分挖掘员工潜力，提高工作效率，降低人力成本。团队成员具有“一专多能”的素质是构建小而精团队的前提和基础。这种素质除了通过招聘复合型人才来解决以外，更多的还是需要企业有计划地培养和锻炼。

【小知识】

乔布斯有句话非常让人震撼：“我过去常常认为一位出色的人才能顶两名平庸的员工，现在我认为能顶 50 名。我大约把四分之一的时间用于招募人才。”据说乔布斯一生参与过 5 000 多人的招聘，组建由一流的设计师、工程师和管理人员组成的“A 级小组”，一直是乔布斯最核心的工作。

7.3 组织并驾驭好你的团队

运营一个企业，带领一个团队，就像掌舵一艘航行在大海中的船，企业就是这艘船，船员就是这个企业的经营团队。一个优秀的船长就是要带领自己的团队，驾驶船只完成任务、达成目标。

7.3.1 驾驭团队的目标

从企业经营的目标来看，无非是为了满足社会需要、企业需要和员工需要。

1. 企业目标

人是企业最重要的资源，以人力资源构成的团队是企业目标能否实现的决定因素。作为掌舵人，肩负着带领团队成员同心同德、攻坚克难、为企业创造价值、实现企业目标的责任。评价一个掌舵者是否合格、团队带得好不好，企业目标是否达成是首要的指标，就像航行中的船，方向不能偏离，要向目的地前进，并最终抵达目的地。

2. 员工满意

人本管理的思想告诉我们，企业要重视人、依靠人、关心人、发展人。因此，让员工满意，既是企业经营的目标之一，也是领导者带领团队的目标之一。没有成员满意的团队是不可持续的，没有员工满意的企业也是不可持续的，让员工满意也是企业的社会责任。成员是否满意，决定着团队是否有凝聚力、是否有战斗力。如果团队驾驭不好，军心涣散，流失率上升，那么企业目标也很难实现。

3. 社会责任

一个企业是社会的一个细胞，是社会大家庭中的一员，企业生存靠的是为社会创造价值，而创造价值和实现价值的过程中都需要与社会进行交互。团队行为就代表了企业行为，应该体现一个企业的责任和团队的素质，赢得社会的认可，同时为社会贡献应有的价值。

7.3.2 驾驭好你的团队

1. 打造凝聚力——向共同的目标前进

凝聚产生力量。有凝聚力的团队会产生协同效应，达到“1+1>2”的效果。团队具有凝聚力可以降低团队内耗、提高团队效率，而且，凝聚力强的团队一般都是一支和谐的团队，在这样的团队里，成员关系融洽，心理满足感强，也是对成员的一种激励。形成团队凝聚力的关键是团队成员具有某种“共识”。共识包括：共同的信念、共同的理念、共同的价值观、共同的目标、共同的认识等。这些共识，可能是成员的本质特性使然，也可能是彼此交流的结果。小微企业应该重视在团队组建和团队建设过程中，建立和形成一种共识，并通过一些激励手段来凝聚这种共识。

2. 团队控制——按标准完成目标

控制的目的不是管人，更不是约束人，而是使团队能按预期完成目标，是一个系统的管理活动，包括控制标准制定、控制过程和后续处理。任何的团队都需要控制，不管这个团队有多么的自觉、多么的和谐、多么的有凝聚力。一个自觉的团队可以适当放宽控制过程，但不可以不制定行动标准，否则，团队就没有自觉行动的方向。控制的方法有许多，下面重点介绍三个。

(1) 制度控制。制度是最有效和最科学的控制手段，企业通过制度建设，设计团队的行动标准，并对制度进行宣传和监督执行。对违反制度规定的要及时处理，处理也要按制度执行。小微企业在制度建设方面是薄弱点，即使是一些约定俗成的非文字化标准，也应遵守执行。

(2) 法律约束。法律是有强制力的硬性约束，规定人们应该和不应该的行为，包括规范市场主体的法律、规范市场行为和市场秩序的法律、规范劳资关系的法律和有关宏观调控的法律等。企业管理层和企业每一位员工都必须遵守各类法律法规。

(3) 道德约束。任何的法律和制度都有"盲区"，这就需要道德约束来弥补。道德对企业管理层和企业员工来说是无形的软制约，道德约束对于减少现代企业中的道德风险十分重要。道德约束的关键是如何在团队中发挥道德的规范作用，一是要加强优秀价值理念的宣传，二是要树立榜样、及时奖罚。

当然，要对团队进行控制，光有制度、法律和道德标准是不够的，还需要严格的监督和执行，以及与之配套的奖罚措施。

3. 正确处理团队冲突

团队成员之间发生冲突是常见现象，对于冲突，应该科学地去看待。团队冲突是一把双刃剑，既有好的一面也有不好的一面，应该充分发挥冲突带来的好处，而抑制冲突带来的害处。处理团队冲突，首先要看这种冲突是利大于弊，还是弊大于利，企业是否能够充分掌控这种冲突，使"利"得到充分发挥，而又能很好地控制"弊"的范围。团队冲突的最大利处是由冲突激发出来的团队激情，形成冲突双方的竞争格局，通过这种内部竞争，提升团队成员的战斗力和创造力。团队冲突的弊端主要是冲突会造成双方的心理隔阂，不利于团队思想稳定，也不利于团队合作，而且，冲突可能会造成恶性竞争，损坏企业的整体利益。

4. 降低员工流失率

小微企业员工流失问题是制约小微企业发展的重要因素，下面针对小微企业员工流失的主要原因，介绍降低流失率的五个主要措施。

(1) 完善薪资体系。薪资不合理是造成小微企业员工流失的重要因素，薪酬体系设计既要重视公平，也要重视效率。小微企业可以应用宽带型薪酬体系，为不同职业类型的员工提供更大的晋升平台和提薪机会；可以丰富工资结构增加工资弹性，鼓励多劳多得，提高薪酬的激励效果。

(2) 聘请咨询团队，解决高层次人才的需求问题。首先，咨询团队的能力可以满足小微企业发展的需要；其次，聘请咨询团队的成本较聘任高层次人才的成本来说要低；最后，聘请咨询团队可以保证小微企业的经营管理权。

(3) 情感留人。小微企业需要营造一种团结、和谐的"家文化"，小微企业主除了对企业倾注精力以外，还需要对员工加强情感投入，以人为本，切实关心员工、重视员工和发展员工。

(4) 招聘适合的人。学历与能力之间确实存在着一定的联系，但对于小微企业来说，追求高学历显然是不符合实际的。

(5) 重视人才的内部培养。小微企业通过人才的内部培养，既可以调动员工的积极性、提高稳定性，又可以解决企业外聘人才难度大、流失率高的问题。

5. 正确处理合伙人关系

不管合伙人是退居幕后只做一个单纯的投资人，还是走向前台，既作为出资人，又作为经营团队的成员，他们都是企业团队的重要组成部分。合伙人关系是一种特殊的关系，合伙人具有较大的话语权，处理合伙人之间的关系需要更高的智慧。处理合伙人关系最重要的是解决合伙人之间的意见冲突问题。创业团队的背景不同，文化修养、人生观、价值观也存在差异，尤其是关于企业发展和企业管理的观念与想法不同时会直接导致合作过程中的矛盾。与其他团队成员不同的是，合伙人之间不能在出现意见分歧时，采取强行命令的方式解决，因为大家都有最终的决策权。当分歧出现时，建议采取以下方式解决：第一，合伙人全体表决，而不是一人专断；第二，多交流、多论证，形成共识；第三，退让，适当运用妥协的方式，可以维持合伙人关系的稳定。此外，还是需要建立领导核心，树立权威，减少分歧的产生。

【案例 7-5】十八罗汉：阿里巴巴的"梦之队"

正是马云及其团队的互相包容和接纳、内部信任、互补合作，成就了阿里巴巴的今天。从高考失败到以高度的凝聚力，历尽磨难和艰辛，团结一群人做一件事，马云不仅赢得了队友的尊重，也为同行所称赞，其领导的团队也被封为"十八罗汉"，受到大家的广泛关注和研究。

1997 年，马云受外经贸部的邀请，进京成立中国国际电子商务中心(EDI)。1999 年，马云决心南归杭州创业，很多人很不理解。但是不管是暂时不理解马云的决定，还是不同意这个决定，当时的创业团队成员，包括马云的妻子、同事、学生和朋友，都追随马云回到了杭州，因此就有了阿里巴巴的十八罗汉。这 18 位创业团队成员在马云杭州的家中召开了全体会议，马云带有先见之明地对会议进行了全程录像。因为马云坚信他们的企业一定能够成功，那么这次会议将具有特殊的意义。

马云从小就爱看金庸的武侠小说，崇拜除暴安良、打抱不平的英雄人物，并且在上小学、中学期间就因为重情重义而打过很多架。上大学之后，马云不再通过打架来解决问题，他把那份情义倾注到学生会工作中，尽其所能地帮助同学解决各种困难。有一次，有位成绩很好的同学因为一个小错误而被取消考研资格，马云花了两天时间找班主任、系领导甚至是院领导，最终说服他们恢复了那位同学的考研资格。这样的性格特征也许为他日后凝聚团队打下了基础。在他身边，创业初期的追随者都是他的同事、学生、朋友，他们共同组成了阿里巴巴的十八罗汉。

马云提起自己的创业团队非常自豪，这支队伍也确实没有让他失望。当年离开北京时，马云对大家说，你们可以留在外经贸部，也可以去雅虎，都可以拿到高收入。要是跟我回杭州再次创业，工资只有 500 元。但这些成员都义无反顾地跟着马云回到了杭州，并且这些创业团队成员一路追随他创业，在经历过中国黄页、EDI 之后，他们的关系早已超越了利益。但是，即使这样，由于朝夕相处，摩擦也是难免的。从创业一开始，马云就为团队定下了一些原则，从某种意义上说，这些原则是马云和其创业团队最终并肩走得足够远的保证。

首先，马云自己不懂技术，但是他非常尊重内行；其次，创业团队成员长期跟随马云，形成了共同的价值观；最后，倡导简单、开放的议事原则，杜绝“办公室政治”。这些原则中，与团队有关的最重要的一条是简单开放议事、解决矛盾的原则。从一开始，马云和他的创业伙伴就定下原则，团队中任何两个人发生矛盾，必须由他们自己互相面对面地解决。只有在双方都认为对方无法说服自己的情况下，才引入第三者作为评判。简单、开放议事原则的提出和确立，对于阿里巴巴团队建设至关重要。它使阿里巴巴杜绝了“办公室政治”，杜绝了“文革遗风”，杜绝了“民族劣根性”，大大减少了交流沟通成本，减少了内耗，大大增强了团队的凝聚力和战斗力。不要小看这个原则，对一个创业团队来说，矛盾是不可避免的，但如何解决矛盾是一个问题，在马云团队看来，办公室政治在于矛盾的不断累积。

2000年，马云团队拿到高盛等公司的500万元风投，更换了新的更宽敞的办公地点，成立了部门，明确了分工，事业正在翻开新的篇章。但是矛盾也出现了，因为之前18个人中，团队的领导只有一个人，就是马云；而现在随着部门的成立，首次出现了另外三个头儿，当时的职务都是部门经理。在搬到新的办公地点不久后的一次聚餐中，大家发泄了自己的不解、疑惑和怨气。团队的老大哥楼文胜将大家的意见整理成一封长信发给了马云。马云在收到信后第二天就将团队所有人召集在一起，让大家把所有的怨恨、委屈都说出来。那天的会从晚上9点持续到第二天凌晨5点多，有人情绪激动，有人痛哭失声，但经过这次彻底的宣泄，他们的疑虑和误解都消除了。而同期其他公司开出4倍的工资挖人，结果没有一个人跳槽。就是这样一个允许成员犯错、有着宽大心胸、信奉“抬头说”永远比不上“低头干”的团队领袖带领着他忠诚的团队成员，用10多年的时间创造了一个又一个神话。

关于创业团队，马云自己也有总结。创业邦曾采访马云：“你觉得在团队创业的过程中，应注意什么问题？另外在选取团队伙伴的时候，你是怎样思考的？”

马云说，以前我以为理想的团队是优势互补，但后来我认识到团队最重要的是宽容，每人都会犯错误，因此能不能在你的伙伴犯错误的时候包容他，能不能愿意付出更多，而不计较什么。我归纳过几类我觉得适合做创业伙伴的人，一是同学，因为同学之间是没有利益基础的；二是以前共事多年的伙伴，一齐应对困难、应对挫折；三是以前一齐创业过的人，而且最好一齐失败过，大家都知道底线在哪儿，都知道失败痛苦的味道是什么。如果已经组成一个团队，那最重要的就是宽容。问自己两个问题，第一个问题，在创业过程当中，如果我觉得我付出的东西大于我对应的股份比例，比如说咱们两个的股份是一人一半，我觉得我付出了80%，我是不是能坦然开心地面对？第二个问题，如果我的合作伙伴作出一个错误的决定，当然咱们肯定讨论过、争论过，但最终还是按他这个决定走了，这个决定导致了失败，我是不是能坦然应对、坦然理解？其实从组织行为学角度来讲，每个人都认为自我的付出大于自我的回报，而且你又能怎样肯定说你付出就一定比别人多，如果没有合作伙伴，根本没有这件事情。再说，谁不会做错误决定呢？就算当时按照我的决定去做也有可能一样会失败。

资料来源：陈承欢，杨利军，高峰. 创新创业指导与训练[M]. 北京：电子工业出版社，2017，有改动.

7.4 小微企业常见组织模式

7.4.1 家族企业

家族企业是一个很难清晰界定内涵的词汇，因为它不仅包括那些夫妻店、父子店和兄弟店，还包括一些广为人知、规模达数十亿元的上市公司；不仅包括一部分虽名为乡镇企业，实际上为家族企业的公司，也包括大量存在"泛家族管理"的高科技企业。综合一些学者的看法和思考，可以将其大致定义为：家族企业是指以血缘关系为基本纽带、以追求家族利益为首要目标、以实际控制权为基本手段、以亲情第一为首要原则、以企业为组织形式的经济组织。一个家族企业具有这样的特点，即在企业的生命周期和职责中，同一家族的两个或两个以上的成员拥有所有权或其他参与管理的职能。拥有所有权这一本质和其他职能的延伸意义很多，在一些公司，家族成员可以专职也可以兼职。

好的管理对于任何企业的成功都是必需的，家族企业也不例外。为此，提倡以下四种与家族企业密切相关的管理理念。

(1) 一个家族企业需要依靠它的全体专业人员和管理人员的能力，不应接纳和支持那些没有足够的能力或缺乏发展潜力的家族成员。

(2) 在人事决策中必须避免个人偏好，对家族成员的评价应客观公正，避免个人偏好。

(3) 发展计划、专业化发展步骤、所有权转移意向都应公开讨论决定。家族企业作为一个竞争性企业，了解一些基本的管理原则会帮助企业发展壮大，并保持家庭关系正常。否则将会威胁到企业并使家庭关系紧张。

(4) 正确处理家族关系。家庭成员参与小微企业投资和经营，在小微企业发展过程中不可否认地起到了一定程度的积极作用。家庭成员具有忠诚度高、可靠性强、矛盾分歧少的优势，但在企业日常管理和发展过程中处理家族关系，对于领导者来说也是一种考验，需要智慧和勇气。家族关系处理不好，这种关系可能会成为企业发展的障碍。

家族关系涉及两种：一是自己的亲属，二是合伙人的亲属。"如何处理与自己亲属的关系""如何处理与合伙人亲属的关系"是企业主必须去面对的。处理家族关系的主要问题是如何对亲属进行管理，以及如何平衡亲属与其他职工的关系，如何在其他员工心里建立公平的信任。

【案例 7-6】"创二代"与"甩手掌柜"

徐晨曦是一家餐饮家族企业的接班人，尽管她的父亲在 20 年内只在三个城市开了 20 家店，但年销售额却接近 4 亿元。1984 年出生的她拥有牛津大学管理学硕士学位，就像她自己所说，"我不仅是个'富二代'，更是个'创二代'。目前家族企业走向现代企业管理的路还需要一个过渡期，而我是这个阶段最合适的人选”。

提及接班后的公司管理，徐晨曦说为了摆脱家族企业用人唯亲的弊端，她征得父亲同意后引入了外部高级管理人员，聘请专业人士担任财务总监和人力资源总监等职位，还从百盛集团高薪聘请了餐饮总经理。她也为此遭遇了一个棘手的问题：家族企业把持人和外部招聘的高级职业管理人员很难相容。

“家族亲戚都在企业领导层，一家人的思维方式多少有些类似，没有一个突破点。外面有才能的人进不来，即使进来也被他们排挤。”她表示，一进公司，她就和公司元老斗得不可开交。他们多是跟随父亲创业，而外聘的餐饮管理专家，包括她自己在内，都和“嫡系”们在工作方式和经营理念上有摩擦。为了力挺外聘的职业管理人，她把几个“嫡系”挪到闲职岗位，或者干脆把经营稳定的店铺派给他们去当“甩手掌柜”。

【讨论题】

(1) 如果你是徐晨曦，你会怎么做？

(2) 在中国受传统儒家思想文化的影响，内部继任模式仍是大部分家族企业的首选传承模式。如果家族企业要从子女中择优录取或从家族内部择优录取来继任企业，你认为应该用什么标准或者指标来评价这些继任者的能力？

【感悟与探索】

目前中国家族企业主要通过三点来评判子女能力：①交往和沟通能力，特别是与当地政府主管部门的交往和沟通能力，这是评判子女能力最重要的标准；②企业经营能力，特别是产品营销能力；③管理能力，多数家族企业仅把管理能力作为评判子女能力的补充，而非主体考察标准。

7.4.2 特许经营

1. 特许经营的定义和基本要素

商业特许经营，一般简称为特许经营，有时也叫特许加盟，是一种营销方式。它是指拥有注册商标、企业标志、专利、专有技术等经营资源的企业，也就是特许人，通过订立合同，将其拥有的这些经营资源许可其他经营者也就是被特许人使用，被特许人按照合同约定在统一的经营模式下开展经营，并向特许人支付相应费用的经营活动。

从特许经营的概念可以看出，特许经营有四个基本要素。

一是特许人必须是拥有注册商标、企业标志、专利、专有技术等经营资源的企业。特许人如果不具备上述条件，特许经营也就无从谈起。

二是特许人和被特许人之间是一种合同关系。特许人与被特许人是相互独立的市场主体，双方通过订立特许经营合同，确定各自的权利和义务。因此，特许经营本质上是一种民事行为。

三是被特许人应当在统一的经营模式下开展经营。特许经营是一种高度系统化、组织化的营销方式，统一的经营模式是其核心要求之一，也是保证服务的规范性、一致性以及维护品牌形象的需要。这种统一的经营模式体现在各个方面，大到管理、促销、质量控制等，小到店铺的装潢设计甚至标牌的设置等。

四是被特许人应当向特许人支付相应的费用。特许人拥有的经营资源一般都经过了较长时间的开发、积累，具有较高的商业价值。被特许人经许可使用这些经营资源也是为了开展经营活动，因此需要支付相应的费用。支付费用的种类、数额以及支付方式，由双方当事人在合同中约定。

特许经营在国外有100多年的历史，目前已发展为一种成熟的营销方式，其主要优势是操作简便、成本较低，可以快速扩大营销规模，满足消费者对便利化、规范化服务的需要。因此，特许经营这种营销方式在许多国家特别是发达国家被广泛采用。特许经营在我国出现的时间并不长，但发展速度很快。特别是2000年以来，特许经营在我国进入高速增长期。特许经营的发展，在调整和改善流通结构、促进中小企业发展、扩大就业等方面发挥了积极的作用。

2. 特许经营的分类

特许经营的种类按不同的划分方法，可以归纳为以下几种。

(1) 按所需资金投入可划分为工作型特许经营、业务型特许经营和投资型特许经营。工作型特许经营只要加盟者投入很少资金，有时甚至不需要营业场所。业务型特许经营一般需要购置商品、设备和营业场所，如冲印照片、洗衣、快餐外卖等，所以需要较大的投资。投资型特许经营需要更多的资金投资，如饭店等。

(2) 按交易形式可划分为制造商对批发商的特许经营；制造商对零售商的特许经营，如石油公司对加油站的特许；批发商对零售商的特许经营，如医药公司特许医药零售店；零售商之间的特许经营，如连锁集团利用这一形式招募特许店，扩大经营规模。

(3) 按加盟者性质可划分为区域特许经营、单一特许经营和复合特许经营。区域特许经营是指加盟者获得一定区域的独占特许权，在该区域内可以独自经营，也可以再授权次加盟商。单一特许经营是指加盟商全身心地投入特许业务，不再从事其他业务。复合特许经营是指特许经营权被拥有多家加盟店的公司所购买，但该公司本身并不卷入加盟店的日常经营。

(4) 按加盟业务可划分为转换型特许经营和分支型特许经营。前者是加盟者将现有的业务转换成特许经营业务，特许商往往利用这种方式进入黄金地带。后者则是加盟商通过传统形式来增加分支店，当然需要花费更多的资金。

【知识拓展】规范连锁经营，克隆商业财富

思考题

1. 小微企业组织设计的原则有哪些？
2. 小微企业组织结构类型有哪些？分别有哪些优缺点？

3. 选择合伙人的标准有哪些？

4. 如何驾驭好小微企业团队？

5. 小微企业常见模式有哪些？

6. 怎样规范连锁经营，克隆商业财富？

7. 现在很多大学生都有创业的想法，初次创业的大学生在选择合伙人方面需要注意哪些事项？

技能训练

模拟创建一家小微企业并进行组织设计。

说明：以适宜人数自由组成创业团队，启动资金参照小微企业相关界定标准，选择一个可操作性项目模拟创建一家小微企业。

要求：

(1) 为企业起一个名字，要求符合法律规范。

(2) 团队分工。按企业要求设置岗位、成员分工，形成组织架构。

即测即练

习题7

第 8 章

小微企业产品开发与市场开拓

学习目标

- 掌握小微企业产品开发策略
- 了解小微企业市场开拓与促销策略
- 理解小微企业市场开拓模式
- 掌握市场开拓双赢谈判要诀

【案例 8-1】母婴自媒体小小包麻麻的进化论

例8-1

8.1 小微企业产品开发策略

产品开发策略就是开发新的产品来维持和提高企业的市场占有率。开发新产品可以是开发全新产品，也可以是在老产品的基础上做改进，如增加新的功能、改进产品的结构、简化操作，甚至哪怕是改善外观造型和包装等，都可视为进行产品开发，都有可能收到意想不到的市场效果。

小微企业新产品开发策略应坚持绿色发展，在现代企业管理观念、方法、艺术的指导下，根据目前市场变化的新情况，创造性地运用好各种新产品开发策略，才能使企业真正转“危”为“机”，实现企业可持续发展。

1. 进攻式开发策略

进攻式开发策略又称为抢占市场策略或先发制人策略。企业抢先开发新产品投放市场，使企业的某种产品在激烈的市场竞争中处于领先地位。这样的企业认为第一个上市的产品才是正宗的产品，具有强烈的占据市场“第一”的意识。具有较强的科技开发能力、雄厚的财力保障、开发出的新产品不易在短期内为竞争者模仿、决策者具有敢冒风险的精神的小微企业可采用这种开发策略。

2. 防御式开发策略

防御式开发策略又称为模仿式开发策略。它不是小微企业被动性防御，而是企业主动性防御，企业并不投资研制新产品，而是当市场出现成功的新产品后，立即进行仿制并适当改进，消除上市产品的最初缺陷而后来居上。具有高水平的技术情报专家，能迅速掌握其他企业研究动态、动向和成果；具有高效率研制新产品的能力，能不失时机地快速解决别人没解决的、消费者关心的问题的企业可采用这种开发策略。

3. 系列化开发策略

系列化开发策略又称为系列延伸策略。企业围绕产品上下左右前后进行全方位的延伸，开发出一系列类似的，但又各不相同的产品，形成不同类型、不同规格、不同档次的产品系列。如电冰箱的使用能够延伸出对电冰箱断电保护器、冰箱去臭剂、保鲜膜、冰糕盒的需求等。企业针对消费者在使用某一产品时所产生的新的需求，推出特定的系列配套新产品，可以加深企业产品组合的深度，为企业新产品开发提供广阔的天地。具有设计、开发系列产品资源，具有加深产品深度组合能力的企业可采用这种开发策略。

【案例 8-2】好丽友不同口味做组合

好丽友的几大系列产品几乎占据了国内的几大卖场，它产品的促销都较为简单，主要的方式就是降价，但是它推新品的组合模式确实值得学习，甚至是一种高效率、低成本的艺术行为。

举个例子，薯愿和高笑美最开始只有三个口味，在口味销售出现不均衡的时候就顺势推出了口味组合礼盒包装，将三个口味包装在一起，或者将两盒卖得好的口味组合，同时搭配一盒销售一般的口味，然后再特价促销。这种模式下，很多消费者都认为赚了便宜，不过，实际上三合一做特价比单盒做特价降低了很多成本，可保证产品均衡发展，并为好丽友贡献丰厚的利润。

此外，好丽友在推新品时，常常会利用自己的销售渠道花大心思做捆绑，再通过市场反馈决定如何定位。例如热卖的蜂蜜黄油薯片会捆绑白色的清新杧果味薯条来销售，并且会用大字样的标签来告诉消费者这是品尝品。好丽友在中国市场上的经销商常常会利用完善的渠道迅速铺开市场，用捆绑搭赠吸引消费者，通过市场反馈收集第一手的信息来判断新口味的受欢迎程度，这种模式高效率、多收益，远胜其他品牌的促销行为。

资料来源：终端动销五步走实战分解[J]. 糖烟酒周刊，2016(秋季糖烟酒专刊)，有改动.

4. 差异化开发策略

差异化开发策略又称为产品创新策略。市场竞争的结果使市场上产品同质化现象非常严重，企业要想使产品在市场上受到消费者的青睐，就必须创新出与众不同的、有自己特色的产品，满足不同消费者的个性需求。这就要求企业必须进行市场调查、分析市场、追踪市场变化情况，调查市场上需要哪些产品，哪些产品企业使用现有的技术能够生产，哪些产品使用现有的技术不能生产。对这些技术，企业要结合自己拥有的资源条件进行自主开发创新，创新就意味着差异化。具有市场调查细分能力，具有创新产品技术、资源实力的企业可采用这种开发策略。

5. **超前式开发策略**

超前式开发策略又称为潮流式开发策略。企业根据消费者受流行心理的影响,模仿电影、戏剧、体育、文艺等明星的流行生活特征,开发新产品。众所周知,一般商品的生命周期可以分为导入期、成长期、成熟期和衰退期四个阶段。而消费流行产品周期和一般商品的生命周期极为相似并有密切的联系,包括风格型产品生命周期、时尚型产品生命周期、热潮型产品生命周期等特殊类型。在消费者日益追求享受、张扬个性的消费经济时代,了解消费流行产品的周期性特点有利于企业超前开发流行新产品,取得超额利润。具有预测消费潮流与趋向能力、能及时捕捉消费流行心理并开发出流行产品的企业可采用这种开发策略。

6. **滞后式开发策略**

滞后式开发策略也称为补缺式开发策略。消费需求具有不同的层次,一些大企业往往放弃盈利少、相对落后的产品,必然形成一定的市场空档。如国内洗涤用品市场几乎被几个“寡头企业”所瓜分,无论城乡,无论发达地区或欠发达地区,均充斥着“寡头企业”的知名产品,似乎其他后来者已很难进入市场。实际情况却是,各地尤其是在中西部农村,一些实力偏弱的小微企业的中低档次的洗涤用品仍销得很好,它们在各大品牌产品的冲击下,仍能获得可观的市场份额。具有补缺市场需求能力,而技术、资金实力相对较弱的小微企业可采用这种开发策略。

8.2 小微企业市场开拓与促销策略

小微企业在决定向顾客提供适合的产品、适合的价格和适合的渠道之后,还需要决定如何向现有和潜在的顾客、零售商、供应商以及其他利益相关群体和公众传播营销信息。为了促使潜在顾客对产品的认知、偏爱和购买,企业必须利用促销与顾客进行有效的沟通。

8.2.1 小微企业市场开拓

小微企业应该从发展战略的高度考虑,以产品和市场作为开拓计划的核心内容,对企业总体经营起概括的作用。从产品和市场的结合关系出发,把众多的小微企业市场开拓策略,归结为如下几种基本类型。

1. **市场渗透策略**

市场渗透策略是由现有产品和现有市场组织而产生的策略。它是通过改变销售渠道、增加产品功能、降低售价、增大广告宣传费用和促销费用,力图扩大市场占有率和增大销售额的企业成长策略。

2. **市场开发策略**

市场开发策略是由现有产品和新市场组合而产生的策略。它是开发现有产品的新顾客层或新的地域市场从而扩大销售量的企业成长策略。市场开发可分为区域性开发、国内市场开发和国际市场开发等。

3. 产品开发策略

产品开发策略是由开发新产品和现有市场组合而产生的战略，即对现有市场投放新产品或改进的产品，以图扩大市场占有率和增加销售额的企业成长策略，是企业开拓策略的核心。因为市场毕竟是不可控制的因素，而产品的开发是可以努力做到的可控制因素。

4. 市场补缺者策略

小微企业可以根据市场特点和自身情况，选择既不向市场领导者挑战，也不追随其后，而是不大可能引起大企业兴趣的市场"空白点"作为自己的目标市场。中小企业应该争取成为一个小的细分市场的"主宰"。如果小微企业选择短期利润丰厚的细分市场，与大企业争夺资源，会导致目标市场定位雷同，形成同水平恶性竞争。

5. 无品牌策略

品牌策略的成功会给企业带来特别的收益，但是，创品牌一般要求专业的品牌设计，需要产品力的支撑，需要大量的广告、公关投入，更需要系统的品牌管理。这是小微企业无法做到的事情，因此小微企业可以采用无品牌战略。做代工生产比做品牌更适宜于小微企业。代工生产，是专门为拥有强势品牌的企业从事代加工。这种方式的优点主要在于：一是可以规避大量市场风险；二是起步较容易，进入障碍小，投入小，见效快；三是有利于学习强大企业先进的管理方法和制造技术。该方法的不足是生产的稳定性差，命运自主权小，利润薄，发展后劲不足。小微企业可以选择先做代工，然后边做代工边做品牌，最后走上以做品牌为主的渐进式发展之路。

6. 专精特策略

中小企业可以进入为大企业所忽视的细分市场，通过专业化经营来获取最大收益。小微企业要发挥其"小"的特点，专注某一两个方面，形成核心竞争力，从而做强企业。

7. 依附化策略

小微企业仅凭自身拥有的资本、人才、技术很难提供有竞争力的最终产品。因此，可以积极寻求合作伙伴，挂靠大企业，主动当配角，生产配套零部件。小微企业的产品就成为大企业产品中不可分割的一部分，大企业的市场也就成了小微企业的市场，不但可以解决产品销路问题，而且可以使小微企业在产品质量、生产管理和企业形象等方面得到有效的提升，增强抵御市场风险的能力。

8. 国际化经营策略

随着我国加入世界贸易组织，以及国外对各种各样特殊的专业化产品的要求的增加，国际化已是中小企业经营必不可少的业务内容。与大企业相比，在提供专业化产品方面，小企业有自己的优势。中小企业应着眼于国际市场，在全球范围内开展生产、销售活动，建立国际营销网络，开拓海外市场。此外，小微企业还可以通过为大型企业出口产品生产相关的配套产品的方式达到出口的目的，这样就成功地开拓了国际市场。

8.2.2 促销策略

1. 促销的含义

促销是指企业通过人员推销或非人员推销的方式，同目标顾客进行沟通，帮助现有的和潜在的客户认识产品或服务的价值，引起消费者的兴趣，进而激发其购买欲望和购买行为的活动。

促销在本质上是一种与消费者沟通的活动，是努力消除生产者与消费者之间有关产品、服务信息的不对称性，最终促进消费者实施购买行为的过程。

【案例8-3】低折扣直播营销　错过春节后商场重新押宝“女神节”

三八“女神节”向来不是购物中心的主要销售节日，但在2020年疫情影响下，却格外受重视。为提升业绩，如今商场“不会轻易放过任何一个消费节点”。3月8日，首创奥特莱斯、西单大悦城、君太百货等商场纷纷发起“女神节”活动，多为线上直播活动。在各大商场的直播平台可看到，北京首创奥莱在三八妇女节主要针对运动品牌做推销，三件商品可以享受奥莱价格的折上五折；西单大悦城针对三八妇女节推出了限时抢购100元无门槛代金券，部分美妆五折抢购及双倍积分等活动；君太百货则是推出雅诗兰黛直播以及黄金每克减30元等活动。其中，记者在北京首创奥莱的直播间看见，下午3～4点，该直播间一直维持在250人左右，在评论区观看者对于产品的多样化的呼声较高。

如何破解时间和空间的局限性，让这个节日成为实体商场的新增长点，银泰商业助理总裁、阿里巴巴新零售工程部总监蒋昕捷表示，直播的方式打破了传统商场对时间和空间的限制。通过直播发现，商户导购可以在24小时随意直播，而且能够吸引大量新客。

资料来源：北京商报，2020-03-08，有改动.

2. 促销方式

1）广告促销

广告是广告主通过大众传播媒体、以营利为目的、以付费的方式进行的有关商品、劳务、观念等说服性的信息传播活动。因为媒体是企业向大众传递信息的主要通道，所以媒体的选择对广告效果的影响极大。小微企业为了更好地控制成本以及获得最大的宣传效果，可以通过浓缩广告的精华、缩短广告的时间、选择影响力较大的媒体进行集中的宣传，以在最短的时间内争取最多的关注度。

2）销售促进

销售促进是用来直接刺激消费者或经销商快速或大量购买的各种短期手段或工具的总称。

销售促进的主要类型有消费者促销和分销商促销。与消费者促销不同的是分销商的购买行为以盈利为宗旨，也就是说，大多数分销商的促销工具只有在有利于分销商降低成本或增加盈利时才会有效。

需要注意的是，销售促进的本质是一个暂时性的刺激销售的活动，甚至可以说在多数情况下对品牌忠诚起消极作用，经常性地引导顾客追求降价、折扣、奖励或赠送等实惠，而降低广告作用。小微企业在人力、物力、财力方面是有限的，在实施销售促进时一定要量力而行。

3）人员推销

销售人员是企业与顾客之间的纽带，人员推销是一种古老的促销方式，但也是一种非常有价值的促销方式，人员推销的主要形式有以下几种。

(1) 建立自己的销售队伍，使用本企业的推销人员来推销产品。这种推销人员又分为两类：一类是内部推销人员，主要是在企业内通过电话联系客户、洽谈业务，并接待来访客户；另一类是外部推销人员，主要是上门访问客户。

(2) 使用专业合同推销人员。例如，制造商的代理商、销售代理商等，需要按其代售金额支付佣金。

(3) 雇用兼职的促销员。这种促销方式主要是在零售场合，通过产品操作演示、现场模特等形式进行。

4) 公共关系促销

这是一种间接促销方式，对促销产品的影响是潜移默化的。这种促销方式可以利用新闻、公共关系促销、演讲、公益服务活动、电话咨询服务等争取潜在的客户，同时保持现有客户。另外，小微企业在协调企业的外部关系时，应努力建立良好的政府关系，争取政府的支持，以及有社会影响力的人士的支持，获得良性的监督、理解和支持，以提升企业的信誉度。

8.3　市场开拓模式与营销谈判要诀

8.3.1　市场开拓模式

开拓新市场难，而小微企业开拓新市场更难。小微企业面临市场推广费用有限、品牌知名度低、批发商不接受产品以及缺乏高级营销人才等困难，往往在开拓新市场时需要付出更多的艰辛和汗水。小微企业快速消费品企业开拓新市场的经验如下。

(1) 采用"时间"换"金钱"的推广模式。小微企业广告费有限，不可能像大企业一样广告铺天盖地，一分钱都要掰成两半用，争取用最少的营销推广费用达到开拓新市场成功的目的。中国各区域市场之间的差异太大了，即使经过充分的市场调查，也往往难以准确地判断该区域市场是否能开发成功。小微企业在市场情况不明下切勿盲目投放广告，比较稳妥的方式是企业先设立办事处，对市场进行试运作，熟悉零售终端后再谈经销商、选择经销商。如果市场试运作后感觉产品难以推广开，就可在市场试运作一段时间后撤离该市场，这样就不会"把大把的钞票丢在水里"，企业所受的损失也不大。可以在企业实力增强、有更充足的准备后进行二次开发。市场试运作是最彻底的市场调查，往往能对市场作出最准确的判断，而且花费营销费用也不算很多。

(2) 用拳头产品打市场。产品系列中最好有一个竞争力强的品种作为开拓市场的"敲门砖"。为了减少新市场开拓的营销阻力，选择一个既有价格竞争力、消费量又相对较大的品种作为主推品种，通过这个有竞争力的产品品种，给消费者一个购买的理由。主推品种如果被消费者接受了，那么这个新品牌也就被消费者同步接受了，这样的话就可以大大减少开拓新市场的营销阻力。主推品种一旦被市场认可，就可以把其他获利高的品种顺带铺进各个终端网点。

主推品种的选择要根据该区域市场主要竞争对手的主销品种、市场特点来确定，但要充分评估可能给竞争对手造成的影响，以及考虑应对竞争对手的反击措施。

(3) 要确保市场推广的最低投资门槛，做新市场切莫做成“夹生饭”。小微企业开拓新市场要么不做，要么力求开拓成功。市场做成“夹生饭”既浪费了企业宝贵的市场推广费用，而且市场也做成了“一潭死水”。如果要进行第二轮市场开发，往往需要花费更多的营销费用，甚至企业不得不面临退出该市场的窘况。发动市场总攻前一定要充分论证，不打无准备之仗，同时要预留一定比例的广告费用作为市场不可预见费用，防止市场做成“夹生饭”。

(4) 选拔精兵强将，成立“新市场开拓突击队”是一种比较可行的运作模式。如果把开发市场和维护市场的难度做一个比较，那么开发市场的难度占了80%，而维护市场的难度仅占20%。做市场难就难在开发新市场上，这需要开发新市场的营销经理具备很强的市场判断能力、组织管理能力、市场应变能力，有媒体广告投放经验以及经销商谈判技巧，而小微企业营销人才有限，不是所有的营销人员都具备新市场开拓的专业知识和经验。那么小微企业应组建一支“新市场开拓突击队”，摸索出一套适合本企业开拓新市场的营销模式，然后根据待开发市场的特殊情况制订适合的推广方案，并由“新市场开拓突击队”负责执行。先期可以对市场进行试运作一段时间，由“新市场开拓突击队”的先导人员摸清当地市场的消费者、通路、终端市场、媒体、政府职能部门、竞争对手以及广告公司等概况后，认为该市场有把握开发成功，“新市场开拓突击队”再进驻该市场，进行大规模的推广。开拓成功后留守少部分人员，其他人员转到另一个新市场。组建“新市场开拓突击队”要注意以下几点：第一，要有一名或多名具备丰富营销理论知识和市场实战经验的专业人士作为核心人物，起指导作用。第二，最好有一名高层领导亲自带队，这样可以鼓舞士气，而且在实际接触中也可以挖掘新的营销人才。第三，新市场开拓突击队员的待遇应是营销队伍中最高的，要让策划能力最强的营销精英都争着申请加入突击队，使之成为营销素质提高最快、升迁也最快的部门。

【案例8-4】步步逼近快成交

某推销员向一家商品包装企业的厂长推销新型打包机，他的目的是让这个企业全换上这种机器，下面是他与厂长的对话。

推销员：王厂长，您好！我带来了一种新型打包机，您一定会感兴趣的。

厂长：我们不缺打包机。

推销员：王厂长，我知道您在打包机方面是个行家。是这样，这种机器刚刚研制出来，时间不长，性能相当好，可用户往往不愿用，我来是想请您帮着分析一下看问题出在哪里，占不了您几分钟的时间，您看，这是样品。

厂长：哦，样子倒挺新的。

推销员：用法也很简单，咱们可以试一试(接通电源，演示操作)。

厂长：这机器还真不错。

推销员：您真有眼力，不愧是行家。您看，它确实很好。这样，我把这台给您留下，您先试用一下，明天我来听您的意见。

厂长：好吧。

推销员：您这么大的厂子，留一台太少了，要一个车间试一台，效果就更明显了。您看，我一共带来 5 台样机，先都留到这儿吧。如果您用了不满意，明天我一块儿来取。

厂长：全留下？也行。

推销员：让我们算一下，一台新机器 800 多元，比旧机器可以提高工效 30%，每台一天能多创利 20 多元，40 天就可收回成本，如果您要得多，价格还可以便宜一些。

厂长：便宜多少？

推销员：如果把旧机器全部换掉，大概至少要 300 台吧？

厂长：310 台。

推销员：那可以按最优价，每台便宜 30 元，310 台就是 1 万多元了。这有协议书，您看一下。

厂长：好，让我们仔细商量一下。

至此，买卖已经步步逼近成交。

8.3.2　市场开拓双赢谈判要诀

当今世界就是一张巨大的谈判桌，不管你喜欢不喜欢、愿意不愿意、接受不接受，你都自觉不自觉地扮演了谈判者的角色。只有掌握了谈判的理论方法、技巧，才能开拓市场、提升业绩、成就事业、完美人生。一场成功的谈判是双赢，为了获得赢需要掌握七要诀：望、闻、问、切、诚、谐、美。

1.“望”

望就是观察力。知天知地胜乃无穷，良好的观察力应有以下的特征。

(1) 客观性。观察事物时，“不唯书、不唯上、要唯实；交流、比较、反复”，要一切从实际出发，不能以假当真、以偏概全。

(2) 敏锐性。要有“火眼金睛”，要迅速抓住那些既能反映事物的本质，而又不易察觉的现象，并能透过现象看本质。

(3) 准确性。观察事物要全神贯注、深入细致、追本求源。定位精准、观察准确是谈判正确的重要前提。

(4) 全面性。既要看到优势又要看到劣势；既要看到机会也要看到威胁；既要看到正面又要看到反面，不能“盲人摸象”。

(5) 反复性。观察分析、再观察再分析，观察要经过反复多次才能完成。谈判不仅是语言的交流，同时也是行为的交流，“内有所思，外有所表”，只要通过仔细观察，就可以通过外在特征，知其真心，挥其内心。你可以仔细观察对方的言谈举止，捕捉其内心活动的蛛丝马迹；也可以揣摸对方的姿态神情，探索引发这类行为的心理因素。运用这种方法，不仅可以判断对方思想，决定己方对策，同时还可以有意识地用行为语言传递信息，促使谈判朝着有利于双方的方向发展。

2.“闻”

闻就是倾听。常言道，“会说的不如会听的”。谈判中的倾听，不仅指运用耳朵这种听觉器官的听，而且还指用眼睛去观察对方的表情与动作，这种耳到、眼到、心到、脑到的听，称为倾听。具体要做到以下几点。

(1) 积极主动地听。为了摸清对方的底细，要保持积极的态度，以便在谈话中获得较多的信息，而且还能给对方留下良好印象，改善双方的关系。

(2) 有鉴别地听。听话听音，锣鼓听声，要学会去粗取精、去伪存真。

(3) 有领会地听。要有悟性、韧性、理性，必须谨慎从事，关键性话语不要随意出口，仔细领会对方提出问题的实质。

(4) 注意察言观色。对对方的一言一行、举手投足都不放过，并通过目光、脸色、手势、仪表、体态来了解对方的本意。

(5) 及时作出反馈性的表示。如欠身、点头、摇头、微笑或重复一些较为重要的句子或提出几个能够启发对方思路的问题，从而使对方产生好感和被重视感。

(6) 做好必要的记录，好记性不如烂笔头。

总之，"闻"是谈判技巧的重要组成部分，只有听好，才能问好、答好、辩好，从而圆满地完成谈判任务。

3．"问"

要想了解对方的想法和意图，掌握更多的信息，"闻"和"问"都是必要的，这二者相辅相成，倾听是为了发问，而发问则是为了更好地倾听。提问的技巧有以下几点。

(1) 把握问话的时机。什么时候问话、怎样问话都是很有讲究的。时机有哪些？

① 在对方发言结束后提问对方。发言时不要随意打断，打断别人的发言是很不礼貌的，影响谈判的情绪。待对方发言结束后再问，这样既体现了尊重对方，也表现出自己的修养，还能全面地、完整地了解对方的观点和意图。

② 在对方发言的间隙中提问。如果对方的发言冗长，纠缠细节影响谈判的进程，可利用对方停顿或思考的瞬间见缝插针地提问。

③ 在自己发言后提问。试探对方的反应，使谈判沿着自己的思路发展。例如：我们的基本观点和立场就是这些，不知您有什么看法？

(2) 提问要有逻辑性。谈判提出的问题一定要讲究逻辑性。跳跃性不宜太大，按照事物发展的规律，先从最表面和最易回答的问题问起，由易到难，由小到大，由表及里。

(3) 要看提问的对象。谈判对手的性格不同，提问的方法就应有所不同。对手直率，提问要简洁；对手内向，提问要含蓄；对手严肃，提问要认真；对手暴躁，提问要委婉；对手开朗，提问要随意。不可千篇一律。

(4) 注意问话的方式。提问的方式一般有以下几种。

① 正问：开门见山，直截了当提出你所要了解的问题。

② 反问：逆向思维，从相反的方向提出问题，使其不得不回答。

③ 侧问：从侧面入手，通过旁敲侧击，再迂回到正题上来，呈现出"犹抱琵琶半遮面，千呼万唤始出来"的态势。

④ 设问：假设一个结论，启发对方思考，诱使对方回答。

⑤ 追问：循着对方谈话的思路，环环紧扣，逐浪前进，打破砂锅问到底。

4．"切"

"切"就是为谈判发展趋势把脉。凡事预则立，不预则废。定计之前需要料敌，兵书上的料敌推断方法有：以己度敌，反观而求，平衡推导，观往验来，察迹映物，投石问路，顺藤摸瓜，按脉诊痛。科学的预见是谈判者成功的基础。在谈判之前应该先了解一下对手，他是谁？英国的哲学家培根说过，与人谋事则须知其习性以引导之；明其目的以劝诱之，与奸猾之人谋理，唯一刻不忘其所图，方能知其所言；说话至少，且须出其不当意之际，于一切的艰难的谈判之中，不可存一蹴而就之想，唯徐而图之，经得起瓜熟蒂落。这段论述十分精彩，在谈判之前了解把握对方的情况越多越好。精明的谈判者要有“月晕而识风，础润而知雨”的敏锐目光。能从现状看到未来，提出真知灼见。坚持这样一条主线：高度重视—充分准备—方法得当—坚持到底，就能谋求合作、寻求共识、共解难题、达到双赢。

5.“诚”

谈判是双方（各方）观点互换、情感互动、利益互惠的人际交往活动。以诚待人、真诚求实、信誉至上、实事求是，这是商务谈判的首要原则。俗话说：“精诚所至，金石为开。”真诚对于做人来讲是人格，人无信则不立，对于谈判作风而言也是至关重要的。早在春秋战国时期，思想家孟子说：“诚者，天之道也；思诚者，人之道也。”韩非子曰：“小信诚则大信立，故明主积于信。”一代圣人孔夫子更是出语惊人：“民无信不立！”17 世纪，亚当·斯密说过：“最为商业化的社会也是最讲道德的社会。”资产阶级思想家正是着眼于这一点，几乎一致地把市场经济的本质规定为“契约经济”或“信用经济”。

韦伯在其《新教职工伦理与资本主义精神》中就提示了诚实守信对于市场交易的重要意义，他无数次强调的一个信条就是“信用就是金钱”。在今天的西方发达国家，“市场经济的灵魂就是信用”“诚信是最好的竞争手段”等理念已深入人心。日本“经营之神”松下幸之助曾这样解释过企业道德：企业道德就是从事经营的正确心态，亦即作为一个经营者应该担负的使命，作为企业就是要开发一些对人们有用的东西，并尽量使之合理化，在取得合理的利润外尽量使价格便宜，减少浪费，这就是所谓的企业道德。诚信为本，顾客盈门，“真”是道德的基石、科学的真谛、真理的追求。谈心要交心，交心要知心，知心要诚心。言而有信，对手放心，以诚相待，才会双赢。一个谈判者可以是精明强干、难以应付的，但同时必须是一个言而有信的人，要做一个既精明又可以信赖的谈判者。

6.“谐”

“谐”就是要营造和谐的气氛。任何的谈判都是在一定的气氛中进行的，气氛的发展变化直接影响着整个谈判的前途。营造友好合作的气氛，并不仅仅是出于谈判策略的需要，更重要的是双方长期合作的需要。尽管随着谈判的进行会出现激烈的争辩或者矛盾冲突，但是双方应是在友好的、合作的气氛中去争辩，不是越辩越远，而是越辩越近。营造和谐友好气氛，必须有一个合理的心态，合理的心理状态要努力达到以下境界。

（1）“饱而不贪”。“饱而不贪”即谈判的基本目标已实现，可以扩大成果，但不可“吃双份”，否则过分贪图侵犯对方的基本利益，就会引起对方的反击，使谈判陷入危机之中。

（2）“饥而不急”。“饥而不急”即在谈判中得到的条件离要求差得很远时，不能急躁从事。因为此举会造成语句不当、表达不适、施加压力过分、谈判气氛紧张。

（3）“急而不慌”。“急而不慌”即当谈判毫无进展、己方一无所获时不要慌乱，而要根据交易的必要性、条件的差异性，以及对方的言谈态度，冷静思考对策。

（4）“争之不松”。“争之不松”即在谈判对手产生更强的欲望、使谈判难以达成协议时，要尽力控制对手的追求和欲望，要控制让步条件的时机，使对手感到得到的条件来之不易、倍加珍惜。

(5)“望之有望”。“望之有望”即在对手强攻不下且十分沮丧时，应设法使对方有动力支持谈判继续下去。在谈判中，做到不讲“绝对”、节奏松紧适当、让步适度，就会呈现“柳暗花明又一村”的谈判景观。

7.“美”

“美”就是语言美。谈判者的语言文明、言辞得体，自然有利于谈判双方建立良好的人际关系，进而营造理想的谈判氛围。出色的语言艺术在谈判中还可以使人转忧为喜、转怒为和、缓解冲突、化解矛盾、变不利态势为有利态势等。“良言一句三冬暖，恶语伤人六月寒”。在谈判这样一个社交场合，幽默风趣的谈吐能够调节气氛、放松心情、打破僵局、化解对立。幽默的语言能增添论辩的力量、避开对方的锋芒，于谈笑之间瓦解对方的攻势。锐利而不失和气，针锋相对而不失委婉，绵里藏针而不失幽默，这就是优美语言的艺术魅力之所在。

最后必须指出对于优美语言艺术的掌握，绝非语言本身问题。陆游说：“汝果欲学诗，功夫在诗外。”这就是说，语言艺术水平的高低，反映着一个人的知识、智慧、能力和思想修养。说到底，语言艺术只是谈判者知识、智慧、才华和品格内在素质的外在表现，美的语言和行动来自一颗美丽的心灵，我们永远不应忘记这个真理。悦耳的谈判语言只是天边的浮云，只有善良、真诚、朴实无华才是我们赖以生存的大地和根本。

【案例 8-5】把木梳卖给和尚

有家大公司在招聘营销主管时，出了一道实践性的试题：把木梳尽量多地卖给和尚。绝大部分应聘者面对如此怪题感到困惑，纷纷离去，最后只剩下三个应聘者：小伊、小石和小钱。负责人向剩下的三人交代，从今日开始，以 10 日为限交卷。10 日期到，三人来到了公司。小伊汇报说，他只卖出了一把木梳。他讲述了历尽的辛苦，以及受到众和尚的责骂和追打的委屈。好在下山途中遇到一个小和尚一边晒太阳，一边使劲挠着又脏又厚的头皮。小伊总算说服他买了一把。小石比小伊成绩要好，他卖出了 10 把。他说一天他去了一座名刹古寺，由于山高风大，进香者头发都被吹乱了。小石找到了寺院的住持说：“蓬头垢面是对佛的不敬。应在每座庙的香案前放把木梳，供善男信女梳理鬓发。”住持采纳了小石的建议，买下了 10 把木梳。轮到小钱了，他总共卖掉了 1 000 把木梳。小钱介绍说他来到一处颇具盛名的深山宝刹，这里朝圣者如云，施主络绎不绝。小钱对住持说：“凡来进香者，多有一颗虔诚之心，宝刹应有所回赠，以做纪念，保佑其平安吉祥，鼓励其多做善事。我有一批木梳，你的书法超群，可刻上‘积善梳’三个字，然后可做赠品。”住持大喜，立即买下了 1 000 把木梳，并请小钱小住几日，共同出席了首次赠“积善梳”的仪式。得到“积善梳”的施主和香客，很高兴，一传十，十传百，由此朝圣者更多。住持主动要求小钱再多卖一些不同档次的木梳，以便分层次地赠给各种类型的施主与香客。但 10 日期限已到，小钱只好赶回了公司。考核结果自然是小钱争得了营销主管的位置。问题：该案例说明了什么？从战略营销的角度看，小钱的销售思路有什么特色？

资料来源：摘自《本周金融信息》总 310 期。

【小知识】小微企业的专精特新发展

专业化：小微企业专业化发展。要提高生产工艺、产品和服务、市场专业化水平，成为产业链中某个环节的强者。培育为大企业和龙头企业配套地生产关键零部件、元器件的骨干型小微企业。鼓励为大企业配套，加强小微企业分工协作，培育一批“配套专家”。

精细化：小微企业精细化发展。建立精细高效的管理制度和流程，开展精细管理，生产精良的产品，提供精致服务。用高、精、尖产品和服务赢得市场。小微企业走差异化成长道路，赢得市场竞争优势。

特色化：小微企业特色化发展。大力发展地方特色产业，从满足不同层次、不同消费群体的需求出发，在“特”字上做文章，做到人无我有、人有我特，形成自己的特色产品、特色服务等。

新颖化：小微企业新颖化发展。通过技术创新、工艺创新、功能创新，实现产品和服务创新，以“新”取胜，提高核心竞争力。

【知识拓展】管理营销中的“奥数”及心智启迪

拓8

思考题

1. 小微企业产品开发策略主要有哪些？
2. 小微企业怎样进行市场开拓？
3. 什么是促销策略，小微企业促销方式有哪些？
4. 小微企业市场开拓模式主要有哪些？
5. 试述市场开拓双赢谈判要诀。

即测即练

习题8

第 9 章

小微企业品牌构建与形象塑造

学习目标

- 掌握小微企业品牌成功精髓
- 理解小微企业品牌设计原则
- 了解名牌质量意识与民族工业精品保护
- 了解小微企业形象塑造的作用及其策略

【案例 9-1】指甲钳为王的梁伯强

赢得竞争优势、夺取领先地位、获得更大效益，成为全球经济竞争的新景观。名牌像号角，激励着世界各国人民去争创；名牌像史诗，鞭策着世界 500 强再度辉煌；名牌像标尺，衡量着各国经济发展的时速。市场经济在一定程度上讲就是名牌经济，竞争的最终局面是名牌瓜分天下、精品扮演主角。无怪乎有人说：农业时代竞争土地，工业时代竞争机器，信息时代竞争品牌。名品精品是来之不易的国之瑰宝。它是企业形象的依托，它具有举世公认的经济价值。其产品特征是：品种适销对路，技术优良可靠，市场久畅不衰，企业服务周到，而且家喻户晓、信誉卓著。一个国家、地区拥有名牌产品的多少，可反映其综合经济实力和社会地位的高低。名牌是信誉，是瑰宝，是人类文明的精华，是一个国家和一个民族素质的体现，既是物质的体现，又是文化水准的体现。因此，它往往成为一个国家和民族的骄傲。驰名商标比企业其他有形资产更加宝贵，它可以创造更多的价值。

9.1 小微企业品牌成功精髓

成功的品牌是相似的，其精髓是：求真、精准、创新、臻美。

9.1.1 求真

真、善、美既是人类社会的永恒话题，又是多么令人向往的字眼！而“真”位居其首，它是道德的基石、科学的本质、真理的追求。在品牌运营过程中，真，即科学生产经营。要求企业在打造品牌过程中必须讲求“认真”二字，要“眼睛盯着市场，功夫下在现场”，为消费者生产和提供优质的产品及服务。品质是一个品牌成功的首要保证，也是精品质量的生命线。品质就是市场，品质就是利润，品质就是信誉。一个真正的品牌不是靠政府的评比而来，也不是靠铺天盖地的广告制造出来，而是以自己的优秀质量在消费者的心目中逐步树立起来的。下面以中国乳业第一品牌以伊利为例。

在伊利，品质有几层含义。第一，产品的安全性能；第二，产品的科技内涵；第三，生产管理的先进程度；第四，服务水准。伊利集团始终从原奶质量的稳定性、可靠性抓起，一直到所有的销售终端，它们的生产全部是采用全世界最先进的生产设备、工艺，坚持全世界最严格的管理标准，发挥亚洲领先的研发能力，实施精确管理，从顾客需求出发，严密控制所有流程、所有细节，追求的是全方位的品质领先。在品牌建设上，坚持先品质后品牌。首先保证产品的安全和品质，先提供健康和营养的产品，然后，再给大家提供快乐和幸福的心理体验。所以伊利的品牌是建立在扎实的基础工作之上，依靠真情的付出，一点一滴地渗透到消费者心里。在伊利人眼里品牌战不是空间战，而是持久战，强大的品牌根植于优质的服务、先进的技术和可靠的品质之中，这也是伊利从来不追求轰动效应的原因，所以在老百姓眼里，伊利不一定是最耀眼、最热闹的，但伊利肯定是最亲切、最踏实的。在2006 年召开的第四届中国食品安全年会上，共有 10 家企业获取食品安全企业荣誉。其中，内蒙古伊利实业集团股份有限公司获得“2006 年度全国食品安全十强企业”称号，伊利集团董事长潘刚被评为“2006 年度全国食品安全十大人物”，成为乳品行业唯一入选企业。这充分体现了伊利集团在中国乳业乃至中国食品业安全领域的市场及技术领先性。高品质是品牌的生命力，没有可靠的产品品质，光靠宣传和包装做出来的品牌是无法长久的，充其量是建立在沙滩上的亭台楼阁，虽然好看一时，但终究会轰然倒塌。这一点已经得到众多企业实践经验的证明。

奶源决定乳品质量，科技制胜乳业未来，品质奠定品牌地位。凭借着不断提供中国最高品质的乳品，由于有完善的质量控制体系严格把关，伊利没有出现过一次产品质量事故，没有出现过一次产品品质问题。可靠的产品品质既赢得了消费者的信赖，其品牌形象也在消费者心里牢牢扎下了根。

9.1.2 精准

精准定位是品牌的核心价值的精髓，是一个品牌区别于其他品牌最为显著的特征，个性是品牌的第一属性，世界上最伟大的商业资产是品牌个性在消费者心智中的占位，因为这是最难以复制的，因此比技术、渠道等资产更稀缺、更宝贵。一个品牌最中心、最独一无二、最不具时间性的要素通常表现在核心价值上。品牌核心价值就像品牌的原点，只有原点定准了，圆规才能画出好圆。品牌是一种产品乃至一个企业区别于其他产品和企业的标志，品牌的核心价值是指品牌承诺消费者的功能性、情感性及自我表现利益，它让客户和消费者明确、清晰地识别并记住品牌的个性和特点，是驱动消费者认同、喜欢一个品牌的主要力量。纵观国外杰出品牌，这些品牌虽然在行业特征和产品沿革上不尽相同，但它们无一例外地有一个共性，那就是它们都拥有与众不同精准定位的价值观。

如劳斯莱斯轿车精准定位的核心价值是“皇家贵族的气质”，劳力士手表的核心价值是“成功、尊贵”，登喜路服饰的核心价值是“贵族的、经典的”，香奈尔香水的核心价值则是“时尚的、浪漫的”。

在同质化高度发展的今天，品牌的核心价值将像独特性是人生命力个体标识一样，成为品牌差异化的关键，而差异性就是竞争力。品牌核心价值是品牌资产的主体部分，它让消费者明确、清晰地识别并记住品牌的利益点与个性，是驱动消费者认同、喜欢乃至爱上一个品牌的主要力量。

忽视品牌核心价值塑造是中国品牌建设的一大误区。如浙江素有拉链之乡的美誉，有几百家拉链企业，在全国乃至世界服装市场上占据着举足轻重的地位，其中一些企业为外国服装采购商和品牌商配套生产优质的拉链。但在这个中国甚至世界最大的拉链产业基地里，却找不出一个在国内和世界市场上有一定影响力的拉链品牌。

品牌的核心价值精准定位，既可以是产品的功能性利益，也可以是情感性利益和自我表现型利益，一般而言，每一个行业，其核心价值的归属都会有所侧重。例如，食品产业，会侧重于安全生态、环保等价值；信息产业，会侧重于科技、创新等价值；医药产业，会侧重于关怀、健康等价值；等等。

提炼某一个具体品牌的核心价值，应结合目标群心理，对竞争者品牌和本品牌的优势进行深入研究，突出“鲜明”的特点。

首先，分析同类品牌核心价值寻找差异点。品牌的核心价值应是独一无二的，具有可识别的明显特征，并与竞争品牌形成鲜明的区别。如在国产家电品牌中，海信的核心价值是“创新”，而科龙的核心价值是“科技”。它实际上也就是品牌的独特性。一个品牌的核心价值如果与竞争品牌没有鲜明的差异，就很难引起公众的关注，也就不能创造销售奇迹。

其次，塑造差异化的品牌核心价值是企业避开正面竞争，低成本营销的有效策略。农夫山泉在竞争异常激烈的瓶装水市场杀出一块地盘，靠的就是“源头活水”这一高度差异化的核心价值。

再次，企业在定位差异化核心价值时首先应对同一生存环境下的其他品牌的核心价值做分析，尤其是要分析主要竞争者的核心价值，品牌的核心价值要与竞争者有所区别。如在洗发水市场，由于宝洁卓越的多品牌战略把许多细分市场牢牢占领，再加上宝洁财力雄厚，很少有企业敢动洗发水市场的主意。因为能划分的市场区隔和可以定位的价值利益点似乎都被宝洁抢先占住了。而重庆奥妮却别出心裁地对市场进行细分，把洗发水分为化学和植物两类，提出“植物润发”的核心价值，撬动了被宝洁封锁得铁桶一般坚硬的市场。

最后，品牌的核心价值一旦确立，就要以水滴石穿的定力去维护它。企业的一切营销传播活动都要围绕品牌核心价值而展开，让品牌的每一次营销活动、每一分广告费都为品牌做加法，起到向消费者传达核心价值或提示消费者联想到核心价值的作用。久而久之，核心价值就会在消费者大脑中烙下深深的印记，并成为品牌对消费者最有感染力的内涵。品牌的价值就在于它的内涵力量。如果一个品牌没有真正使消费者认同的某种内涵信任点，充其量也就是一个商标名称而已，名称有识别功能而无购买力量。

在中国，没有用过宝洁产品的人恐怕不多。据估计，在中国日用化学品市场上，宝洁产品所占的比例在 60%左右。与麦当劳、可口可乐不同，宝洁公司对消费者的承诺是系列产品：海飞丝、舒肤佳、潘婷、飘柔、佳洁士、玉兰油……这些著名品牌是宝洁公司在追踪消费者需求的基础上，经多年研究开发出来的。用宝洁公司董事长白波的话说：宝洁公司把消费者的需求当作其奋斗的目标，常改常新，尽善尽美。

开发与创新是宝洁公司的灵魂。宝洁公司是美国最早建立研究与开发机构的大企业之一。目前，宝洁公司在世界各地建立了 18 个技术开发中心，公司拥有 8 300 多名科研人员，每年研究与开发的投入达到 15 亿美元，平均每年申请专利 20 000 项。到目前为止，宝洁公司已开发出的品牌涉及洗涤和清洁用品、纸品、美容美发、保健用品、食品饮料，共计 300 多种。宝洁公司开发的著名品牌如表 9-1 所示。

表 9-1　宝洁公司开发的著名品牌

年份	品　牌	用　途
1879	Ivory 象牙	多用途香皂
1911	Crisco	纯植物性烘焙油
1946	Tide 汰渍	高效合成洗涤剂
1955	Crest 佳洁士	含氟、预防龋齿的牙膏
1956	Comet	具有漂白作用的清洁剂
1961	Head & shoulders 海飞丝	去头屑洗发液
1961	Pampers 帮宝适	一次性纸尿裤
1967	Ariel 碧浪	加酶洗涤剂
1972	Dawn	强力洗涤剂
1984	液体汰渍、碧浪	液体洗涤剂

1995 年 10 月 18 日，美国总统克林顿在白宫主持仪式，授予宝洁公司国家技术奖章，以表彰该公司在消费类产品方面创造性地开发和应用先进技术，以及为改善世界各国消费者的生活质量作出的非凡贡献。在此之前，苹果计算机的两位创始人史蒂夫·乔布斯和史蒂夫·沃兹尼亚克以及微软公司总裁比尔·盖茨曾获此殊荣。

如果说“真”与“善”是求实的两个层次，那么“善”应该是更接近于“顾客满意”这一终极目标。因为“善”更注重顾客的利益，更好地体现了顾客至上的营销理念。企业决不可为了自身利益而强行推销或是简单地去生产出售顾客喜好之物，而是应该生产销售那些对顾客有益的东西，不仅仅是消极地去满足顾客的需求，更要积极地去纠正、引导、创造需求。

人无信则不立，店无信则不兴。诚信对做人来讲是人格，对企业而言是信誉。人格就是力量，信誉则是无价之宝。没有灵魂精神，没有道德的才智，没有善行的聪明，虽说也产生一定的影响，但那只能导致坏的结果。高尚品质的人一旦和坚定的信念融为一体，诚信的理念与企业的经营目标结合在一起，那么企业文化的力量就势不可当。以蒙牛为例，在无资金、无市场、无工厂的“三无”条件下，蒙牛几乎一夜之间成为全国知名的乳品企业，其发展速度真是牛气冲天！蒙牛 2002 年以 1 947.31%的高速成长赢得了中国成长百强企业的冠军，跃升至中国乳业第 5 名。这与蒙牛企业文化建设中的“以德经商”密不可分。蒙牛经营理念的核心是注重人格的塑造，这也是企业文化建设的主线和灵魂。例如，在用人方面坚持“有德有才，破格录用；有德无才，培养使用；有才无德，限制录用；无德无才，坚决不用”的原则，在产品质量方面坚持“产品＝人品”“质量＝生命”的理念。道德人格是社会整体文化的基石，经营道德是企业文化之魂。以德治企、崇道德、尚伦理、讲人格、守信誉，不仅是一种良好的职业道德修养，而且也是精神文明的主要表现。“要想客盈门，诚信来待人。”只有不断加强企业经营者的道德修养，为顾客提供优质产品和良好的服务，才能获财货之利。经营者要以德经商，以信为本，诚招天下客，誉从信中来，青山似信誉，绿水如财源，只有山青才能水秀，只有源远才能流长。

9.1.3 创新

创新是民族之魂！创新是民族永远不竭的动力！品牌创新是以科学的品牌战略使品牌的内涵和外延得以延伸，从而保持其长盛不衰的活力。品牌创立之后并非一成不变，其长远发展要依靠创新。世界的许多著名品牌都是在不断创新中生存、发展下来的。例如世界著名品牌万宝路，开始是以女性烟民为目标消费群，产品、广告均针对女性烟民，而后来这个品牌被重新定位，从香烟品味、包装直至广告均改为针对男性烟民，并创出了著名的万宝路牛仔，从而使万宝路品牌走向兴盛。

索尼公司很重视新产品的开发，它在科技开发上的经费投入占营业额的 6%以上。在推出新产品和改进型号方面，索尼公司是世界上最高效的公司之一，它每年推出 1 000 多种产品，其中约有 800 种是原有产品改进的，其余的完全是靠创新。从公司初创开始，井深大等创始人就不断强调公司产品的开发创新。无论是开发晶体管收音机，还是 CD 机等，都体现着公司的创新与进取。特别是在信息科技发展迅猛的今天，公司提出了“数字・梦想・融合”的发展口号，确定了公司在 AI(人工智能)与 IT 两大新领域发展的战略目标。

索尼公司这种从市场空白点切入，先发制人，领先一步发展新技术，研制新产品，以最快的速度推向国内外市场的产品领先者开发策略，满足了消费者的需求，得到了市场的认同，并取得了巨大的成功。索尼品牌也因此树立了不断创新者和技术领先者的形象。

中国品牌在不断的发展壮大中，越来越多的企业加入塑造品牌的行列，但品牌的塑造绝不是一句空话或者说一段时间的目标，它需要企业不断地抚育、不断地投入、不断地创新。因此走一条有中国特色的品牌创新之路对中国企业来说，是非常关键的。

联想是指人的思维由甲事物推移到乙事物，甲事物和乙事物在思维上属于因果联系，即由原因甲而想到结果乙。它属于遐想法的一种具体应用性思维形式，可以产生延伸效应。在企业形象设计中，联想法应用得比较广泛。如 CI 专家设计人员可以通过对自然界某种自然美的认识，而将其经过提炼、抽象和升华，达到一种理性的美，然后再把它转化为一种设计理念，最终体现在企业形象的设计上，转化为企业形象之美。这种美的转化意味着思维的一种创造。就此来说，联想也是一种创造性思维方法。

在中国服装界，新郎·希努尔像一匹当之无愧的“黑马”脱颖而出。短短 10 余年中，一个年轻的企业何以能够取得超常规、跳跃式的发展，成为同时拥有 2 个中国驰名商标、2 个中国名牌产品、4 项国家免检产品，国内最大的西服生产企业？如果探讨新郎·希努尔的成功有什么秘诀，那就是以“四两拨千斤”，走出一条品牌持久的自主创新之路。生产过程中设立了 360 道工序，从选取面料、蒸汽预缩、裁剪、缝制、整烫、终检到成品出厂，形成每道工序自检、互检再到组检、抽检层层把关、人人把关的局面，严格按照 ISO 9001:2000 质量标准进行控制，保证产品达到质量标准要求，出厂产品合格率达到 100%。同时延伸质量内涵，从产品质量延伸到工作质量和服务质量。大力强化员工的质量观念、效益观念和服务意识，力求以最优质的服务质量来保证最优的工作质量，通过增强服务意识、改进服务质量，做到上道工序为下道工序服务、部门为车间服务、生产为销售服务、销售为客户服务，通过各部门的共同努力，把最好的产品奉献给社会，以满足市场需求、满足客户要求。

建立现代企业管理制度，是实施名牌战略的基础工程之一。2003 年，新郎·希努尔集团公司组建成立了股份有限公司，成为产权明晰、管理规范的现代化生产企业，为名牌创建打下了坚实的基础。

公司在管理上，构建了“严、精、细”三位一体的管理体系。在人、财、物、产、供、销的各个环节中，责权明确。实行个人收入与责任贡献挂钩、成本核算管理目标责任制等制度。企业管理细化、量化、数据化，量化指标层层分解，对财务、生产流程、物资采购、仓储流通等数据统计实行信息化管理，由粗放管理转变为细化管理，促进了企业整体效率的提高。

重视品牌运营不能放弃细节，每个人都把细节做好，才是对品牌建设的最大支持。否则，细节失误、执行不力，就会导致品牌运营的面目全非。细节中的魔鬼可能将把品牌果实吞噬。从品牌形象的角度看，细节的意义远远大于创意，尤其是当一个品牌形象塑造方案在全国多个区域同时展开时，执行不力、细节失控，都可能对整体品牌形象形成一票否决。如果把企业比作一棵大树，基础是树根，管理是养分，战略是主干，品牌是果实，细节就是枝叶，放弃细节就等于打掉枝叶，没有光合作用，企业这棵大树再也无法结出品牌的果实。

9.1.4　臻美

要采用美感切入法，美感是指主体对客体某种品质的一种认同。美感的产生需要两个条件：一是客体存在着某种美的品质，这是美感产生的客观基础；二是感知这种美的存在必须具备相应的主体素质条件。没有文化的人根本无法同化文学艺术作品中的美，甚至可能发生对人体艺术作品的庸俗性理解。所以，美是主观与客观的统一。在长期的社会实践中，人们逐渐形成了美的理念，并以这种理念来判断事物、区分美丑，如对称、均衡、节律、和谐等。在现实生活中人们往往自觉或不自觉地凭借多年形成的美感来评价事物。

在企业形象策划中，如果设计人员能够自觉地把美的理念融入 CI 设计思想中去，从美感这个切入点展开思维，就会产生思维创新，创造出与众不同的新方案来。这就要求 CI 设计人员必须深入生活实践，细心捕捉自然、社会、思维等领域一切美的信息，将此升华为理念层次的美，并以这种美感来指导 CI 设计。美可以创造新思维，展示企业形象的新天地。形式的美，可以帮助雕塑企业的外部形象；道德理念之美，可以帮助我们塑造企业的理念与行为。总之，美是企业形象的灵魂，要塑造企业形象之美，就需要有美的形象设计师,选准美这个时代的切入点。一个好的品牌给人一个好的第一印象,唤起好的联想。好的形象主题陈述以简洁的一句话告诉受众产品是用来做什么的、企业是做什么的、它可提供什么益处,以及它与竞争者的区别,为什么它比竞争者更好。这就涉及一个品牌设计的问题,包括品牌名称(牌号)、视觉标识、品牌定位(形象主题)、品牌关联或品牌联想、品牌个性。设计的功能之一是正面强化上述企业产品形象。功能之二是在需要时建构(人为地构造)心理文化形态的产品(企业)形象,即通过设定理念性的主题而树立一种消费观念、消费行为模式,以使产品(企业)更快速、有效地品牌化。例如,1998 年,青岛电视机厂厂长取"海纳百川,信诚无限"之义,将"青岛"正式更名为"海信",并导入了以蓝红相间的品牌标志"Hisense"为基础的 CII 程,并将"海纳百川,信诚无限"确立为企业与品牌的内涵,突出了当时海信欲以博大胸襟和无限诚信追求成长的强烈愿望。

9.2 品牌设计原则

品牌设计中充满了艺术性和创造性,一般坚持以下几个原则。

9.2.1 简洁醒目 易读易记

品牌的最基本功能是吸引消费者,使品牌在消费者的记忆中占有一定的地位。品牌应体现出易看、易读、易记的特点,使之有利于消费者识别,有利于品牌形象的宣传和推广;同时品牌设计简单明了,在一定程度上可以防止投机者钻空子,维护品牌的声誉。如果品牌标志设计复杂,则投机者在品牌上稍加改动就不易被察觉。

品牌设计时不应把难以诵读的字符串作为品牌名称,也不宜将呆板、缺乏特色感的符号、颜色、图案用作品牌标志。例如,"M"这个很普通的字母,对其施以不同的艺术加工,就形成表示不同商品的标记和标识:鲜艳的金黄色拱门"M"是麦当劳(McDonald's)的标记。由于它棱角圆润、色调柔和,给人亲切自然之感,至今,麦当劳"M"这个标志已经出现在全世界 73 个国家和地区的数百个城市的闹市区,成为孩子及成人最喜爱的快餐标志。

品牌标志既应在视觉上给人以美感,又要便于认知和传播,关键是充分体现企业的经营理念和所要表现的形象主题。如可口可乐的品牌形象设计:"Cola-Cola"流线型字体、朗朗上口的发音和红白相间冲击力极强的包装设计,充分体现了简洁流畅的美感原则。

一个好的品牌不仅需要一个好的名字,还需要设计一个好的产品标志来体现。最初,索尼产品标志设计成用高而细的斜体字母合成的"SONY",外加一个正方形框框。对这个设计,索尼创始人盛田昭夫先生极不满意。原因有二:一是与公司更换品牌的初衷——简单明了、独特易记相违背;二是"SONY"被正方形框框住,给人以禁止、拘束的感觉,与索尼的开拓创新的企业精神相抵触。经过细心规划,终于形成了延续至今的索尼标志——由正直的粗体大写字母组成的"SONY"。将细长字体变为粗体,去掉正方形外框,给人以沉稳踏实、明快简洁和自由豁达的感觉。

【案例 9-2】国际品牌名称释义

国际品牌要在全球范围内营销,必须跨越种种文化障碍,如语言差异、消费习惯差异、宗教信仰差异、制度差异等。因此,国外品牌打入我国市场,往往会慎重考虑命名问题。那么国际著名品牌的中文名是如何取的呢?

1. 餐饮品牌的起名

麦当劳:蕴含多层意义。

麦当劳,英文名称是“McDonald's”,它由店主人名字的所有格形成。西方人习惯以姓氏给公司命名,像爱迪生公司、迪士尼公司、福特公司。但中国人则比较喜欢以喜庆兴隆、吉祥、新颖的词汇给商店命名,如“百盛”“大润发”“好来顺”“全聚德”“喜来登”等。McDonald是个小人物,他比不上爱迪生,人家是世界闻名的大科学家,也不如迪士尼,因为迪士尼成了“卡通世界”的代名词,所以如果老老实实地把“McDonald's”译成“麦克唐纳的店”,就过于平淡,而译为“麦当劳”就非常成功,具体表现在以下几个方面。

(1) 大致保留了原发音。

(2) 体现了食品店的性质。

(3) 蕴含着“要吃麦就应当劳动”的教育意义。

(4) 风格既“中”又“洋”,符合华人的口味。

2. 饮料品牌的起名

可口可乐:绝妙之译。

众所周知,“可口可乐”就是“Coca Cola”,但很少有人追问:那是什么意思?原来Coca和Cola是两种植物的名字,音译为“古柯树”和“可乐树”,古柯树的叶子和可乐树的籽是该饮品的原材料,古柯叶里面含有古柯碱,也叫可卡因(有时用作麻醉药)。这样枯燥乏味甚至有点可怕的名字居然被翻译成“可口可乐”,真是让Coca Cola公司“化腐朽为神奇”。“可口可乐”译名的成功之处如下。

(1) 保留了原文押头韵的响亮发音。

(2) 完全抛弃了原文的意思,而是从喝饮料的感受和好处上打攻心战,手段高明。

(3) 这种饮品的味道并非人人喜欢,很多人甚至觉得它像中药,但它却自称“可口”,而且喝了以后还让人开心。善于进行自我表扬,讨好大众。

上述两例是保留原品牌名称发音而改变原意的成功范例。再例如译为“奔驰”的名牌汽车,该品牌全名“Mercedes Benz”取自该汽车公司老板爱女的名字,译为“奔驰”是删除了复杂的Mercedes,简洁而响亮。

3. 家居品牌的起名

“Ikea”译为“宜家”是高招。

“Ikea”家居品牌,即便在瑞典也很少有人知道它的意思,是聪明的中译者赋予它“宜家”这美好的含义。实际上,Ikea是该品牌的创始人Ingvar Kamprad和他的农场名Elmtaryd及村庄名Agunnaryd的词首字母组合。

有的品牌名称只进行音译,如“麦斯威尔”咖啡,仅是“Maxwell”的发音而已。由于它的诉求对象是白领阶层,尤其是“外向型”白领,因此这个名字是成功的。但如果想让广大华人买账,就不如“雀巢”。在雀巢咖啡刚进入中国内地时,听村里的农民议论:“雀巢”咖啡就是“鸟窝”咖啡。即使没文化的人也会对它产生兴趣,可见名称的戏剧性效果非常有利于提高品牌的知名度。

名牌手机“诺基亚”，芬兰文原名“Nokia”，是生产厂家所在小镇的名字，很显然，译文比原文更富有高科技感，好像还有点“承诺亚洲”的味道。

资料来源：陈承欢，杨利军，高峰. 创新创业指导与训练[M]. 北京：电子工业出版社，2017，有改动.

【感悟与探索】

一个好的名字是一个企业、一种产品拥有的一笔永久性的精神财富。名称对于一个企业的发展、兴衰起着至关重要的作用。企业拥有一个好名字，产品获得一个好品牌，是世界公认的“无形”资产。俗话说得好，名利，名利就是有名才有利。

名字不单纯是一个符号，在其背后有着思想的寓意、文化的背景、理想的存在、个人与企业实力的展示。事业的成功与否虽不完全取决于名字的好坏，但名字无疑是影响事业发展的重要因素。

一个成功的企业，要创造出自己的名牌，首先必须打出自己响亮的名称。公司的名称好比一面旗帜，它所代表的是公司在大众中的形象问题。这是一个公司走向成功的第一步。名字响亮能让更多的人识别企业、了解产品；公司和产品有广泛的知名度和良好的信誉，才能吸引更多的客户、产生更大的效益。一个企业，只要其名称、商标一经登记注册，就拥有了对该名称的独家使用权。一个好名字能时时唤起人们美好的联想，使其拥有者得到鞭策和鼓励。以中国体操王子李宁的名称命名的“李宁牌”体育用品系列，寄寓了企业要以李宁的拼搏精神改变中国体育系列用品落后的局面，追求世界一流产品的企业精神。“李宁牌”对于他们来说，与其说是一个商标，不如说是一个企业精神的缩略语。

9.2.2 构思巧妙 暗示属性

一个与众不同、充满感召力的品牌，在设计上还得充分体现品牌标识产品的优点和特性，暗示产品的优良属性。例如，Benz(本茨)先生作为汽车发明人，以其名字命名的奔驰(BENZ)车，100多年来赢得了顾客的信任，其品牌一直深入人心。那个构思巧妙、简洁明快、特点突出的圆形的汽车方向盘似的特殊标志，已经成为豪华优质高档汽车的象征。这个品名与品标的有机结合，不仅暗示品牌所标定的商品是汽车，而且是可以“奔驰”的优质汽车。

【案例9-3】赏析公司名称

1. 华为

公司名字取义“中华之作为”，由一家成立于中国内地本土，成长为为世界各地通信运营商及专业网络拥有者提供硬件设备、软件、服务和解决方案的企业。

2. 百度

百度在取名之时，同谷歌所见略同，都围绕核心业务——搜索上做文章。“众里寻他千百度”是对于公司核心业务的最好诠释了。

3. Google

谷歌作为搜索巨头，其名称和搜索也颇有关系。Google来源于数学词汇“googol”，表示10的100次方。创始人Page和Brin认为这个名字比较符合公司业务，寓意着通过谷歌的搜索引擎可以获取很多信息。

4. 外婆家

外婆家是一个知名的餐饮连锁机构,成立于1998年。外婆家从第一家店开张时就已经明确了自己的定位,而这个定位一直坚持到现在。取名外婆家,顾名思义,小时候在外婆家吃饭既热闹又好吃,一家人格外亲切。

5. 上好佳

风靡全国的Oishi上好佳系列膨化食品是LIWAYWAY与上海食品杂货总公司合作,于1994年投入生产,在20多年时间内,开发100多种品味。优良的品质、中等的价位和优秀的服务,使上好佳系列休闲食品畅销全国各大中心城市,深受消费者的青睐。

Oishi在日语中是"美味"的意思,"上好佳"在中文里则是"最好"的意思。用这个词为企业和产品命名,蕴含着上好佳希望所有产品都能表现出非凡的品质、上好的口味,被广大消费者所钟爱、接受的美好愿望。

【讨论题】

(1) 试分析"华为""百度""Google""外婆家""上好佳"这些著名公司的名称是否符合公司起名的基本原则。

(2) 找几个大家都熟悉的公司名称,分析其寓意。

9.2.3　避免雷同　超越时空

品牌运营的最终目标是通过不断提高品牌竞争力,超越竞争对手。若品牌的设计与竞争对手雷同,将达不到最终超越的目的。据统计,我国以"熊猫"为品牌名称的有311家,"海燕"和"天鹅"两品牌分别有193家和175家企业在使用。由于世界各国的历史文化传统、语言文字、风俗习惯、价值观念和审美情趣不同,对于一个品牌的认知、联想必然会有很大差异。试想,若将"Sprite"直译成"妖精",又会有多少中国人乐于认购呢?翻译成符合中国传统文化特征的"雪碧",就比较准确地标识了标定产品的凉、爽等属性。

9.2.4　新颖别致　力求通用

品牌设计的艺术性要求很高,同时还应保证具有鲜明的特色。突出产品特色、做到与其他产品差别明显、便于消费者识别,这是对品牌设计进行评价的基本要求。品牌作为产品质量和产品信誉的标志,必须具有独特的个性、富有寓意,应能体现出企业的精神面貌和信誉,以及商品的性质和特点,要能给消费者留下美好的印象和深刻的记忆,并能引起强烈的兴趣,促其购买本企业的商品。所以,应该避免与其他企业的品牌相同或类似,防止本企业的商品与其他企业的商品混淆或使消费者误认。

世界各国各地区的风俗习惯不尽相同,品牌设计必须考虑在国外市场上是否能适合当地的风俗习惯。另外,由于企业经营国际化是一种发展的必然趋势,企业的品牌设计要力求通用,使得品牌在国际上尽可能多的国家和地区得到认可与接受。如品牌名称的设计要特别注意发音的便捷,力求名称简短、容易发音。企业设计品牌名称应放眼国际,尽量避免经过翻译后出现发音障碍。品牌标志的设计要考虑颜色。如具体规定标准字、标准色、标志性符号及其之间的合理搭配,具体使用时再根据情况进行选择,这对于连锁经营企业的品牌形象统一尤为重要。

9.2.5 语言准确 意境优美

法国作家雨果说，语言就是力量。品牌创意只有做到音美、形美、意美，才能收到美化语言、交流思想、说服他人的效果。要使语言精益求精，就必须做到以下三点：一是要下苦功，“吟安一个字，捻断数茎须”，不能马虎应付；二是要高标准、严要求，“有得忌轻出，微瑕须细评”，刻意追求最佳表达效果；三是要贴切自然，品牌内涵是文化，命名能令万古传。无论是品牌的创意、命名的酝酿，还是语言的表达，都要反复推敲、精心构思、千锤百炼，才能炉火纯青、美自天成，让人神思荡漾、情怀激越。

现代的市场经济是一个生机勃勃、富有挑战性和创造性的领域，然而无论品牌经营发展到哪个阶段，被冠以何种形态，对“真、善、新、美”的追求、完善品牌、超越自身是不会改变的。“真、善、新、美”的经营理念是使品牌常青的因素，它将帮助品牌采摘到“顾客满意”这一胜利的果实，从而实现品牌成功的梦想。

总之，名牌精品应给消费者真的品质、善的经营、新的知觉、美的享受，这才是品牌成功之真谛。

9.3 名牌质量意识与小微企业精品保护

名牌象征着财富、标志着身份、证明着品质、沉淀着文化；精品引导时尚、激励创造、装点生活、超越国界。国内市场国际化、国际市场国内化、世界市场一体化是当今全球经济发展的基本趋势。品牌是进入21世纪的入场券。因此我们在设计企业发展战略时，只有将品牌提升到战略的高度、树立名牌质量意识、保护民族工业精品，才能弘扬国粹、竞争制胜。

9.3.1 品牌精品身无价，国之瑰宝要光大

名品精品是来之不易的国之瑰宝。它是企业形象的依托，它具有举世公认的经济价值。名牌是信誉，是瑰宝，是人类文明的精华，是一个国家和一个民族素质的体现，既是物质体现，又是文化水准的体现。因此，它往往成为一个国家和民族的骄傲。驰名商标比企业其他有形资产更加宝贵，它可以创造更多的价值。美国可口可乐公司经理曾夸口说：“如果可口可乐公司在全世界的所有工厂一夜之间被大火烧得精光，那么可以肯定，大银行家们会争先恐后地向公司贷款，因为‘可口可乐’这牌子进入世界任何一家公司，都会给它带来滚滚财源。”

2019年全球最具价值品牌排行榜前五名分别是：苹果2 342亿美元、谷歌1 677亿美元、亚马逊1 252.63亿美元、微软1 088.47亿美元、可口可乐633.65亿美元。

犹如一个聚宝盆，驰名商标将企业的智慧、效率、资金效益等聚集一身，尽量将社会大众的期待需求、消费也都聚集于一身，并释放出强大的动力，推动企业和社会前进。

9.3.2 精品生命在质量，狠抓源头不放松

品质是一个品牌成功的首要保证，也是精品质量的生命线。品质就是市场，品质就是利润，品质就是信誉。一个真正的品牌不是靠政府的评比而来，也不是靠铺天盖地的广告制造出来，而是以自己的优秀质量在消费者的心目中逐步树立起来的。无锡小天鹅股份有限公司是我国最大的全自动洗衣机制造商。从 1989 年到 1999 年连续 10 年保持该行业市场占有率第一的骄人成绩。短短 10 年间，小天鹅公司以一个年亏损 197 万元的企业成长为仅品牌价值就达 24 亿元、年利润近 3 亿元的著名企业。小天鹅公司为使消费者参与产品质量的提高和改善，以重金奖励发现产品质量有问题的人。在该公司获得全国唯一一块金牌奖的第二天，就召开了“全面质量管理分析会”，发动全体员工从市场领先者的角度提出了 70 多条有关生产和产品的意见，并将洗衣机的质量标准由国家标准的 400 次无故障运转，提高到国际标准的 5 000 次无故障运转。同时，为进一步提高质量，推行了质量的“四化”措施，即质量标准国际化、质量管理标准化、质量考核严格化、质量系统规范化。通过这些质量管理手段，小天鹅公司不仅开拓了广阔的市场空间，也在消费者心目中树立了自己的良好品牌形象和概念，使企业的发展走上了良性循环的道路。透视小天鹅成功的背后，“观念比资金更重要”的理念模式、“末日管理”概念等企业文化使小天鹅自始至终保持旺盛的发展动力，是企业质量管理获取成功的法宝。以质量开拓市场、以品牌占领市场是现代企业提高产品竞争能力的行动准则。

9.3.3 提高质量创名牌，法制监督是保障

市场竞争靠产品，产品竞争靠名牌。如果说 20 世纪 80 年代的市场是杂牌和杂牌的混战，90 年代则是品牌对杂牌的淘汰战，那么今天的市场就是品牌与品牌的遭遇战，其惨烈程度可想而知。实施名牌战略、保护民族精品应采取以下策略。

1. 品牌意识，精心策划

树立名牌意识是创立品牌的首要任务。优良稳定的产品质量是名牌的标志。企业必须明确狠抓产品质量，在消费者心中树起品牌质量的丰碑，这是创立名牌的根本保证。品牌策划，百年大计。品牌一旦形成，或许是永恒的魅力，或许是永久的缺憾。众所周知的金利来领带，人们未见其货就先闻“男人的世界”之声，在人们心中留下深深的烙印。以“松下”传真机为例，由于其故障率高，且售后服务不完善，使得“松下”这一著名商标在消费者心目中的形象受损，成为一大败笔。因此，品牌策划应顺应市场变化、不断创新，在技术、质量、市场等方面赋予名牌的新内涵，才能永葆名牌的青春。

2. 以人为本，标准作业

产品就是人品，质量等于生命。以人为本的观念已深入人心，人员质量是产品质量的前提。企业是人的企业，人是企业的灵魂。人世间万事万物，人才是最宝贵的。只要有了高素质的人，什么人间奇迹都能创造出来。企业在市场上的竞争，表面看是产品的竞争，而实际上是科技的竞争，归根结底是人才的竞争。因为科学技术是人发明创造的，先进的工艺也是人应用于生产的，高质量的产品也是人开发、生产、制造出来的。实施标准化、精细化作业是创立名牌产品之根本。商品质量与作业标准密切相关。商品的标准是制造产

品的依据,严格地实施标准才能保证产品具有高质量。标准化的基础在于企业。企业只有将标准化工作抓上去,把技术标准、管理标准系统建立起来,而且全面发挥标准化的作用,才能强化企业管理、提高企业管理水平、创造名牌精品。为此,抓好企业的标准化工作,一是做好产品的抽检工作,强化技术措施,拓宽产品的抽检面。把好生产关和产品的出厂关,严禁不合格产品出厂,促使生产领域产品质量进一步提高。二是严格进行质检后处理工作。

3. 政策导向,公德教育

政府应从政策上给名牌企业相应的政策扶持,宣传保护名牌产品;对生产者和经营者进行社会公德教育,使名牌观念深入人心。同仁堂创立于1669年,信奉的理念就是:“炮制虽繁,必不敢省人工;品味虽贵,必不敢减物力。”做工精细,一丝不苟。经过300多年苦心经营,久负盛名。同仁堂在经营、管理、服务上形成了一整套独特的优良方式。相应地,宣传制售的药品也形成了四大特点:一是配方独特;二是选料上乘;三是工艺精湛;四是疗效显著。如今的同仁堂保持了自己的传统特点,还注重传统管理方法与现代科学管理相结合,使同仁堂从小生产向社会化大生产、从经验管理向科学现代化管理转变。通过教育使民众认识到保证产品质量、保护名牌精品就是敬业爱国,就是保护自己。同时要深入宣传产品质量法、消费者权益保护法,要提高全民的质量意识,形成全社会打假防伪的意识,要充分调动全社会的力量联合打假,形成强大的社会合力。为此,一是要教育广大群众增强质量法律意识。从自身做起,不制假,不售假,不买假货。激发人们自觉地维护合法权益,形成强大的自我保护体系,使假冒伪劣无机可乘。二是要聘请义务监督员。采取走出去、请进来等方法,广泛听取人民群众的意见、建议和反映,形成全民打假的网络体系。三是要设立举报箱和举报电话。方便消费者投诉举报,及时受理制售假冒伪劣违法案件,加大打击力度,依法捣毁制假、售假的黑窝点。

4. 强化监督,法制保护

创名牌难,保名牌更难。因此,政府及社会有关部门必须依法行政、规范市场、强化监督、法制保护。

首先,建立名牌保护的法律体系,完善法律保护措施。名牌需要规范市场行为、加强法律保护,才能得到不断发展。目前,我国对名牌保护的法律法规上,许多方面还不够完善。如对名牌商标的认识和保护,对名牌管理的法治化等问题急需解决,并与国际公约接轨。

其次,彻底消除地方保护主义。加强执法队伍内部建设,提高执法人员的业务素质和行政执法水平。一是要求各级领导必须树立正确的发展地方经济的指导思想。从本地的和长远的利益出发,狠抓产品质量的提高。政府部门及主要领导要对支持、纵容、包庇制售假冒伪劣产品的企业进行严肃查处。给执法人员撑腰做主,使执行部门和执法人员能理直气壮地打假,大胆地行使职权。真正使技术监督部门在社会上有为、有位、有威,提高技术监督部门打假的权威性。二是加强技术监督队伍建设,真正形成一支招之即来、来之能战、战之能胜的打假保真队伍,维护好社会经济秩序。三是在质量管理中,采取切实有效的措施,帮助指导企业推行全面质量管理。实行岗位责任制,把好工艺流程中的每道工序关和产品出厂关。四是对流通领域加强商品质量监督管理,督促经营部门自觉抵制假冒伪劣商品流入市场。五是加大产品质量检查力度，严厉查处、打击制售假冒伪劣产品的违法行为，使违法者无利可得，血本无还。六是要依法行政、严肃法纪、加强管理、严格执法。目前社会上自封名牌者有之，花钱买名牌者有之，乱封名牌者有之，广告吹嘘者有之，泡沫品牌有之，假冒名牌者更甚。尤其是假冒名牌产品泛滥成灾，不但损害了名牌产品生产企业的合法权益，而且危及了民族工业的发展，动摇了华夏民族的诚信之基。有些地区造假已成一定的气候和规模，地方保护愈演愈烈。从商标印制到包装装潢，从装送发运到分销零售，组织严密，一条龙服务。既损害了名牌精品的声誉，又威胁到名牌产品企业的生存和发展。政府及有关部门必须采取有力措施，加大执法力度，严厉打击假冒伪劣产品，强化监督，才能有效地保护和促进我国名牌产品的顺利成长。实施名牌战略，保护民族精品，不仅是一个产品问题，而且代表着国家的形象，涉及民族的自尊心和自信。有利于强化民族意识，增加民族的凝聚力。工厂创造产品，产品创造品牌，品牌沉淀文化，文化弘扬国粹、振奋民族精神。名牌是挡不住的诱惑、写不完的史诗。提高产品质量、保护民族精品是我们永恒的主题。

9.4　小微企业形象塑造的作用及其策略

现代社会，随着经济的发展、人们生活水平的提高以及人们文化视野的扩展，消费者的购买行为变得更复杂、更多元、更超前。他们不但要求企业提供优良的商品（或服务），并且要求企业同时提供商品（或服务）的附加值——企业形象和品牌形象的知名度。因此，企业之间的竞争也变成了企业形象及品牌的竞争。

企业形象实际上是指企业的关系者对企业所抱持的看法。一切与企业有关的人，很自然地与企业产生某种关系。而这些人便依照自我对该企业的观感来判断、评价企业，来购买商品或接受服务。因而21世纪的今天，市场竞争的炽热化和机遇面临的紧迫感，正使越来越多的企业决策人开始企业形象的思考。

9.4.1　企业形象的定义及特点

著名品牌专家 Keller 对企业形象所下的定义是：消费者在记忆中通过联想反映出对组织的感知。企业形象是指人们通过企业的各种标志，而建立起来的对企业的总体印象，是企业文化建设的核心。企业形象是企业精神文化的一种外在表现形式，它是社会公众与企业接触交往过程中所感受到的总体印象。这种印象是通过人体的感官传递获得的。企业形象的特点主要表现在以下四个方面。

1. 对象性

企业形象在不同的社会公众对象中有不同的理解和认识。企业要与方方面面的社会公众打交道，而公众自身的需要、动机、价值观、兴趣、爱好、文化素质等千差万别，导致他们在对企业形象的认识途径、认识方法上会有所不同。因此在塑造企业形象的过程中，要研究社会公众一般与个别的兴趣、爱好、需求等，尽可能取得社会公众的认同。

2. 效用性

企业形象代表着企业的信誉、产品的质量、人员的素质、管理的效率、股票的价值等，是企业重要的战略资源,是企业的无形资产,同时也是一种生产力。一个名牌企业的形象价值有时高得令人难以置信,但却是真实存在的。因此企业形象的塑造和建设是关系企业生存和发展的百年大计。

3. 整体性

企业形象包含的内容范围相当大,从物到人、从产品到服务、从经营到管理、从硬件到软件,无所不及,具有多方位、多角度、多层面、多因素的特点,它是一个复杂的系统。

4. 相对稳定性与可变性

企业形象一旦在社会公众心目中形成某种心理定式后,一般很难改变,即俗话说的“先入为主”,表现出相对稳定性的特征。当然,相对稳定性并不意味着一成不变,只要企业变化的信息刺激足够大,且这些变化又正是公众所关注的,那么公众对企业的态度和评价就会发生改变。

9.4.2 企业形象的作用

第一,良好的企业形象可以使企业得到社会公众的信赖和支持。这是企业开展一切经营活动的基础,是企业与其公众建立各种关系的基础。企业形象好首先意味着企业的信誉好,讲求信誉是企业的核心价值观,是企业理念中不可或缺的要素。唯有诚信至上,企业才能百年不衰。讲求企业信用是一种社会责任,因此,克拉伦斯·沃尔顿曾说,应该把企业看成讲信用、讲商誉、讲道德的组织,而不是赚钱的机器。可见企业的信誉形象能树立公众的精神信仰,使企业能够获得公众的长久支持。

第二,良好的企业形象有助于企业产品占领市场。良好的企业形象可以得到公众的信赖,为企业的商品和服务创造出一种消费信心。形象良好的企业在市场营销中具有很强的竞争力。由于消费者本来就对企业颇有好感,自然容易接受推销人员的游说。良好的企业形象也可以形成一大批追随者,以拥有和购买企业商品为荣耀,所以良好的企业形象等于为推销工作奠定了稳固的基础;成功地经营企业形象是营销活动永不枯竭的内在动力源泉,它可以为营销创造无可比拟的优越条件。

第三,良好的企业形象可以增强企业的筹资能力,提高经济效益。良好的企业形象有助于企业股票的出售、吸收资金、获得贷款等,这使企业在较短的时间内能够积聚大量资本、扩大经营规模、提高市场开拓能力和抗风险能力、增强发展后劲。据统计,20 世纪 90 年代以后企业形象广告支出平均年增长率为 22.4%,比商品广告支出的年增长率高出了 9 个百分点,这说明越来越多的商家已经认识到企业形象的神奇作用,进而通过企业形象的设计和传播获得高投入高回报的效果。

第四,良好的企业形象有利于企业广招人才、增强企业发展的实力。人才在好的企业不仅能人尽其才、发挥最大作用,进而实现自己的人生价值,而且能够获得更多的进修和学习的机会,不断提高自己的能力,充实自己,获得个人事业的成功。特别是对大学毕业的求职者来说,企业形象对他们有着非凡的魅力。换句话讲,每一家企业都必须保持良好的形象才能获得更多人才的青睐。

第五,良好的企业形象可以增强企业的核心竞争力。在第 10 届国际企业伦理和企业形象研讨会上,有关专家就曾预言 21 世纪企业的发展将以形象力的提升为导向,国际市场将进入“商品力、销售力和企业形象力三轴指向的时代”。今天这一预测正在得到应验，以形象力的提升为导向的企业 CI 设计与导入目前已风靡世界，充分利用 CI 全面导入来促进企业无形资产的增值，已被实践证明是增强企业竞争力的有效方法。企业通过高质量的设计、塑造和展示企业形象，就可以提高企业在国内外市场上和社会公众心目中的知名度，给企业带来丰厚的经济效益与社会效益。

9.4.3　小微企业形象塑造

品牌就像一面高高飘扬的旗帜，品牌文化代表着一种价值观、一种品位、一种格调、一种时尚、一种生活方式，它的独特魅力就在于它不仅提供给顾客某种效用，而且帮助顾客去寻找心灵的归属、放飞人生的梦想、实现他们的追求。形象广告中的企业文化，要讲求平衡，既要展示出企业的文化和实力，又要发人深省、语言真挚感人，达到“润物细无声”的境界。那如何才能塑造好一个公司的企业形象呢？可以从企业环境形象、产品形象、领导形象和员工形象等七个方面入手。

1. 科学的企业理念，是塑造良好企业形象的灵魂

当前，企业理念已成为知名企业最深入人心的概念，已在悄悄地引起一场企业经营管理观念的革命。在这种情况下，许多企业都制定了本企业的口号，反映企业的理念，显示企业的目标、使命、经营观念和行动准则，并通过口号鼓励全体员工树立企业良好形象。培育和弘扬企业精神，是塑造企业良好形象的一种很有效的形式，对企业的发展能起到不可低估的作用。当然，培育企业精神不能单一化，要与现代企业制度建设、企业的经营管理目标结合起来，使其成为企业发展的精神动力。

2. 优美的环境形象，是塑造良好企业形象的外在表现

企业环境代表着企业领导和企业员工的文化素质，标志着现代企业经营管理水平，影响着企业的社会形象。企业环境是企业文化最基本的反映。建设优美的企业环境、营造富有情意的工作氛围是塑造企业形象的重要组成部分。企业组成的任何一部分都是企业形象的窗口。因此，每个企业要精心设计厂区的布局、严格管理厂区的环境和秩序，不断提高企业的净化、绿化、美化水平，努力创造优美高雅的企业文化环境，寓管理于企业文化建设之中，陶冶员工情操，提高企业的社会知名度，为企业增光添彩。

3. 优质的产品形象，是塑造良好企业形象的首要任务

在现代企业制度中，企业自己掌握自己的命运，自谋生存，自求发展。而生存发展的出路，则往往取决于企业的产品所带来的社会效益。首先，企业要树立优质产品形象，就要把质量视为企业的生命。产品的好坏不仅是经济问题，而且是关系到企业声誉、社会发展进步的政治问题，是企业文化最直接的反映。抓好产品形象这个重点，就能带动其他形象的同步提高。其次，要在竞争中求生存，创名牌，增强企业的知名度，创造出企业最佳效益。在市场经济中，随着统一、开放、竞争、有序的全国大市场的逐步形成，企业必须自觉地扩大自己的知名度，强化市场竞争。多出精品，使产品在市场中形成自身的文化优势。同时，要加强产品的对外宣传，富于个性的宣传是塑造企业形象的重要手段。

4. 清正的领导形象，是塑造良好企业形象的关键

企业领导在企业中的主导作用和自身示范能力是领导形象的具体体现，也是塑造良好企业形象的关键。首先，企业领导的作风，是企业形象的重要标志。因此，企业领导干部要不断提高自身素质，既要成为真抓实干、精通业务与技术、善于经营、勇于创新的管理者，也要成为廉洁奉公、严于律己、具有献身精神的带头人。其次，要提高企业领导对企业文化的认知程度，成为企业文化建设的明白人。一是企业领导要将自己塑造成具有高品位的文化素养和现代管理观念的企业家，适应市场经济的需要，使企业在竞争中立于不败之地。二是要把握好企业文化的方向和基本原则，在学习、借鉴优秀企业经验的基础上，拓宽视野、不断创新。

5. 敬业的员工形象，是塑造良好企业形象的重要基础

员工是企业的代表，员工的形象就代表着企业的形象，所以企业要树立良好的形象，首先应该树立良好的员工形象，以以人为本做先导，把规范员工的行为、加强员工培训学习、引导员工树立敬业爱岗的思想，作为铸造精干高效队伍的根本。从细微处入手，从员工的仪容仪表、言谈举止等方面严格规范，并进行综合培训。员工的整体形象是企业内在素质的具体表现，把培养有理想、有道德、有文化、有纪律的"四有"新人作为企业文化建设的重要内容；培养员工干一行、爱一行、钻一行、精一行的爱岗敬业精神；树立尊重知识、尊重人才的观念；创造一种有利于各类人才脱颖而出的环境和平等、团结、和谐、互助的人际关系，从而增强企业的凝聚力、向心力，以员工良好的精神风貌，赢得企业良好的社会形象和声誉。

6. 规范企业制度和企业文化，是塑造良好企业形象的根本

员工行为要规范，企业行为重管理。大凡有作为的企业都是靠严格的管理成就起来的，它的规章制度严谨而健全，操作性非常强，可谓是有情的领导、无情的管理、绝情的制度。这就要求让指示服从制度、让信任服从制度、让一切习惯让位于制度，企业上上下下的每位员工都必须服从和服务于企业、忠诚于企业，只有这样才能形成合力、提高效率、创造效益、完善形象，也只有这样，企业才能沿着正常的轨道，朝气蓬勃地向前发展。员工来自不同的地方、不同的岗位，思维方式和价值观念千差万别，这就要求每位员工必须跟上企业发展的步伐，提高自身修养，不断充实和完善自我，找准自己的位子，挑起自己的担子，演好自己的角色。这样才能提升员工的素质和形象，从而树立良好的企业形象。

7. 利用网络加强对外宣传，提升企业形象

企业形象不仅要塑造，还需要宣传推广。在互联网高速发展的今天，成本低、见效快的网络推广无疑成为企业最青睐的方式，要通过网络提升企业形象，就得在多个平台上进行网络推广，因为现在网民接触互联网的途径越来越多，只在一个或者少数几个平台上做推广，无法网罗互联网庞大而分散的用户，要想取得显著的效果，就需要企业在多个平台上做多方位的网络营销推广。现在辅助企业做多方位网络营销的营销软件有很多，像SKYCC组合营销软件效果就很不错，操作简单，轻松实现多方位网络营销。除此之外，还应该做一些外部的努力，参加公益活动是树立良好企业形象的有效方法。

企业最高层次的管理是文化管理，最高层次的营销是文化营销，如何将企业文化凝结在企业品牌和企业形象的塑造中，需要企业管理者深刻理解企业文化的本质和内涵，将文化、品牌和企业形象三者有机结合起来，这样才能通过文化的传播提升企业的价值。

在21世纪的今天，由于市场竞争的炽热化和机遇面临的紧迫感，越来越多的企业决策人开始了企业形象的思考。总之，企业形象对于企业意义重大，为了企业能够在激烈的市场竞争中占得一席之地，能够获得更多的利润，企业应该按照“以人为本、重在建设、内聚人心、外树形象”的总体要求，加大力度搞好企业形象建设。

【知识拓展】竹品牌文化与企业家精神境界

拓9

思考题

1. 名牌产品的特征是什么？
2. 简述小微企业品牌成功的精髓。
3. 小微企业品牌设计原则是什么？
4. 试论名牌质量意识与民族工业精品保护。
5. 试论小微企业形象塑造的作用及其策略。

即测即练

习题9

第10章

小微企业文化与职工合理化建议

学习目标

- 了解企业文化内涵及其功能
- 理解经营道德是企业文化之魂
- 掌握企业文化与员工合理化建议
- 掌握大学校训理念的设计准则与践行路径

【案例10-1】蒙牛理念口号　演绎文化经典

例10-1

10.1　小微企业文化内涵及其功能

小微企业文化建设就是企业法人的世界观。在不同的领域，历史的积淀培育了丰富多彩的文化，如茶文化、饮食文化、建筑文化等。每个时代，文化都作为一种时代精神和民族心理深刻影响着人们的行为与思想。文化在政治、经济以及日常生活中均具有重大的作用和影响，不同文化背景的人有不同的行为准则和处事方式。这种长期积累起来的物的文化和精神文化统治着人们的心灵，指导着人们如何看待事物和自己。

文化也是人性的积累。文化的发展使人们远离愚昧，走近文明，使人与动物的区别越来越明显。先进的文化促进社会的发展，使人们能以越来越科学的眼光看待世界的本质，享受前所未有的美好生活。人类文化宝库中的小微企业文化，则是小微企业成长的精神支柱，对小微企业的发展起着至关重要的作用。

【案例10-2】

据报道，北京某著名大学的一位学生，居然用饮料瓶装上硫酸，到动物园去试验马熊的嗅觉，结果把马熊烧伤。他是计算机系高年级学生，具有现代科学技术的最新知识，但是他的不道德行为，说明他的文化涵养几乎是零，这种“能高人低”现象，是社会文明的悲哀，是现代教育的耻辱。为此，许多社会有识之士呼吁：文理交融教育已经成为一个迫在眉睫的问题，否则就有可能使我们辛辛苦苦培养的学生成为“有知识没文化”的人。

10.1.1　小微企业文化的内涵

何谓小微企业文化，目前众说纷纭、各执己见。有一类观点将小微企业文化看作仅仅是小微企业成员有关小微企业观念的总和，包括小微企业价值观、经营观、风气、员工工作态度和责任心等。而另一类观点对小微企业文化的诠释比以上的观点要宽泛得多，即以为小微企业文化是一种经济文化，是通过物质形态表现出来的员工精神状态。这种观点认为，小微企业文化不仅包括全体员工的价值观，而且包括在小微企业发展中形成的与员工形态相联系的一切文化活动，如小微企业经营观念、各种规章制度、人力资源运作理念、决策作风、生产方式、行为方式、小微企业物质环境、职业道德体系等。

企业文化的定义，可以用“企业文化如水”论来阐述：

企业文化是“柔情似水”。

企业文化是“水滴石穿”。

企业文化是“如鱼得水”。

企业文化是“水到渠成”。

企业文化是“水能载舟，亦能覆舟”。

企业文化是“滴水之恩，涌泉相报”。

以水为德，恩泽万物；以柔克刚，滴水穿石。水者，何也，万物之本源也。沙漠甘泉，绿洲之本，水是世界上最好的性格。老子曰：“上善若水，水善利万物而不争。”水生养万物而不据为己有，推动万物却不自恃己能，养育万物却不做宰制。企业文化注重弘扬水的三德，即低洼意识：低姿态、高境界；为而不争：善利万物而不争；以柔克刚：柔弱胜刚强。倡导像水样的“四性”：原则性：汪洋大海，能蒸发为云，变成雨雪，又能结成冰，不论如何变化，其本性不变。包容性：以自己的清洁洗净他人的污浊，有容清纳浊的宽大度量。适应性：遇到障碍物时，团队协作，蓄势而动，能发挥百倍力量。渗透性：主动进取，自己活动，并能推动别人。一个人，一个团队，一旦拥有了这样的水德、圣德，有什么人不能合作，有什么矛盾不能化解，有什么不同的文化背景不能融合？

10.1.2　小微企业文化理论的产生

小微企业文化是一种特殊的文化现象，它不应该被无限扩大，也不应该受到局限。我们以为，这样对小微企业文化进行界定比较合适：小微企业文化是在小微企业中为广大员工所遵循的价值观念、行为规范和思维方式的总和。小微企业文化是在小微企业成长过程中逐渐形成的，是小微企业的精神和灵魂。

就像科学事实在科学诞生前早已存在一样，小微企业文化无论在中国还是在国外，它也早已存在。但作为概念和理论，则是美国管理学界在研究比较了东西方成功小微企业的主要特征，特别是对美日小微企业做了比较研究后于20世纪90年代初提出的。因此，人们常说小微企业文化是“源于美国，根在日本”。小微企业文化是管理实践的沉积，是管理科学发展到一定阶段的产物，是管理理论的又一次革新。小微企业文化理论的出现，将管理科学带入了一个崭新的阶段。

第二次世界大战后，美国小微企业在行为科学理论和管理科学理论的指导下迅猛发展，劳动生产率得到了极大的提升。利润的大量汇集，使小微企业界一片兴旺，小微企业的规模也迅速扩展。很快，美国就成了经济强国。经济的强盛，让其在政治上也出尽风头。但是，20 世纪 70 年代初爆发了可怕的石油危机，美国的许多小微企业因此受到沉重的打击，竞争力大大削弱，劳动生产率在持续增长了 20 多年后戛然而止。

然而，作为战败国的日本，不仅令人惊奇地在很短的时间内治愈了战争的创伤，而且在战后的 30 年里，以每年 10%的增长速度赶上并超过了一个个西方发达国家。值得注意的是，70 年代工业发达国家由于石油危机而普遍发生通货膨胀时，日本经济却依然保持快速增长的势头。这种巨大的反差引起了管理学家的思考。研究发现，支撑日本小微企业迅速发展免受石油危机冲击的是以下三大法宝：终身雇佣制、年功序列工资制、团队精神。日本小微企业在管理上推行以人为中心的管理思想，注重员工工作热情的激发，强调全体员工共有价值观念的树立，重视培养员工对小微企业的忠诚，从而使小微企业充满了活力、凝聚力和竞争力。这些管理理念和做法促进了日本小微企业和经济的发展。1970 年，美国波士顿大学教授 S. M. 戴维斯在《比较管理——组织文化的展望》中，率先提出了组织文化的概念。1971 年，彼得·德鲁克也明确提出“管理也是文化，它不是‘无价值观’的科学”。由此，把管理作为一种文化探讨的观念开始初露端倪。

【案例 10-3】美国硅谷的坦德计算机公司

20 世纪 80 年代初，位于美国硅谷的坦德计算机公司的利润以每季度 25%的速率增长，年收入超过 1 亿美元，员工流动率很低。是什么原因使坦德公司如此兴旺呢？美国哈佛大学教授迪尔和麦肯锡管理咨询公司的咨询专家肯尼迪，经过分析研究后认为：“坦德公司的强文化是其取得成功的源泉。”具体说来，它的成功诀窍有四条：第一，在公司内部建立了一个被广为分享的哲学。这个哲学就是强调人的重要性，认为“坦德公司的成员创造性的行动和乐趣是其最重要的资源”。第二，在公司内部淡化等级观念，建立彼此平等的人际关系。坦德公司没有正规的组织机构，也没有什么正式的规章制度，会议和备忘录几乎不存在，工作责任和时间也是灵活机动的。公司内不挂显示职位头衔的标牌，不给负责人保留停车场地。第三，在公司内部树立英雄人物，编成故事，广为传播。第四，在公司内部形成了若干习俗和仪式。如星期五下午人人参加的“啤酒联欢会”。

美国管理界对照日本的经济发展，发现两国在小微企业管理上的一些差异可能是导致两国小微企业发展出现如此不同的重要原因。美国人崇尚独立和自主，注重个人发展，强调个人作用，缺乏将个体放在一个群体中思考的习惯。事实上，当个体处于群体中之后，他的行为规律与他独处时是不一样的，会发生巨大的变化。过分强调个人奋斗的精神而忽视其与整体及整体目标的融合，会导致小微企业整体力量的削弱。而日本小微企业的成功，可以归因于它们对群体中人的行为规律的把握，归因于它们对群体意识、小微企业价值观念的重视，即对小微企业文化建设的重视。由此，管理理论从注重对个体行为研究的传统做法，转而开始走向把人放在群体中考虑的做法，开始注重群体中人的行为规律特点。

【案例 10-4】

你可以去留心一下红灯时路口的行路人。当有一个人带头闯红灯时，会引起后面守规矩者的张望；当有几个人继续闯红灯时，这些张望的人也会开始犹豫起来；但当闯红灯者的人数再增加时，他们会毫不犹豫地加入违规者的队伍。这告诉我们一个道理，群体人数的增加，会造成群体中成员责任心的减弱。这是一种普遍的心理现象。

【讨论题】

请从行为原理角度分析，为什么会有这种现象？

10.1.3　小微企业文化实践案例

精明的小微企业家早就注意到不同的小微企业往往有不同的文化，认识到文化对小微企业发展前途有着重大的影响，并执着地塑造本小微企业特有的优秀文化。

20 世纪 80 年代，当人们去认真分析一大批名列前茅的优秀小微企业成功的原因时，发现主要是由于其有优秀的小微企业文化。这些生机勃勃的小微企业，由于重视小微企业文化建设而大大得益，尝到了甜头，甚至有的小微企业完全依靠优秀的小微企业文化而起死回生。

【案例 10-5】日本本田汽车公司美国分公司

日本本田汽车公司美国分公司，只有高层管理者来自日本，其余职工(包括中级管理人员与普通工人)都是美国人。这些美国人原本是在美国三家较大的汽车制造小微企业中工作的。该公司的生产率和产品质量，都超过了美国的同行。它成功的秘诀在哪里呢？美国《华尔街杂志》于 1983 年对该公司的经验进行了报道：“本田公司美国分公司突出的做法是缩小工人和管理人员在地位上的差别，把工人当作群体的一分子。每个人，不论是工人还是管理人员，同样都在公司的餐厅就餐，公司也没有为高级职员专设的停车场。职工被称作‘合伙人’。”这就是说，本田公司美国分公司的成功，应归功于高层管理者“重视人、尊重人，团结和依靠广大职工群众”的管理思想和管理实践。而这一点，恰恰是优秀的小微企业文化的精髓。日本本田汽车公司美国分公司是靠优秀的小微企业文化而取胜的。

这样的例子不胜枚举。1982 年，美国两位管理学专家托马斯·彼得斯、小罗伯特·H. 沃特曼在《成功之路——美国最佳管理小微企业的经验》一书中，认为超群出众的小微企业是因为它们有一套独特的文化品质。他们说：“我们发现几乎所有办得出色的小微企业总有一两位强有力的领导人”，而这些领导人“所起的真正作用看来是把小微企业的价值观管理好”，“出色的公司所形成的那套文化，体现了其伟大人物的价值观和他们那一套实际做法。所以在原来的领导人物去世后，人们可以看到这种为大家所共同遵守信奉的价值观还能存续好几十年”。

日本小微企业的高效率，是因为优秀的日本小微企业领导人在小微企业中培育了一种良好的文化品质，特别是树立了员工共同遵守的正确价值观，并且能够把它保持下去。美籍日裔学者威廉·大内认为日本人成功的秘诀，并非是技术原因，而是他们有一套管理人的特殊办法，即把公司的成员同化于公司的意识，养成独特的公司风格。索尼公司创始人盛田昭夫说："日本公司的成功之道并无任何秘诀和不可与外人言传的公式。不是理论，不是计划，也不是政府政策，而是人。只有人才能使小微企业获得成功。日本经理的最重要任务是发展与员工之间的健全关系，在公司内建立一种人员亲如一家的感情，一种员工与经理共命运的感情。在日本，最有成就的公司是那些设法在全体员工（美国人称之为工人、经理和股东）之间建立命运与共意识的公司。"日本小微企业依靠小微企业文化而获得成功，这已是公认的事实。

我国青岛海尔集团用"海尔文化激活'休克鱼'"的实践，说明了小微企业文化的巨大威力，引起了世界的关注。美国哈佛大学把它写成案例，编入 MBA（工商管理硕士）"小微企业文化与小微企业发展"这门课程的教材。

海尔集团总裁张瑞敏提出的"休克鱼"概念，在实施兼并战略中大显神威。所谓"休克鱼"，不是活鱼，也不是死鱼，而是处于"休克"状态的鱼，即是一些硬件比较好而软件不行的小微企业。张瑞敏认为，"休克鱼"问题说到底是文化问题，你要激活它，就首先要激活人！一个小微企业，如果所有的职工都积极行动起来，心往一处想、劲往一处使，这样的小微企业是不可能搞不好的。张瑞敏说："海尔能够发展到今天，概括起来讲就是两点，内有小微企业文化，外有小微企业创新。我们自己内部的小微企业文化就是能够不断地使所有的人都能够认同。"现在的中国小微企业，员工最需要的是什么？他认为是公平公正的观念，是平等竞争的环境。如果提供了这种文化氛围，满足了这种需要，就能调动起员工的积极性。

【案例 10-6】中国"海尔文化"激活"休克鱼"

1995 年 7 月 4 日，海尔兼并了青岛红星电器厂。红星电器厂累计亏损达 2.39 亿元，无法还贷。海尔只派了三个人去，去之前，张瑞敏对他们说："红星厂搞成这个样子，是人的问题，是管理问题。1 000 万、1 个亿，海尔都拿得出，但现在绝对不能给钱。要通过海尔文化及管理模式，来激活这个企业。"这三个人到了红星厂做的第一件事是按海尔文化来建立干部队伍。因为干部是小微企业的头儿，首先要把"鱼"脑子激活，才有可能把整条"鱼"从睡梦中唤醒。他们通过职代会来评议现有的 105 名干部，决定定编 49 名。海尔人在红星厂烧的第一把火，就是营造一个公开竞争的氛围，让原来所有的干部和全厂职工一起参加干部岗位竞争。结果，原来的 100 多名干部，通过竞争上岗的只有 30 多人；从来没有当过干部的人，有 10 多个通过竞争成了干部。这件事，一下就把大家的积极性激发出来了。公开、公平、公正的竞争氛围，是一股强大的推动力，人们不知不觉地就被推动得从迈方步到跑步前进了。干部问题解决以后，还面临一个资金问题。在当时的红星厂里，退回来的大量洗衣机堆积在仓库里，所有的销售人员都在家里待着，工人没有活干，发工资的钱也没有。红星厂的一些人找到海尔总部要钱。张瑞敏对他们说："钱肯定不给，你们的货都套到商场上去了，要想办法把货款要回来发工资。现在虽然是淡季，但从海尔的理念来看，只有淡季的思想，没有淡季的产品。如果你的思想处在淡季，就会把消极等待的行为看成是正常的；如果你认为没有淡季，就会创造出一年四季都一样卖得很好的产品来。树立了这样的观念，什么事情干不成呢？"于是，他们以山东潍坊市作为试点，派人去催要货款。潍坊的商家说："不行，你们厂有很多产品质量太差，都积压在仓库里，要钱的话，这些问题得先解决。"派去的人在总部的支持下，就以海尔的名义作出担保："第一，以后给你们的产品肯定不会再有质量问题。第二，原来有问题的产品全部收回，如果你们不放心的话，现在就可以把这些产品收回来当场销毁。"商场的人感动了，说："行了，有了这些担保就信任你们了，你们也不必在这里销毁，拿回去处理吧。"这样就把货款拿回来了。潍坊要款的试点成功以后，立即推广，红星厂的销售人员全派出去催收货款。这样，就缓解了资金困难。

海尔兼并红星，就是这样派了三个人去，没有增加一分钱的投资，没有增加一台设备，主要是去营造公开、公平、公正竞争的文化氛围，灌输并实践海尔的生产经营理念，输出海尔的企业文化。结果是：兼并的当月即 1995 年 7 月，亏损了 700 万元；8 月、9 月仍然亏损，但亏损额大大减少；10 月达到盈亏平衡；11 月盈利 15 万元，年底完全摆脱困境。红星厂救活了！被救活了的红星厂的职工们，牢固树立了"只有淡季思想没有淡季产品"的经营理念，他们开始把目光投向市场，决心开发出多种多样的产品，使本厂没有淡季。"小小神童"洗衣机就是填补淡季的产品。它是针对夏季的上海市场而设计的，因为上海人很喜欢清洁，每天都要洗衣服，而一般的洗衣机都太大，夏天的衣服比较少，很需要"小小神童"这种体积比较小、耗水和耗电都比较少的洗衣机。"小小神童"一生产出来就往上海送。果然不出红星厂设计人员所料，一上市就大受欢迎。在北京等一些大城市，也出现供不应求的局面。结果，在过去认为是淡季的日子里，红星厂的生产已经忙不过来了。

原本属于"休克鱼"的红星厂，被海尔激活以后，也开始为"吃"其他"休克鱼"做贡献了。海尔按照专吃"休克鱼"的思路，截至 1998 年 6 月底，连续兼并了 15 家企业。这些企业被兼并时的亏损总额是 5.5 亿元，兼并以后都已经扭亏为盈，而且盘活了近 15 亿元的资产。这不仅使得作为兼并者的海尔得到发展壮大，同时也使得被它兼并的小微企业获得了真正的新生。海尔兼并了那么多的厂，没有一个是进去就添置设备的，都是用原有的设备，在原有的厂房里，生产原有的产品，但比较快地改变了面貌，靠的是什么呢？靠的就是输出海尔的企业文化。

1998 年 3 月 25 日，"海尔文化激活休克鱼"作为哈佛大学商学院教学案例第一次进入课堂与 MBA 学员见面时，张瑞敏也应邀出席。按照哈佛大学教授的安排，张瑞敏当场讲解了案例中的有关情况，并回答了研究生们的提问。有人认为：这件事所显示的意义，绝不亚于"中国企业进入世界 500 强"这个目标的实现。

资料来源：中国"海尔文化"激活"休克鱼". 百度文库，2010，有改动.

10.1.4　小微企业文化的功能

企业文化作为社会文化的亚文化，对小微企业及其内部员工及整个社会都会产生影响和发挥作用，这就是小微企业文化的功能。根据国内外许多学者对企业文化的功能的概括，我们把它归纳为八个方面。

1. 振兴企业，改善管理

通过建设优秀的企业文化，使小微企业保持优势、形成特色、持续发展，在竞争中长期立于不败之地。这是被国内外许多企业的实践经验所证明了的真理，也是小微企业文化具有振兴功能的表现。

小微企业文化之所以具备振兴功能，在于文化对于经济具有相对独立性，即文化不仅反映经济，而且反作用于经济，在一定条件下成为经济发展的先导。但是，企业文化引导小微企业经济发展的效果，有一个时间上的积累过程，不能简单地理解为今天抓企业文化，小微企业经济效益就高；明天不抓企业文化，小微企业经济效益就低。

然而，持之以恒抓小微企业文化，必然会产生小微企业经济振兴的效果。从这个角度来看，小微企业文化的"适应与指导经济说"是能够成立的。

企业文化的振兴功能，不仅表现为振兴企业的经济，也能振兴企业的教育、科学以及整个企业的文明总体状态。所有这些振兴功能，是在小微企业文化系统和其他系统发生复杂的相互作用的情况下，共同显示出来的效果。因此，如果说振兴只是企业文化唯一地发挥功能的结果，往往容易引起争议，但如果说小微企业文化有振兴功能，则是没有疑义的。

小微企业文化建设，归根到底是为了推动小微企业的发展。通过文化教育活动，提高小微企业员工的整体素质，形成一系列为广大员工认可的群体意识、价值观念、道德准则、行为规范等。

小微企业文化使小微企业经营管理更具有深刻的思想性、丰富的人情味、鲜明的时代特色和人文精神。

小微企业文化对小微企业的振兴和对小微企业管理的改善功能，主要体现在以下几方面。

(1) 推动小微企业管理的重点转向以人为中心的现代化管理，以多种形式来鼓舞人的情感、平衡人的心理、维系人的忠诚、激发人的智慧、调动人的积极性、挖掘人的内在潜力。

(2) 培育小微企业精神，使之成为小微企业员工的共识，引导和规范员工的行为，增强小微企业的向心力和亲和力。

(3) 建立"软硬结合"，以"软"管理、"软"约束为核心的小微企业管理结构和管理模式，充分发挥员工的潜能和积极性，实现小微企业管理功能的整体优化。

(4) 培育小微企业个性，树立良好的小微企业形象，实施小微企业名牌战略，不断开拓市场，提高小微企业的核心竞争力。

(5) 在小微企业的生产、经营、管理过程中，促进小微企业的宏观管理和员工的自我管理相结合，形成一种文化管理模式。

(6) 调整管理组织，改革管理制度，培养管理人才，形成良好的小微企业人文环境。

通过小微企业文化营造，提高管理绩效，其载体有多方面，包括潜移默化的影响、与管理方法及管理手段的结合、向管理职能的渗透，等等。同时也要注意，一种不合时宜、顽固落后的小微企业文化也会阻碍企业的有效管理。

【案例 10-7】终极信任之道

我们应力戒走入两种管理模式的极端：一种是“铁腕手段”，另一种是“放牛吃草”。前者会让主管丢失民心；后者又有在一夕之间垮台之虞。这个平衡点确实很难取决，但若要遵循一定的法则，就能将“误闯雷区”的概率降到最低。要做到这一点就必须做到以下几个方面。

(1) 讲求实效：公司的创办宗旨绝不可等闲视之，更不容许有丝毫的折扣。

(2) 操守无虞：想要建立口碑，就不能是个“讲归讲，做归做”的伪君子。

(3) 关怀部属：员工不是机器，必须每日“灌溉”你的爱心。

而要落实这些崇高的理想，繁重的“基本学风”不可缺少，包括以下几点。

(1) 领导统御：强将手下无弱兵，但若缺乏严谨的职业培训，什么都是空谈。

(2) 小微企业组织：要是不能彻底改头换面，光是包袱就会使主管喘不过气来。

(3) 小微企业文化：要想长治久安，塑造独有的“公司文化”势在必行。

资料来源：方光罗. 小微企业文化概论[M]. 大连：东北财经大学出版社，2002.

2. 目标导向，全面发展

一般地说，任何文化都是一种价值取向，规定着人们所追求的目标，具有导向的功能。如果把经济比喻为“列车”，把科学技术比喻为纵横交错、四通八达的“铁路网络”，那么文化就可以比喻为“扳道指示器”。没有铁路，列车不能运行；没有科学技术，经济不可能发展；没有列车和铁路网络，扳道工是无所作为的。但在具备铁路网络和列车的基础上，文化“扳道指示器”却规定着经济“列车”在哪条道上奔驰。

回顾历史，同样是火药，西方用它来炸山开矿，旧中国却用它来做爆竹敬神；同样是罗盘针，西方用它来航海，旧中国却用它来看风水。这是资本主义文化和封建主义文化各自发挥其导向功能的结果。

特别指出，企业文化是一个企业的价值取向，规定着企业所追求的目标。卓越的企业文化，规定着企业崇高的理想和追求，总是引导企业去主动适应健康的、先进的、有发展前途的社会需求，从而把企业导向胜利。拙劣的企业文化，使企业鼠目寸光，总是引导企业去迎合不健康的、落后的、没有发展前途的需求，最终使企业破产。

小微企业文化对小微企业员工的思想、意识和行为有导向功能，对小微企业员工的心理、价值、思想和行为的取向起引导作用，而且对形成整个小微企业的价值观和目标起导向作用。

小微企业文化的导向功能具体体现在：第一，明确小微企业的行动目标；第二，规定小微企业的价值取向；第三，建立小微企业的规章制度，实现小微企业文化的目标，强调小微企业和人的全面发展。

【案例 10-8】鲁班文化的十二点定位

小微企业精神：敬业守业，业兴我荣，业衰我耻，自强不息，永不满足。

经营战略：立足北京，面向全国，开拓海外。

经营宗旨：以人为本，情系用户；以德为魂，服务社会。

指导思想：以市场为导向，把握机遇；以效益为目的，强化管理；以科技为先导，开源节流。

质量意识：塑鲁班铜像，做鲁班传人，创鲁班工程。

质量方针：以一流的工作，创一流的质量，争一流的信誉，求小微企业的发展。

人才观念：有贤不知不行，知贤不用不行，用贤不任不行，任贤不奖不行。

利益意识：没有小微企业的繁荣，就没有员工的幸福；没有员工的努力，就没有小微企业的发展。

人际关系：上下同心，和谐相处。

员工教育：热爱小微企业，献身小微企业；培育道德，提高修养。

市场观念：干一项工程，树立一座丰碑；交一批朋友，开一方市场。

远景目标：以向智力密集型小微企业为依托，推行施工总承包体制下的工程项目管理模式，逐步向工程总承包迈进，扩大经营规模，发展规模经济，参与国际竞争。

资料来源：方光罗. 小微企业文化概论[M]. 大连：东北财经大学出版社，2002.

3. 注重协调，发展文明

小微企业文化能够协调小微企业与社会的关系，使社会与小微企业和谐一致。因为无论中国还是外国的小微企业文化，其精神内容都是要使小微企业自觉地为社会服务。具体地说，通过文化建设，小微企业尽可能调整自己，以便适应公众的情绪、满足顾客不断变化着的需要、跟上政府新法规的实施。这样，小微企业与社会之间就不会出现裂痕，即使出现了也会很快弥合。

小微企业之间存在着极其剧烈的竞争关系，不管竞争怎样剧烈，客观上小微企业之间有或多或少的依赖关系，如甲小微企业可能是乙小微企业的用户，乙小微企业又可能是丙小微企业的用户，等等。这种既竞争又依存的关系，随着条件的变化，有的时候竞争显得很突出，另一些时候相互依存显得很突出。这种情况，不会因小微企业文化的发展而消失。但是小微企业文化的发展，却给竞争加上了必须"文明"的限制。这样，即使两个竞争关系特别突出的小微企业，也不致发生"过火的""越轨的"行为。这也是小微企业文化协调功能的一种表现。

小微企业文化具有对人际关系的润滑作用。小微企业群体活动总是在互相联系、互相信赖、互相协作的氛围中进行的。每个员工之间的关系，是通过小微企业文化所具有的共同价值观念，在其间起润滑剂作用，使小微企业员工具有共同信念、共同价值取向。步调一致，才有利于克服矛盾、减少摩擦、互通信息、互相体谅、密切合作，从而建立良好的人际关系，形成团结和谐的气氛。

企业文化建设，可以促进企业物质文明和精神文明协调发展。企业文化建设与精神文明建设紧密结合，实质上也是企业文化本质的必然要求。小微企业文化作为以文明取胜的群体竞争意识，"文明"是它的本质，它不可能脱离物质文明和精神文明而独立生长。小微企业文化的本质是文明，文明的本质是自然物质与崇高精神的结合。

小微企业文化作为以文明取胜的群体竞争意识，其实也是物质资料与正确思想的结合。因此，把小微企业文化归属于精神文明，把小微企业文化建设纳入精神文明建设的轨道，使小微企业文化建设与精神文明建设紧密地结合起来进行，完全符合小微企业文化的本质特点。当然，正如物质文明与精神文明要一起抓、两手都要硬一样，在把小微企业文化建设纳入精神文明建设轨道的时候，也要重视小微企业文化的物质载体，不能提高小微企业经营业绩和经济效益的小微企业文化是没有生命力的。企业文化通过各种方式潜移默化地影响企业员工的思想和行为，它结合精神文明战略目标和企业作为社会经济细胞的特点，把企业内部的文明建设同整个社会的文明建设衔接起来，从而达到更高的文明程度。

4. 凝聚人心，向心合力

小微企业文化可以增强小微企业的凝聚力、向心力。这是因为小微企业文化有同化作用、规范作用和融合作用。这三种作用的综合效果，就是小微企业文化的凝聚功能。

从形式上看，同一个小微企业内的员工，小微企业及其员工总是聚集在一起的。但是传统的管理理论把企业和员工的相互利用关系，作为管理工作的出发点与归宿。例如行为科学理论研究员工的各种需要，建议企业千方百计去满足这些需要，条件是员工必须为企业卖力干活。至于员工的目标和企业的目标是否一致、各个员工之间的目标是否一致，则不大过问，至少不认为它是一个重要问题。小微企业文化理论则不然，它把个人目标同化于小微企业目标，把建立共享的价值观当成管理上的首要任务，从而坚持对员工的理想追求进行引导。小微企业文化的这种同化作用，使小微企业不再是一个因相互利用而聚集起来的群体，而是一个由具有共同价值观念、精神状态、理想追求的人凝聚起来的联合体。

小微企业文化中的共有价值观念，一旦发育成长到习俗化的程度，就会像其他文化形式一样产生强制性的规范作用。进入一个共有价值观已经习俗化的小微企业就非得认同那种价值观不可。小微企业文化的强制性规范作用，大大加强了一个小微企业的内部凝聚力。

但是，文化强制与规章制度强制是不同的。对于本文化圈内的人来说，一点儿也不会感到文化强制的力量，他们总是极其自然地与文化所要求的行为和思维模式保持一致。对于从外面进入文化圈的人来说，确实会感到文化强制的巨大力量。但是，除直接文化强制之外，间接文化强制并无具体的强制执行者，而是新员工自己感到不习惯和不自然。如果新员工决心在这个文化圈内待下去，那么他很容易找到“老师”和模仿对象，会感到有一只看不见的手拉着他朝一个既定的目标前进。经过一段时间积累之后，新员工会完全融合到这个文化中去。这就是文化的融合作用。小微企业文化的规范作用是一种间接文化强制，因而也是一股潜移默化的力量，它对于新员工来说，对于异质文化的“入侵”，能够产生极强的融合作用，从而显示出凝聚功能。具体表现为以下几方面。

(1) 小微企业文化通过对员工的习惯、知觉、信念、动机、期望等微妙的文化心理沟通，使员工树立以小微企业为中心的共同理想、信念、目标、追求和价值观念，产生一种强烈的向心力。

(2) 小微企业文化能够通过改变员工的思想和态度，把一个小微企业的宗旨、理念、目标和利益纳入员工内心深处，使员工对小微企业产生认同感、使命感、归属感和自豪感，并自觉付诸行动。

(3) 小微企业文化能够产生强烈的团队精神，把员工团结在一起，同心同德，齐心协力，共谋小微企业的发展，使小微企业发挥巨大的整体优势。

当一个小微企业中的个体之间的关系融洽、心情舒畅、沟通顺畅、目标一致时，整体便显现出强烈的凝聚力和向心力。

【小知识 10-1】试论小微企业精神及其培育

磁铁和普通铁块都是由铁原子构成的，但为什么磁铁产生磁性？原因在于磁铁中的铁原子是以规则的方式排列着，形成了共同的“极性”，使之具有吸引力；而普通铁块中的铁原子排列杂乱无章，结果每个原子的极性都被彼此之间的冲突“内耗”掉了，形不成共同的极性，因而在整体上也就失去了吸引力。一个团体、一个小微企业也是这样，只有全体成员具有共同的理想追求和价值取向，才能防止“内耗”，形成“凝聚力”。重视培育和发扬小微企业精神，是社会主义小微企业精神文明建设的重要内容，也是精神文明建设与物质文明建设之间的重要结合点。倡导积极向上的小微企业精神，又是发展社会主义市场经济的需要。好的小微企业精神在小微企业转换经营机制、建立现代小微企业制度的过程中，起着凝聚人心、激励斗志、弘扬正气、鼓励竞争、优化环境等作用，它通过提高员工队伍整体素质、优化小微企业内部结构和外部环境，促进小微企业走向市场。小微企业精神，是一种群体精神，是一种良好的精神状态和高尚的精神境界，它先是在小微企业的某些个体身上集中表现出来，之后扩展到整个小微企业；小微企业精神又是小微企业文化的核心内涵，是在正确的价值观念体系的滋养之下，长期优化而形成的小微企业员工的群体意识；小微企业精神从本质上说，也是小微企业物质生产和经营活动高度发展的产物。小微企业精神具有这样一些特点：它必须具有“精神”的内涵；必须符合本小微企业的特色；必须用简洁、凝练的语言来表述；必须以一定的小微企业文化为载体；必须在小微企业中有广泛的代表性。小微企业精神一旦形成，便会对小微企业的物质文明建设产生影响，或者阻碍，或者推动其发展。小微企业精神的形成，需要长期的精心培育，这个过程大致分为酝酿产生、概括提炼、弘扬发展三个阶段。培育小微企业精神，要有正确的理论指导，还应当注意三个方面的问题：一是小微企业必须有一个团结、稳定的领导集体；二是要努力创造好的经济效益和社会效益；三是要有良好的文化氛围。

资料来源：张玉明. 试论小微企业精神及其培育[J]. 学习导刊，1997(5)，有改动.

5. 美化环境，优化生活

西方传统管理理论的一个基本前提就是把生活与工作截然分开，认为生活是人们所向往的，工作不过是生活的手段。要调动员工的工作积极性，就应该多付钱让员工改善生活。家里是生活的场所，小微企业则是工作的场所；生活是美的享受，工作则是苦的支出。这也可以说是第二次世界大战以前绝大多数人的看法。

小微企业文化的理论前提则不然，它力求把员工的生活和工作统一起来。它不仅把小微企业当作工作场所来对待，而且也当作生活区域来营造；不仅把工作当作谋生手段来利用，而且尽可能发掘工作本身的意义，使之成为员工所愿意、所喜欢从事的活动。在那些企业文化搞得好的小微企业里，工作本身成了激励因素，员工觉得“工作着是美丽的”；工作环境如同生活环境，“春有花，夏有荫，秋有香，冬有绿”，在厂里如同在家里，有时甚至比在家里还舒服。

小微企业文化没有否认“美是生活”，还补充了“美是工作”：是员工所愿意、所喜欢的活动，是使员工自我价值得以实现的活动，是社会意义极其重大的活动。小微企业文化不仅把工作场所、工作环境美化了，而且把工作本身美化了，这就是小微企业文化的美化功能。

而且，企业文化对优化员工的生活质量也起作用，优秀的小微企业文化，尊重员工的人格，让员工分享小微企业的成功，使员工的生活得以改善，生活质量得以提高。

【小知识 10-2】

环顾我们周围仍有不少小微企业漠视人与自然的伦理关系。它们在“人定胜天”的经营哲学影响之下，认为小微企业内的环境似乎不关己事，利润挂帅才是真理。因此，小微企业垃圾无止境地增加，方便、成本低且用完即丢的塑料制品四处可见，为会议准备的塑料泡沫餐盒堆积如山，再生纸的配合使用意愿低落，废纸的回收遥遥无期。

其实，基于“伦理为上”的经营理念，将环保观念落实在工作生活的流程上是有必要的。鉴于此，我们以为下列几项原则值得推广。

——实施员工的环保教育，加深人与自然的伦理关系。

——推广使用再生纸，配合设立废纸回收桶，落实资源回收再生的观念。

——推行垃圾减量的措施，譬如，禁止使用塑胶袋与塑料泡沫制品。

——随手关水关灯，减少能源浪费。

以上几个原则，并不能够涵盖一切，在此提出，是为了重建人与自然和平相处的健康生态环境。如果我们要让世世代代的子孙健康地生存在这个世界，企业环保是举手之劳。只要我们愿意改变一些工作生活的习惯，那么，不久的将来，美好的生态环境又会回到我们的身边。

资料来源：方光罗. 企业文化概论[M]. 大连：东北财经大学出版社，2002，有改动.

6. 教化激励，培育人才

文化具有教化和培育人的功能。“教”为教育，“化”为感化。精神文化在哺育人方面，具有全面覆盖性、浓缩集中性、外在内化性的优点。

小微企业文化的教化功能具体体现在：①统领员工奉行卓越独特的小微企业精神；②引导员工树立协调一致的群体意识；③感化员工养成助人助己的社会责任感；④培养员工构筑知礼仪、重修养、守公德的操行。

小微企业文化对员工的激励功能体现在信任鼓励、关心鼓励、奖励激励、宣泄激励等方面。小微企业文化具有激励和培育人的功能，它的种子要素的成长发育过程，实际上也是员工的精神境界、文明道德素养得以提高的过程。非常重视小微企业文化的松下幸之助经常对员工说：“如果人家问你，你们公司生产什么？”你应回答说：“松下电器公司是造就人才的，也是生产电器产品的，但首先是造就人才的。”松下电器公司依靠企业文化，确实造就了不少人才，确证了企业文化的育人功能。

西方管理中的行为科学，比较重视人的研究，但主要研究如何适应人的需要，很少或完全不研究如何提高人的素质，这也是它和小微企业文化学的一个主要差别。

7. 道德约束，制度控制

小微企业文化的约束功能是通过制度文化和道德规范而发生作用的。约束的目的在于使人的行为不偏离组织的方向。

第一，"刚性"约束。在规章制度面前人人平等，直接要求员工该做什么和不能做什么，形成批评、警告、罚款、降薪、降职、解雇等制度，规范员工的行为，以利小微企业的发展。

第二，"柔性"约束。员工必须遵守小微企业道德、职业道德和社会公德，注意社会舆论。小微企业文化建设通过微妙的文化渗透和小微企业精神的感染，形成一种无形的、理性的、韧性的约束。

"刚性"约束给人以紧张、不安感，形成压力；而"柔性"约束重在启迪心灵、提升境界、追求完美的心理，两者相辅相成、不可或缺。

小微企业文化的约束功能不仅体现在对员工的约束上，也体现在对小微企业本身的约束上。"不以规矩，不成方圆。"小微企业本身也要受到多方面的约束，一个小微企业形成了优良的小微企业文化体系，就应该维护和坚持。但如果出现病态的、畸形的小微企业文化，就会起负面的制约作用。

小微企业文化的控制功能主要体现为员工的自我控制和规章制度的控制，小微企业形成共享价值观和一定的规章制度及道德风尚后，约定俗成或潜移默化地影响和控制着员工的行为，小微企业的整体形象也应根据具体情况适时调控。

【小知识 10-3】

建立现代小微企业制度是一项牵涉面广的巨大社会系统工程，需要与之相适应的各项配套改革和与之相默契的观念变革与创新。及时建立起一种与之相适应的现代小微企业文化则是现代小微企业制度中必不可少的文化系统工程。市场经济对整个社会伦理道德的要求是与现代业文化的基本精神相通的。现代小微企业文化作为一种独特的思想工作方式，它认为人不仅是小微企业管理的对象，而且是小微企业管理的主体，它在思想文化建设方面所采用的双向性、诱导性、渗透性、渐进性的情感型教育方式与形态，较好地适应了市场经济新形势对现代小微企业的高层次精神文明建设的需求，是一种已经被实践证明有效的精神文明建设方式和管理方式。要建立起一种与现代小微企业制度相适应的新型现代小微企业文化，应抓好三方面的工作：一是确立小微企业文化建设的"以人为本"和"中国特色"的指导方针。二是塑造新型的社会价值观念体系。三是探索新的思维方式和方法途径。它包括五方面的内容：其一是"中西合璧"；其二是"古今汇融"，即把古典文化中的管理思想同当代的共产主义、社会主义等思想信仰结合起来；其三是"共性与个性并举"，既应体现小微企业文化的共性与特色，又有自己的创造和风格；其四是"雅俗共赏"；其五是"软硬兼施"，即既要注重文化基础设施等"硬件"建设，同时又要重视小微企业精神等"软件"建设。现代化的国际性小微企业，不仅要有雄厚的经济实力，而且要有自己丰富的文化财富与资源。因此，建立有中国特色的新型小微企业文化是建立现代小微企业制度的关键环节。

资料来源：卢继传. 试论企业文化创新与现代企业制度建设[M]//中国新时期社会科学成果荟萃：第三卷. 北京：中国经济出版社，1999，有改动.

8. **服务公众,辐射社会**

小微企业通过自己的产品和服务满足社会公众的需求,包括物质需求、文化需求和心理需求等,其中企业文化起着重要的作用。企业文化是社会文化的重要组成部分,而且在小微企业文化中体现的小微企业员工心中蕴藏的积极的价值观、先进的道德意识、高尚的精神境界,以及在小微企业生产经营过程中的创新观点和方法,会渗透到整个社会中,从而对社会文化的变革产生影响。小微企业文化的辐射功能体现在以下方面。

(1) 产品辐射。产品辐射就是通过产品这种物质载体向社会展示满足社会需求的功能。

(2) 软件辐射。软件辐射就是把先进的小微企业精神、小微企业价值观、小微企业道德向社会扩散形成某种共识。

(3) 人员辐射。人员辐射就是通过小微企业员工的思想行为、参政议政活动而影响社会公众。

(4) 观念辐射。观念辐射就是在小微企业中形成的创新观念在社会传播和扩散,进而引导社会的发展和变迁。

小微企业文化理念由于它的优秀性、正确性、高度概括性、独特个性,一旦定型并经小微企业认同、执行和传播,就可能发挥较大的社会效益,就会先在小微企业内部和相关环境中传播,而后向社会辐射。"IBM 是最佳服务的象征",美国国际商用机器公司的这一经营理念,由于其在 IBM 公司的经营实践中取得了巨大成功,由于其代表了当今世界以消费者为导向的企业经营观念和经营思想,因此,这一理念以强大的冲击力和感染力辐射到了全球,并且成了许多成功企业刻意追求的目标。

10.2　经营道德是小微企业文化之魂

信息是财富,知识是力量,经济是颜面,道德是灵魂。社会主义市场经济必须以高尚的经营道德为灵魂,才能实施可持续发展战略。企业、国家或地区之间的竞争从形式上看似乎是经济的竞争,而实质是产品与科技的竞争,但归根结底是经营者素质和企业文化之间的竞争。企业持续竞争力的背后是企业文化力在起推动作用,成功的企业必然有卓越的企业文化。"没有强大的企业文化,即价值观和哲学信仰,再高明的经营战略也无法成功。企业文化是企业生存的前提、发展的动力、行为的准则、成功的核心。"而经营道德则是企业文化之魂。

10.2.1　经营道德在企业经营与管理中的重要作用

经营道德是在商品经济和商业经营实践中产生的,在历史上许多脍炙人口的"生意经"中都有着充分的体现,诸如:"经营信为本,买卖礼为先""诚招天下客,信通八方人""忠厚不赔本,刻薄不赚钱"等都包含着"信、礼、诚"等内容。在中国传统的经营中渗透着浓厚的文化色彩。诚信为本,顾客盈门,和谐的人际关系是企业文化之精髓。人无信则不立,店无信则不兴。真、善、美是多么令人向往的字眼!而"真"位居其首,它是道德的基石、科学的本质、真理的追求。诚信对做人来讲是人格,对企业而言是信誉。

人格就是力量，信誉则是无价之宝。没有灵魂精神，没有道德的才智，没有善行的聪明，虽说也产生一定的影响，但那只能导致坏的结果。高尚品质的人一旦和坚定的信念融为一体，诚信的理念与企业的经营目标结合在一起，那么企业文化的力量就势不可挡。如果说市场是舞台、企业是演员，那么人才就是导演。特别是以人为本的经营理念日益深入人心。以人为本的管理核心就是对人心和人性的管理。道德人格是社会整体文化的基石，经营道德是企业文化之魂。以德治企，崇道德、尚伦理、讲人格、守信誉，不仅是一种良好的职业道德修养，而且也是精神文明的主要表现。“要想客盈门，诚信来待人。”只有不断加强企业经营者的道德修养，为顾客提供优质产品和良好的服务，才能获财货之利。经营者要以德经商、以信为本，诚招天下客，誉从信中来，青山似信誉，绿水如财源，只有山青才能水秀，只有源远才能流长。

10.2.2 当前市场经济中的道德诚信危机

目前经济形势喜人，经营道德与经济信用急人！企业获利无可厚非，但是如何获利不但涉及经营战略、管理技巧、内外环境，而且涉及企业奉行的经营道德观念、行为准则，等等。在市场竞争中，如果企业只以自身的利益为唯一目标、唯利是图而放弃了经营道德与商业信用，甚至搞不正当竞争、假冒伪劣、坑蒙拐骗、违约毁约、偷税漏税、逃避债务等失信行为，严重扰乱经济秩序，市场经济也就成了一个先天不足的畸形儿。

据分析，在发达市场经济中，企业的逾期应收账发生额占贸易总额的0.25%～0.5%，而我国这一比率高达5%以上，且呈逐年增长势头。没有信用的市场经济到处是陷阱，在没有信用的社会中生存真是一种负累。“新冠肺炎”灾难突然袭来时，全国人民在党中央国务院的领导下，万众一心、众志成城共抗“新冠肺炎”，许多白衣天使不顾个人的安危，舍己救人，谱写了惊天地、泣鬼神的时代赞歌。然而一些不法商贩乘人之危进行价格欺诈，更有甚者，制造假消毒液、假防护服，用“黑心棉”生产“卫生”口罩，大发国难财。“道德灾难”比病毒灾害更可怕。“信用危机”已成为当今文明社会和市场经济中的一大灾害，已到非整治不可的地步。

经营道德、经济信用、社会信用、政府信用、国际信用这些都是环环相扣、互为因果、相互影响的。经营道德的沦丧、经济信用的丧失必然导致社会信用的下降，社会信用的下降又必然导致国际信用的危机，在对外贸易中丧失人格国格，直接影响我国对外开放和改革，甚至危及中华民族的大厦之基，其后果是不言而喻的！

10.2.3 对重塑诚信经营的几点建议

共同营造诚信氛围、重塑企业文化之魂，已是摆在国人面前的一个严峻的课题。诚信的社会氛围、规范的市场经济、高尚的经营道德建设需要一个过程。心态的调整、道德的重塑、正义的回归、法制的完备才是正道。为此特提如下对策。

第一，在全社会树立道德意识，呼唤良知，倡导诚信。社会主义市场经济要体现物的价值与人的价值的全面发展，不能容许“物的世界增值与人的世界贬值”，以免形成强大的反差。市场经济不仅是法制经济，而且是德治经济。孔子曰：“道之以政，齐之以刑，民免而无耻。道之以德，齐之以礼，有耻且格。”意思是若以道德教化维护统治，要比用刑罚更能得到老百姓的拥护。道德不仅是立法的前提，还是执法的基础，更是守法的条件。可以说法治是德治的升华，德治是法治的基础和思想前提。二者如车之两轮、鸟之双翼。

“以法彰德”与“以德辅法”相结合，以德化人，凝聚众力，事业发达，企业兴旺，社会也会长治久安。

第二，要继承和弘扬中华民族的传统美德和优秀文化。中国是一个有五千年历史的传统古国。千百年来，彰善惩恶、扶正祛邪、激浊扬清、见义勇为是我们中华民族的优良传统。“德治”在中国具有深厚的社会基础，每个家庭和民众都留下了深深的烙印。中国的儒家学说也提出了德治者的自身道德：身教重于言教。孔子曰：“为政以德，譬如北辰，居其所而众星共之。”又曰：“其身正，不令而行；其身不正，虽令不从。”同时对社交关系也有许多至今仍旧闪烁着光辉的道德哲理：“有朋自远方来，不亦乐乎？”“与朋友交而不信乎？”“人之相识，贵在相知，人之相知，贵在知心”……在商业、贸易、交友、治家、修身等方面儒家思想都闪烁着道德的光辉。这说明“德治”理论在中国大地上推行数千年，已建立起深厚的社会基础和强大的社会背景。我们要古为今用、博采众长、激浊扬清，传承传统文化之精华，从教育入手，个人、家庭、社区、企业、社会要树立伦理道德观念，从每个人做起，从基层做起，逐步巩固和发展壮大。

让人们学会这样一个道理：保护自己权利的前提是关心别人的权益和权利，关心别人就等于关心自己；全社会人人都关心别人，就没有人不关心自己。这样才能从根本上实现保护自己的权利和利益的目的。否则，总会有人的利益遭到损害，利益被损害的人再去损害别人的利益，全社会就会变成一团糟。在自由市场买东西，讨价还价现象甚为热闹，现在买东西对卖方的要价不是拦腰一刀，而是从脚脖子砍一刀；大家买东西时总有一种被欺骗的感觉；顾客总有受辱之感，这能做好生意吗？

自发诚实经营是一种谋略，实际上也是市场规则的必然要求，要成就大业、长期经营，必须诚实和注重信誉。作为消费者，我真心呼吁大家：道德法律、人生经纬、诚信社会，从我做起。关心别人就是关心自己！

第三，要建立公平合理的利益分配机制和社会保障体制。鼓励一部分人和一部分地区先富起来，但重要的前提是通过“诚实劳动”与“合法经营”。要调整行业、职业不同形成的垄断和利益分配上的级差。不能搞“近水楼台先得月”，要给公民以平等待遇。否则，人们的良知就会扭曲，理想和信念就会崩溃。心理不平衡，久而久之好人也会变坏，社会风气不良，企业就形不成良好的道德环境和文化氛围。

第四，在法制方面要实行依法治国，加强法制建设，把部分道德戒律法律化，强化约束监督机制。现在的法制建设方面关键的问题是“有法不依，执法不严，违法不究”的现象还存在，司法腐败是最大的腐败，这如同竞技场上的比赛一样，如果游戏规则与裁判出了问题，公平也就荡然无存、无从谈起。“市场经济就是法制经济”这句话已喊了多年，但目前我国的法制建设仍落后于实际需要。创诚信难，守诚信更难，因此政府及有关部门必须依法行政、规范市场、强化监督、严肃法纪、严格执法，彻底消除地方保护主义。

此外，在营造诚信社会氛围、建设企业经营道德的过程中还要充分发挥“道德法庭”的作用。加强舆论监督的力度，对不法行为曝光，让“缺德经济”如同过街老鼠——人人喊打。千夫共指，不病自死！

第五,从企业自身来讲,应内强素质、外树形象。诚信是一切社会的永恒美德,也是企业经营理念的核心。诚实守信是企业立命之本、文化之魂。目前许多企业为构建企业持久竞争优势,在实践中加强信用制度建设。例如北京长安商场构建的“诚信工程”,倡导“铸诚信魂,兴诚信风,务诚信实,育诚信人”,树立了良好的企业形象。企业作为市场经济的主体,应摆脱经营道德危机、信用失范或缺损的链条的羁绊,从我做起,从现在做起,在遵纪守法、产品质量、借贷守约、经营业绩等方面加强自律。尤其企业领导的品格对企业诚信文化和企业信用的建设影响极大。诸葛亮有言:“屋漏在下,止之在上;上漏不止,下不可居矣。”领导是建设企业诚信文化、塑造企业良好形象的关键因素。因此企业领导应该注重自身职业道德的修炼,身体力行、率先垂范,做品质优秀的人,干道德高尚的事。塑造诚信企业形象,必须在企业内部大力倡导和实践诚信经营的道德规范。深入开展诚信教育活动,把“明礼诚信”作为企业的基本行为准则,努力形成讲信用、重合同、守信誉、比奉献的良好职业道德风尚,让职工感受到人格有人敬、成绩有人颂、诚信有人铸、信誉有人护。在具有良好企业形象的企业内工作,诚实守信、关系融洽、心情愉悦、氛围温馨,员工会士气高昂、待得安心、学得用心、干得舒心。企业的一切经营活动,最终都是依靠全体员工共同努力实现的,塑造诚信企业形象必须造就一支高素质的企业员工队伍。企业不但要持续提升员工诚实守信的道德素质,更要激励广大员工勤奋学习科学知识、精通专业技能、保证企业以优质的商品和卓越的服务取信于民。现代管理界有三句名言:智力比知识重要,素质比智力重要,人的素质不如人的觉悟重要。顾客和企业,共惠解难题,顾客是上帝,信赖成朋友;金奖、银奖不如顾客的夸奖,金杯、银杯不如消费者的口碑。消费者的满意度、忠诚度、美誉度是企业的生存之本。

10.3 小微企业文化与员工合理化建议

小微企业文化是小微企业的人格化,是小微企业成员思想行为的精华,它只有在大部分员工认同的基础上才会有效,因此小微企业文化建设应该贯彻全员参加的原则,使小微企业文化具有厚实的群众基础。只有贯穿“从群众中来,到群众中去”的群众路线,才能在员工认同小微企业文化的基础上转化为全体员工的思想意识和自觉行动。凝聚和激励是小微企业文化的重要功能,为了实现这种功能,在小微企业文化建设中广开思路、虚心纳谏、鼓励员工提合理化建议是一条重要的途径。

10.3.1 员工合理化建议在小微企业管理的作用

1. 创意策划 集思广益

企业要经营,策划是引擎。主意诚可贵,思维价更高。智能策划是财富的种子,财富是智能策划的果实。金点策划,可点石成金,“三个臭皮匠,顶个诸葛亮”“一人不可两人计,三人出个好主意”。集思广益,它充分反映了群体智慧的整合优于个体智谋的力量。志同道合、同气相求,员工才能在企业里待得安心、学得用心、干得舒心。心往一处想,劲往一处使,在其位、谋其政、尽其责、效其力、善其事。

2. 相互尊重 和谐协调

尊重他人是小微企业文化建设的重要内容，而管理的核心是处理好人际关系，调动员工的积极性。环境宽松、和谐协调、人际关系融洽令人向往；生活安定、心情愉悦、氛围温馨、相互尊重，人的潜能就能得到充分的发挥。和谐，就是创造出一种公平竞争、充满活力的机制，一种蓬勃宽松融洽的气氛，从而增强小微企业的亲和力。小微企业内部亲和力是指小微企业内员工之间的亲密程度，在以小微企业主为核心的吸引力作用下，员工为实现小微企业共同目标，相互理解、相互支持、紧密配合、团结合作、奋发工作。亲和力的存在使小微企业员工具有强烈的责任心和团队精神，富有活力和朝气，它使小微企业既能在恶劣的环境下克服困难、渡过危机，也能激发员工工作的积极性和创造性。

3. 激励斗志 鼓舞士气

在小微企业文化建设中，听取员工合理化建议，能使员工产生强烈的心理满足感，让他们确实感受到自己是企业的主人翁，员工合理化建议，也是其参与管理的重要内容。员工在提供合理化建议的过程中，自身的价值得到了肯定，同时也明确地看到了自己对企业所做的贡献，这对他们进一步培养自己的咨询策划能力、树立参与意识有积极的促进作用。员工合理化建议是小微企业文化的重要组成部分，它渗透在小微企业物质的和精神的活动之中，形成一种强大的推动力。积极倾听员工合理化建议，是小微企业低成本获得咨询策划的好办法。

4. 发扬民主 凝聚人心

在小微企业文化建设中听取员工合理化建议的做法，能充分发扬民主，营造了一个人人是小微企业的主人、人人关心小微企业的成长的良好文化氛围。员工合理化建议会在最大程度上让员工觉得受到了企业的赏识，认清自己在企业中的地位和作用，产生“士为知己者死”的知遇之感，从而产生高度的自觉性和责任感，激发出主动工作的热情和巨大的潜能。有道是，天时不如地利，地利不如人和。小微企业一时的困难甚至亏损不可怕，最可怕的是员工的感情亏损，一旦员工对小微企业失去信心和热情，这个小微企业是绝对没有希望的，只有领导在小微企业文化建设中有高度的民主意识，员工具有积极的参与意识，才能产生动力，激发员工作出难以估量的贡献。好的小微企业文化是员工的心，是小微企业的根，“以人为本”的目的是把小微企业员工的荣誉感、责任感、自豪感融为一体，鼓励员工势气，激励员工斗志，从心理和生理上产生旺盛的精神、奋发的热情和自觉的行动，为实现小微企业的经营目标而作出不懈的努力。

10.3.2 小微企业文化建设中听取员工合理化建议的方法

1. 领导重视 确立制度

首先，领导重视，常抓不懈。领导要树立群众是真正的英雄的观念，要看到人民群众的力量，要相信员工的智慧，放手发动员工提合理化建议。其次，领导要虚怀若谷，善于倾听员工的建议。海纳百川，有容乃大，对那些敢提不同意见的人，应抱着“闻过则喜”“忠言逆耳利于行”的态度，有则改之，无则加勉。善于交几个敢说“不”字的朋友大有益处，有时真理往往在少数人一边。从表面上看不好使用和驾驭的人，有时甚至“牢骚满腹”，但也不乏许多真知灼见，一旦利用得当就能帮你成功。最后，要真诚求实，心心相印。谈心要交心，交心要知心，知心要诚心。在与员工的相互交流中鼓励员工畅所欲言、积极讨论、相互启发、共同思考、大胆探索，往往能迸发出有神奇创意的思维火花。如“松下的意见箱”制度就收到了良好的效果。所以小微企业领导若有了“三人行必有我师”“不耻下问”的宽大胸怀、诚实态度，尊重群众，经常向群众请教，就能使合理化建议落到实处，真正发挥作用。为了更好地进行有效沟通，小微企业应设立以下多种渠道并形成制度和体系。

(1) 每周一次的早会制度。由领导向全员总结本周生产经营状况，通报小微企业各方面信息，阐述经营意图。

(2) 每周一次的接见制度。员工有何建议和想法，都可以找上级或分管领导甚至总经理面谈。

(3) 坚持访问制度。要求管理者定期不定期地对员工家属进行访问，以解决员工的后顾之忧。还要对客户进行定期访问，保持与客户的紧密联系，紧跟用户，围绕需求，创造市场，招揽顾客，提升顾客对小微企业的忠诚度和美誉度。

(4) 设立建议信箱活动。鼓励员工通过建议信箱(也可用电子信箱)以书面形式提出合理化建议等。

2. 专家评审　客观公正

在小微企业文化建设中，对员工提交的合理化建议不能草率应对，更不能置之不理，应成立专家小组对合理化建议实施的轻重缓急及时地安排评审，要对合理化建议客观公正地作出评价。“公生廉，偏生暗”，只有实事求是、客观公正、出于公心，才能不负众望，得人心。对经过评审发现能给小微企业带来效益的建议，应迅速反应，马上行动，具体安排实施行为；对达不到预期理想或暂时无法实施的建议，也应迅速向提建议者作出明确的反馈，告知不能实施的缘由，并提出改进措施和方向。

3. 精心组织　规范实施

在小微企业文化建设中一项建议被认定为合理有效、切实可行时，必须精心组织、规范实施，这样才能让提供建议的人感受到真正的重视，而且也能让合理化建议真正发挥其作用、实现其价值。如若不然，只是评定，而不组织实施，会让提供建议者觉得是画饼充饥、走过场、搞形式，从而挫伤他们关心小微企业的热情，疏远与决策者的距离，甚至心灰意冷，造成人际关系紧张。

4. 反馈信息　交流沟通

对合理化建议在具体实施过程中的进展和出现的问题跟踪检查，应及时反馈给提供建议的人，因为这项建议在他看来就像自己的宝贝孩子一样，总想精心呵护，这是他们对小微企业关心和忠诚度的表现。对实际实施的情况应及时沟通，保护员工的积极性，有利于形成齐心协力、精诚团结、认知互动、上下同欲的团队精神。

5. 表彰奖励　及时兑现

在小微企业文化建设中，对于切实可行、合理有效的建议，必须给予表彰和奖励，坚持以物质奖励和精神奖励相结合的原则，大张旗鼓地进行褒奖，以满足提供建议者的心理需要和名誉追求。在这样的小微企业文化氛围中工作，员工以企为家、以家为荣，把小微企业当作自己小家的延伸，把工友当作自己的亲友拓展，从而增强小微企业的向心力与亲和力。小微企业善待员工，员工效忠小微企业，努力形成讲诚信、守信誉、献良策、比奉献的文化氛围，员工感到人格有人敬、成绩有人颂、信誉有人护、良策有人听，就能信心百倍、振奋精神。

实践证明，当一个组织内的成员都深信其所从事的事业有广阔的前景和崇高的社会价值，并有拓展才能、提升自我、成就事业、完美人生的发展空间时，他们就会充满热情、才思敏捷、锲而不舍、积极进取；就会最大限度地发掘自己的才能，为小微企业的生存和发展思奇谋、想良策而绞尽脑汁，为实现自己和小微企业的共同目标而作出不懈的努力，并与小微企业同舟共济，夺取更大的胜利。

【知识拓展】大学校训理念的设计准则与践行路径探索

拓10

思考题

1. 简述企业文化内涵及其功能。
2. 为什么说经营道德是企业文化之魂？
3. 小微企业文化与员工合理化建议有什么关系？
4. 试述员工合理化建议在小微企业管理中的作用。
5. 小微企业文化建设中听取员工合理化建议的方法有哪些？
6. 试述大学校训理念的设计准则与践行路径。

即测即练

习题10

第 11 章

小微企业竞争模式与构建

学习目标

- 了解小微企业基本竞争模式
- 了解集中化模式的类型特点
- 掌握小微企业差异化模式途径
- 理解虚拟小微企业创业竞争模式的构建
- 掌握小微企业基于核心竞争力的创新发展对策

【案例 11-1】蒙牛为什么“牛”？

例11-1

11.1 小微企业基本竞争模式

11.1.1 小微企业态势竞争模式

小微企业态势竞争模式是小微企业依据竞争中的实力或处境，而对小微企业生存、发展的竞争状态所做的谋划。

【小知识】古代兵法典型举要

老子：以柔克刚、以弱胜强的柔道术。

孙子：“不战而屈人之兵，善之善者也”，不战而胜的“伐交”“伐谋”的全胜思想。

孙膑：雷动风举，后发而先至，离合背向，靠轻疾制胜的“贵势”思想。

吴起：“不劳而功举，审敌虚实而趋其危”的诡诈奇谋。

苏秦：联合六国共同讨伐秦国的“合纵”思想。

张仪：“远交近攻”的连横主张。

1. 进攻模式

进攻模式是小微企业立足于攻击状态而进行的竞争模式。该模式追求的目标是提高市场占有率、提高竞争位次、扩大市场范围。其模式主要包括以下几种。

1）争斗取胜模式

它是通过优势超越对手从而战胜对手的模式，其内容如下。

（1）正面进攻模式。这种模式是以打击对手的长处或优势为目标，如对低成本小微企业也采取低成本模式，对低价格小微企业也采取低价格模式，对产品差异化小微企业也采取差异化模式。这种模式危险性大，搞不好等于飞蛾扑火。所以一般对下位小微企业的进攻可采取这种模式，而且小微企业必须集中优势经营资源，采取迅速行动，尽量避免持久战。

（2）侧翼进攻模式。这种模式以打击对手的劣势为目标，选择对手的薄弱环节或存在失误的地方（或产品）作为进攻对象。这种模式风险较小，适合向上位小微企业挑战。

（3）游击进攻模式。这种模式在不同的地区发动小规模的竞争，一方面了解对手的虚实；另一方面使对手疲于应付，本企业可乘虚而入。这种模式比较灵活，有"投石问路"、避免冒失进攻风险的优点。主要适用于对上位小微企业和同位小微企业的竞争。

（4）迂回进攻模式。这种模式不以打击对手现有市场为目标，而是立足于培养新顾客或生产代用品与对手竞争。这种方式属于长远竞争，风险较小，适宜上位小微企业与同位小微企业的竞争。例如百事可乐与可口可乐的竞争。

（5）包围进攻模式。这种模式是既采取正面进攻，又采取侧翼进攻的方式。这种方式只适用于上位小微企业对下位小微企业的进攻，这种进攻往往以挤垮对手为目标，集中资源给对手以毁灭性的打击。

2）不战而胜模式

（1）吞并模式。这种模式是将对手吞并、同化对手。主要是通过兼并手段吞并对手，从而使对手失去竞争资格。

（2）协调模式。这种模式是减少对手的敌对行为，甚至令其配合本小微企业行动。其手段主要有横向联合、收购和合资控股，使对手受控于本小微企业，从而使之减少竞争行为或失去竞争能力。

（3）分栖模式。这是一种依靠市场细分与竞争对手分栖共存、互不侵犯的模式。其主要手段有：一是目标市场的选择具有分栖共存性，一般是小小微企业找大小微企业不愿光顾的市场空隙；二是与对手利用各方的优势、劣势，协商"画地为牢"，"和平"共处，割据市场不同区域。

进攻模式投资水平高，适用于实力强、竞争能力强的小微企业。进攻模式配合总体模式的扩张模式效果更好。

2. 防御模式

它是小微企业立足于防御状态而进行的竞争谋划。该模式追求的目标是避开市场地位竞争，在获利能力方面能有所提高。其模式主要有以下几种。

（1）同盟模式：改善与竞争对手的关系，稳定市场，稳定竞争形势。有可能结成同盟的，应尽力结成同盟。

(2) 寄生模式:加入某些小微企业集团,寻求稳定的协作关系,随该小微企业集团的发展而发展。

(3) 以攻为守模式:这是一种积极防御模式,通过适当的进攻以牵制对手的力量,从而达到防御的目的。

(4) 跟随模式:并不主动挑战,被动跟随市场竞争,尽力降低竞争成本。

无论哪一种模式都是为了避免因争夺市场地位而掀起的消耗战,最大限度地依靠现有市场、现有资源、技能,获得更多的收益。防御模式投资水平低,适宜于负债率高、实力一般的小微企业。该模式配合总体模式的维持模式效果更好。

3. 退却模式

它是小微企业立足于摆脱困境、保存实力而进行的竞争谋划。该模式追求的目标是:紧缩战线,舍卒保帅,提高局部实力,设法生存。其模式主要包括以下两种。

(1) 重点集中模式:缩小市场范围,调整产品结构,节约资金,保证重点品种、重点市场的资金使用,加强这些品种和市场的营销实力,从而提高小微企业局部生存和发展能力。

(2) 转危为安模式:小微企业在竞争中受到沉重打击,难以生存发展,虽然整体管理水平、技术水平较好,但资金严重不足,负债率高。应当主动寻求被兼并、收购、合资经营,使小微企业走出困境。

该模式适宜于生存困难,但管理和技术均有好的基础的小微企业。该模式主要配合总体模式的收缩模式运用。

【案例 11-2】日本松下:战略转移,走为上计

在市场竞争中,若对手过于强大,或者市场发生了不利的变化,而自己没有取胜的把握,就可做战略转移,保存实力,以图东山再起。

从企业的经营管理以及行销的观点来看,"走"这一计,在企业经营方面,新产品的开发固然是企业生存发展不可缺少的一个环节,而旧产品的维护,有时更关系到企业立足的基础。不过,却有少数企业以高瞻远瞩的眼光和魄力,割舍"无利可图"甚至构成企业包袱或负担的旧产品。

蓝契斯特法则中,有一则重要的战略,即"剪刀""石头"和"布"的战略。它们分别应用于产品生命循环的导入期、成长期与成熟期。

刚上市的新产品,为了要开发市场,必须用"石头"去攻击,以锐不可当之势建立市场的据点。

当产品步入成长期,就要用"布"的战略去包围市场,才能保证尽可能地扩大市场占有率。

等到产品迈入成熟期,则该采取"剪刀"的战略,割舍该产品,退出市场竞争,以免因舍不得"走"或"走"得太慢而丧失其他的新的行销机会。

然而,大多数企业都擅长"石头"和"布"的战略,而舍不得用"剪刀"剪断情丝、一走了之。其结果,就很可能会造成"剪不断,理还乱"的结局。

事实上,"走"的目的,是要把用于没有希望的商品的人力、物力,用来从事新产品的开发。所以,"走"的意义是积极地攻占新领域,而不是消极地退出市场。

11.1.2 持续竞争模式优势

竞争优势来源于以小微企业自身资源或能力为基础,提供被顾客认为是物有所值的产品或服务,相对于其他小微企业而言能够更好地创造顾客所需的价值。

面对动态变化的环境,抓住了今天,即现有顾客与潜在顾客动向,也就意味着抓住了未来,即在现有顾客与潜在顾客基础上扩大的顾客。这是竞争优势构建的根本之所在。

只有当小微企业所构建的竞争优势至少满足一个或多个这样的准则时,小微企业的优势才有可能真正动态持续。

竞争优势创新,必须贯彻以顾客为本的思想,以改变假设、超越自我、突破定式为切入点。对成功小微企业或个人来说,常常需要先学会放弃与忘却,才有可能实现真正意义上的创新。

11.2 小微企业集中化模式

小微企业集中化模式指小微企业或事业部的经营活动集中于某一特定的目标市场,开展其战略经营活动。伤其十指,不如断其一指。集中优势兵力打歼灭战。正如马克·吐温所说:把所有的鸡蛋都装进一个篮子里然后看好这个篮子。

11.2.1 集中化模式的类型

(1) 产品线集中化模式:适用于产品开发和工艺装备成本偏高的行业。如天津微型汽车制造厂面对进口轿车与合资企业生产轿车的竞争,将经营重心放在微型汽车上,凝聚成强大的战斗力。该厂生产“大发”微型客车和“夏利”微型轿车,专门适用于城市狭小街道行驶,颇受出租汽车司机青睐。近年来,其销售额和利润大幅度增长。

(2) 顾客集中化模式:将经营重心放在不同需求的顾客群上,是顾客集中化模式的主要特点。有的厂家以市场中高收入顾客为重点,产品集中供应注重最佳质量而不计较价格高低的顾客。如手表业中的劳力士,时装业中的皮尔卡丹,体育用品业中的阿迪达斯、耐克、王子等产品,都是以高质高价为基础,对准高收入、高消费的顾客群。还有的厂家将产品集中在特定顾客群。如“金利来”领带和衬衣将重点消费对象对准有地位的男士公民,强调该产品是“男人的世界”。再如,适用于黑人消费者的护发品。

(3) 地区集中化模式:划分细分市场,可以按地区为标准。如果一种产品能够按照特定地区的需要实行重点集中,也能获得竞争优势。

此外,在经营地区有限的情况下,建立地区重点集中模式,也易于取得成本优势。如砖瓦、水泥砂、石灰由于运输成本很高,将经营范围集中在一定地区之内是十分有利的。

(4) 低占有率集中化模式:市场占有率低的事业部,通常被公司总部视为“瘦狗”或“金牛”类业务单元。对这些事业部,往往采取放弃或彻底整顿的模式,以便提高其市场占有率。

格兰仕公司成功地从服装业转移到微波炉行业后,采取了以规模化为重点的集中模式发展单一的微波炉产品,即把所有的“鸡蛋”都装在微波炉里。对此,格兰仕副总裁俞尧昌说:"就格兰仕的实力而言,什么都干,则什么都可能完蛋,所以我们集中优势兵力于一点。"

11.2.2 集中化模式的优势

(1) 集中化模式便于集中使用整个小微企业的力量和资源,更好地服务于某一特定的目标。

(2) 将目标集中于特定的部分市场,小微企业可以更好地调查研究与产品有关的技术、市场、顾客以及竞争对手等各方面的情况,做到"知彼"。

(3) 模式目标集中明确,经济效果易于评价,模式管理过程也容易控制,从而带来管理上的简便。

11.2.3 集中化模式的风险

(1) 由于小微企业全部力量和资源都投入一种产品或服务或一个特定的市场,当顾客偏好发生变化、技术出现创新或有新的替代品出现时,就会发现这部分市场对产品或服务需求下降,小微企业就会受到很大的冲击。

(2) 竞争者打入了小微企业选定的目标市场,并且采取了优于小微企业的更集中化的模式。

(3) 产品销量可能变小,产品要求不断更新,造成生产费用的增加,使得采取集中化模式的小微企业成本优势得以削弱。

11.3 小微企业差异化模式

差异化模式是指在一定的行业范围内,小微企业向顾客提供的产品或服务与其他竞争者相比独具特色、别具一格,使小微企业建立起独特的竞争优势。

差异化模式应该是顾客感受到的、对其有实际价值的产品或服务的独特性,而不是小微企业自我标榜的独特性。为保证差异化模式的有效性,小微企业必须注意到以下两点。

(1) 充分了解自己拥有的资源和能力,权衡自己能否创造出独特的产品或服务。

(2) 必须深入细致地了解顾客的需求和偏好,及时去满足他们。小微企业所能提供的独特性产品、服务与顾客需求的吻合,是取得差异化优势的基础和前提。

11.3.1 差异化模式的优势

(1) 建立起顾客对小微企业的忠诚。随着顾客对小微企业产品或服务的认识和依赖,顾客对产品或服务的价格变化敏感程度大大降低。这样,差异化模式就可以为小微企业在同行业竞争中形成一个隔离带,避免竞争对手的侵害。

(2) 形成强有力的产业进入障碍。由于差异化提高了顾客对小微企业的忠诚度,如果行业新加入者要参与竞争,就必须扭转顾客对原有产品或服务的信赖和克服原有产品的独特性的影响,这就增加了新加入者进入该行业的难度。

(3) 增强了小微企业对供应商讨价还价的能力。这主要是由于差异化模式提高了小微企业的边际收益。

(4) 削弱购买商讨价还价的能力。小微企业通过差异化模式,使得购买商缺乏与之可比较的产品选择,降低了购买商对价格的敏感度。

(5) 由于差异化模式使小微企业建立起顾客的忠诚,因此替代品无法在性能上与之竞争。

11.3.2　差异化模式的风险

(1) 小微企业的成本可能很高。因为它要增加设计和研究费用。

(2) 用户所需的产品差异的因素下降。当用户变得越来越老练时,对产品的特征和差别体会不明显时,就可能发生忽略差异的情况。

(3) 模仿缩小了感觉得到的差异。特别是当产品发展到成熟期时,拥有技术实力的厂家很容易通过逼真的模仿,减少产品之间的差异。

(4) 过度差异化。差异化虽然可以给小微企业带来一定的竞争优势,但这并不意味着差异化程度越大越好,因为过度的差异化容易使小微企业产品的价格相对竞争对手的产品来说太高,或者差异化属性超出消费者的需求。

11.3.3　实现差异化途径

(1) 思维差异:主意诚可贵、思维价更高。意识能量是财富的种子,财富是意识能量的果实。

(2) 功能差异:如山地自行车,风靡一时。

目前市场竞争中最亮丽的风景线是电冰箱大战。海尔、容声、美菱、新飞等品牌占据了国内市场的绝对份额。各厂家都采取了差异化模式:海尔强调的是模糊控制、节能静音、变温变频和自动杀菌等功能。容声则长于热转化、双开门等。美菱在保持电脑模糊控制、节能环保等优势的同时,立足于保鲜。而新飞则侧重于用"无氟"去吸引消费者。

(3) 质量差异:质量是产品的生命,"零缺陷"的产品质量无疑是消费者所追求的,但是产品质量又是具体而实在的,在许多情况下,需要以质量的差异来满足顾客群的需求差异。例如:我国台湾的一个贸易拓展团把2万打雨伞销往美国。这批雨伞的质量并不高,用几次就报废了,但在市场上却很畅销。一般2～3美元一把,正投美国消费者所好,于是这种雨伞占领了美国市场的60%。

(4) 品牌差异:品牌的基本功能是辨识卖者的产品或劳务,以便同竞争者或竞争者的产品相区别。品牌是一种知识产权,更是小微企业宝贵的无形资产。如天山雪莲——神秘的"百草之王"雪莲灵芝补酒,由绿旗公司总裁王琴声策划,又创意出"雪山来客""雪山情思""天山冰酒",其酒瓶造型独特,极具收藏价值,投放市场,十分抢手。再如"红豆""脑白金""汇仁肾宝"等。

11.4　虚拟小微企业创业竞争模式的构建

现代信息业的发展,给小微企业管理工作带来许多新理念,"可以租借,何必拥有"的观念,克服了以往"小而全,大而全"的思想,从而大大降低生产成本。虚拟小微企业从产品运作的整个过程中选取一些小微企业,以动态的方式临时组合一个虚拟的团队。以彼之长,补己之短,实现优势互补和资源的高效利用。小微企业为了抓住机遇,利用现代网络技术将不同小微企业的技术优势整合在一起,组成一个没有围墙、超越空间约束、互惠互利、协同作战的临时联合网络组织。其实质是突破小微企业有形界限,延伸和整合各小微企业的优势功能,创造超常的竞争优势。本节就虚拟小微企业的内涵、特征、竞争优势及其构建途径做一探索。

11.4.1 虚拟小微企业的内涵及特征

自从美国学者肯尼斯·普瑞斯(Kenneth Preiss)、史蒂文·L.戈德曼(Steven L. Goldman)和罗杰·L.内格尔(Roger N. Nagal)1991年提出虚拟组织概念以来,虚拟组织已成为小微企业界和学术界共同关注的热点问题。人们普遍认为虚拟组织是目前最符合新经济时代的一种形式。它是若干独立的小微企业为了响应快速的市场变化,工厂技术相连接,共享技术与市场,共同承担成本的临时的小微企业联合体。其主要特征有以下几点。

1. 虚拟性

组织边界模糊,组成虚拟组织的小微企业只是一种虚聚,只是通过IT技术把各个小微企业一系列的合同、协议联系在一起,构成网络上的联合体,并不需要形成法律意义上完整的经济实体,不具有独立的法人资格,而且打破了传统小微企业间的明确的组织界限,形成了一种"你中有我,我中有你"的网络。

2. 灵活性

虚拟组织本身是市场多变的产物,其灵活性源于组成联盟的小微企业的灵活性和其连接的虚拟性。它可以随时利用成员小微企业成熟技术、成熟市场、快速的开发能力等资源,虚拟组织正是以这种动态结构灵活的方式适应市场快速的变化,具有很强的适应市场能力的柔性和敏捷性,各方优势资源的集中更能催生出极强的竞争优势。

3. 伸缩性

虚拟组织可以根据目标和环境的变化进行组合,动态地调整组织结构。这种变化的剧烈程度和经常性都要强于任何传统的小微企业组织。更重要的是它可以实现低成本的结构调整、重组和解散。

4. 临时性

虚拟组织随着市场机遇的开始而诞生,随着市场机遇的结束而解体,它的存在周期较短,因而有临时性的特点。

5. 成员的独立性

组成虚拟组织的成员之间并不存在从属关系,它们本身都是独立的小微企业,联结它们的纽带是共同的目标和利益。

6. 信息的密集性

由于虚拟组织是一种跨行业、跨地区的小微企业组合方式,成员之间的信息交流频率高、密度大,并且由于其虚拟性,成员小微企业之间存在大量协调工作,沟通联系增强,进一步加剧了信息的密集性。

11.4.2　虚拟小微企业的竞争模式优势及典范应用

从国内外比较成功的虚拟小微企业的发展和运作来看，它有以下的竞争优势。

1. 降低成本，实现规模效益

过去一般的工业小微企业从毛坯到最终产品，各类工艺一应俱全，这种状况降低了生产效率、加大了生产成本。采用虚拟小微企业模式，小微企业可以系统地选择一些有互补性的小微企业进行合作生产，让这些外部小微企业生产一部分零配件或中间产品，而本小微企业只负责关键性生产环节。这样做，一方面可以使一部分合作方充分利用对方资源，避免重复投资，减少了不必要的浪费；另一方面可以避免本小微企业因某些生产环节的技术力量不足而影响整个产品的质量。

2. 提高效率，精简组织结构

在传统的组织结构中，管理层次重叠，令出多门，甚至互相扯皮、办事推诿。小微企业高层决策需要经过若干中心环节，使得获取决策信息的成本很高，而工作效率很低。组建虚拟小微企业正是利用小微企业组织构架虚拟的思想，以保持自身优势为核心，将其技术和职能虚拟于小微企业的外部，通过相互合作使小微企业省去了部分组织环节，达到了组织机构的精干高效，有利于提高管理效率。

3. 整合经营，优化配置资源

资源在小微企业之间的配置是不均衡的，通过组建虚拟小微企业，围绕共同目标，发挥各自优势，以补各自劣势，会产生 $1+1>2$ 的乘数效应。使有限资源投向效益好的产品和行为，有利于提高资源利用率，也保证经营的营利性和稳定性。

4. 委托生产，“借鸡生蛋”

OEM 是英文 original equipment manufacture 的缩写，意指委托生产。指小微企业集中力量开发产品、开拓市场，而中间制造，只要其他小微企业的产品质量有保证、综合成本比自己低，小微企业就应当委托生产。这是一步“不生产，但要赚钱”的妙棋。把重点放在产品开发、市场开拓上，不把生产过程列为竞争的主要内容。抓两头、放中间，形成了“哑铃”式经营方式，而大部分小微企业的生产经营方式为“橄榄”式。

5. 抓住机遇，畅通供销渠道

虚拟组织除了 OEM 方式之外，还有战略联盟、品牌联盟、特许连锁、虚拟销售等方式，通过这些方式实现经营功能、经营业绩的扩张与供销渠道的畅通。虚拟小微企业采取合作生产营销方式，如果小微企业某些供应渠道堵塞，就可以及时通过合作伙伴的供应渠道获得生产所需的原料，不至于因供应渠道出现问题而失去市场机会。同样组建虚拟小微企业也有助于各方共享销售网，当一方销售渠道受阻时，可以及时利用其他合作伙伴的有效销售渠道。总之，现在已经有越来越多的公司采用虚拟管理方式。

【案例 11-3】皮尔·卡丹和耐克没有工厂

皮尔·卡丹为中国人熟知是近 10 多年的事情，但皮尔·卡丹在全球的辉煌已经持续约 60 个年头。皮尔·卡丹的经营方式与传统的经营方式大相径庭：它几乎没有属于自己的制衣工厂，它只将自己的设计方案或新式样衣提供给相中的小微企业，由它们负责制作，成品经皮尔·卡丹检验认可后，打上“皮尔·卡丹”品牌销往各地。

另一个相似的例子是举世闻名的“耐克”运动鞋，耐克公司既无厂房也无工人。公司的雇员大致分为两部分：一部分负责收集情报、研究和设计新款运动鞋；另一部分则以广告、销售为己任。至于说耐克鞋的制作，则是在全球各地50家指定工厂里完成的。耐克通过一种精心发展的向外国派驻“耐克专家”的形式来监控其外国供应商，甚至将其经销计划中的广告也委托给一家外国公司来做，该公司以其创造性的优势将耐克的品牌认可度推到了极致。耐克就是依靠这种虚拟经营以复利20%的速度在增长。

11.4.3 虚拟小微企业竞争模式的构建途径

1. 确立愿景 使命导航

虚拟小微企业的员工要以小微企业兴旺为己任，员工效忠小微企业，小微企业善待员工。愿景的“愿”字原来是我的心，是我的一种愿望，企盼是出自内心的动力，也就是信念。信念是世界上最伟大的力量，信念是生命，也是小微企业的使命。使命领导责任，责任完成使命，小微企业使命就是小微企业在社会进步和经济发展中应担当的角色，它为小微企业定基调、指方向、拓思路、树形象。其核心价值是调动人的积极性，特别是以人为本的经营理念，日益深入人心。以人为本的管理核心就是对人心和人性的管理，通过小微企业愿景，管理使被管理者从心理和生理上产生旺盛的精神、奋发的热情和自觉的行动，以至产生“未见其人，先得其心；未至其地，先有其民”的效果，这也是管理艺术的最高境界。

实践证明，那些继往开来、走向辉煌的小微企业，关键是有一个全体员工共同高擎的战略旗帜——小微企业使命。因此虚拟小微企业必须在战略思考、使命定位与凝聚人心方面多用些心思，因为它是小微企业长远发展的纲领和灵魂，也是小微企业的立身之本、命运之舵。

2. 公平运作 谋求双赢

虚拟小微企业要想在激烈的市场竞争中获胜，合作处事要有公心、处理公平。每一种联系与合作必须为每个公司提供双赢的机会，把你的最佳人选用于这些关系中。市场经济条件下只有与顾客的普遍联系、与对手公平的竞争，小微企业才能得到永恒的发展。成功的合作应该是双赢，在合作中应树立正确的胜负观。“欲取先予”应该是合作的一大谋略。“欲致鱼者先通水，欲致鸟者先树木；水积而鱼聚，林茂而鸟集。”小微企业与他人要做“合作的利己主义者”。然而在实行市场经济以来，小微企业之间竞争有余、合作不足。有的甚至搞不正当竞争，在联系与合作中总想猛咬对方一口，甚至欺诈胁迫，这是十分危险的。经营者要以信为本，青山似信誉。财自道生，利源义取，这样的竞争与合作才会有情有义、地久天长。

3. 团队学习 树人为本

黄金有价人无价，市场无情人有情。人世间万事万物，人才是最宝贵的，只要有了高素质的人，什么人间奇迹都能创造出来。21世纪国力的核心是经济，经济的核心是企业，企业的核心是人才，人才的培养靠教育，百年树人，教育为本。信息是财富，知识是力量，经济是颜面，人才是关键。置身于知识经济时代，管理者要有效应对变革、取得竞争胜利，必须不断学习、快速学习，未来最成功的公司，将是那些基于学习型组织并不断创新的公司，要以“积财货之心积学习”。日本理光社长大植武夫的座右铭是“与其种田不如种树；与其种树不如树人”。虚拟企业的竞争优势的根源在于企业员工创造性和聪明才智的发挥，因此，必须加大人力资本的投入，组建认知互动、上下同欲的学习型团队至关重要。企业唯一持久的竞争优势或许是具备比你的竞争对手学习得更快的能力。这要求小微企业树立学习观念，不断学习新知识、新技术，培养自己的核心专长，同时也重视向其他组织的学习，把其他组织的经验知识移植到本小微企业中来，提高虚拟小微企业的竞争优势。

4. 放眼全球　整合资源

当今世界“信息革命”风靡全球，网络社会悄然兴起，网络经济扑面而来，赢得竞争优势、夺取领先地位、获得更大效益已成为全球经济竞争的新景观，小微企业必须放眼世界、整合资源。信息技术的发展，打破了时空经济活动的限制，为国际企业之间经济关系的发展提供了新的手段和条件。当前的一大趋势是从过去的一国经济走向世界经济，各国的合作生产已成为全球的经营新模式，“全球的相互依赖的经济格局已经形成，一个国家可以关起门来发展经济或左右世界经济的局面已经结束”。高科技正主宰着时代经济的新潮流，没有技术领先就没有市场优势。在高新技术领域能否及时地推出新产品，是否具有技术领先地位，对构建虚拟小微企业的竞争优势与否具有极大的影响，技术的开发与应用，是虚拟小微企业核心竞争力发展的永恒主题。尽可能地放眼全球、整合资源、提高产品的科技知识含量是虚拟小微企业竞争制胜之本。

5. 创造需求　网络经营

虚拟小微企业应着眼于市场，不断创造新产品，重视顾客价值创造，构建竞争优势。现代消费需求不仅有多样性、发展性、层次性，而且还具有可诱导性。虚拟小微企业的战略管理者应着眼于创造市场，而不仅仅是瓜分市场。一个善于开拓的经营者应勤于思、敏于行、乐于言。勤思令人睿智，敏行能捕捉先机，乐言让智慧共享。一个善于开拓市场的经营者，应该明察秋毫，捕捉和发现潜在的需求，并主动去满足它。虚拟小微企业竞争优势的构建，必须围绕顾客价值创造展开。提升顾客价值可以遵循以下几条路径：第一，围绕需求，紧跟用户，创造市场，招揽顾客。第二，增加顾客的认知利益，通过全面服务，创造特色产品，达到最终提升顾客利益的目的。第三，降低顾客认知价格，如改善运行效率、节约经营成本，达到最终降低顾客支出的目的，培养顾客的忠诚度、满意度和美誉度。高效的信息网络系统不仅使小微企业可以及时了解市场需求，根据市场需求从众多的备选组织中精选出合作伙伴，把具有不同优势的小微企业组织综合成靠电子手段联系的经营实体，而且使小微企业之间的信息沟通更为方便快捷、合作更为有效。开放的思维、平等的心态，是沟通的前提；相互理解、达成共识，是沟通的目的。采用通用数据进行信息交换，让所有参与合作的小微企业组织都能够共事设计、生产以及营销的有关信息，从而能够真正和谐协调、步调一致，保证合作各方能够较好地实现资源共享、优势互补的合作机制，使虚拟小微企业的竞争优势不断提升。

11.5 小微企业基于核心竞争力的创新发展对策

改革开放40多年来，民营经济以其独有的活力，从无到有，从小到大，取得了长足的进步和发展，成为我国国民经济中的一支重要力量，为拉动中国经济快速增长作出了重要的贡献。民营企业是市场经济的重要组成部分，是我国经济中富有活力的新的增长点。面对国际金融危机的冲击，中小民营企业如何通过自主创新，构建能给企业带来独有的、不能复制的、持续竞争优势核心的竞争力，就应成为中小民营企业重点思考的问题。

11.5.1 核心能力的内涵特征与识别

1990年，著名管理学家普拉哈拉德(Prahalad)和哈默尔(Hamel)在权威杂志《哈佛商业评论》上发表的《企业的核心竞争力》(*The Core Competence of Corporation*)一文，首次提出了核心竞争力(core competence)这一概念。这是对企业竞争优势本源研究的又一个里程碑。就核心竞争力这个概念本身而言，它在探求竞争优势本源的问题时，具有一种先天的优势，它给本源一个形象的解释。学者黄群慧也认为，核心能在试图回答什么是决定企业生存和发展的最重要因素，或者说企业持久竞争优势的源泉是什么问题时，赋予这个“最根本因素”或“源泉”一个非常易于流传的专用名词——核心能力。在《企业的核心竞争力》一文中，普拉哈拉德和哈默尔认为核心竞争力就是“企业内部的积累性学习，尤其涉及如何协调多种生产技能和整合多种技术流的问题”。实际上，普拉哈拉德和哈默尔并没有十分清晰地定义核心竞争力，而只是给出一个描述性概念。虽然有众多学者在此后进行了大量的研究工作，试图进一步清晰、明确核心竞争力的内涵，但竞争力、资源、能力的定义仍然含混不清，关于核心竞争力的研究，还没有形成一套完整的理论框架，甚至于直到现在，还没有形成一个普通接受的企业核心竞争力的概念。国内外不同的学者从不同的角度对核心竞争力进行了研究，我们对国内外学者的研究进行了大量的分析，从中将研究的不同观点进行了归纳、整理，总结了国内外学者关于核心竞争力的主要观点，即核心竞争力是组织中积累性的学识，特别是协调不同的生产技能和有机组合多种学识流派的学问。核心竞争力有以下几个特征。

1. 价值性

核心竞争力是富有战略价值的，它能为企业创造更高价值；它能为企业降低成本；它能为顾客提供独特的价值和利益，最终使企业获得超过同行业平均利润水平的超值利润。

2. 独特性

企业核心竞争力是企业在发展过程中长期培育和积淀而成的，企业不同，它的形成途径不同，它为本企业所独具，而且不易被其他企业模仿和替代。“它必须是独一无二的，并能提供持续的竞争优势”。

3. 延展性

核心竞争力的延展性使企业获得核心专长以及其他能力，它对企业的一系列能力或竞争力都有促进作用，它为企业打开多种产品市场提供支持，它犹如一个“能量源”，通过其发散作用，将能量不断扩展到终端产品上，从而为消费者源源不断地提供创新产品。

4. 动态性

企业的核心竞争力虽然内生于企业自身，但它是在企业长期的竞争发展过程中逐渐形成的，与一定时期的产业动态、企业的资源以及企业的其他能力等变量高度相关。随着相关变量发生变化，核心竞争力内部元素动态发展，导致核心竞争力动态演变，这也是一个客观必然。

5. 整合性

核心竞争力是多个技能、技术和管理能力的有机整合。单个技能、技术的强大都不足以构成企业的核心竞争力，而必须由企业的其他能力相互配合才能形成，它强调企业中的整体协调和配合。这种整合性通过产品或服务，集中表现为相对于竞争对手的优越性和为消费者带来的满意度。

6. 异质性

一个企业拥有的核心竞争力应是独一无二的，即其他企业所不具备的，至少是暂时不具备的。不同的企业，核心竞争力也不同，它是特定企业的特定组织结构、特定企业文化和特定企业员工等综合作用的结果，是企业在长期经营管理过程中逐渐形成的，是企业个性化的产物。

7. 长期培育性

企业核心竞争力不是一个企业能在短期内形成的，而是企业在长期的经营管理实践中逐渐形成并培养发展的。核心竞争力具有的独特性、动态性的特征，也都与其长期培育性有直接的关系，而不仅仅局限于某一产品或服务。核心竞争力对企业一系列产品或服务的竞争力都有促进作用，企业可通过其在新领域的积极运用，不断创造出新的利润增长点。

如何识别核心竞争力，目前理论上还没有定论，普拉哈拉德、哈默尔认为核心竞争力的识别需要通过三个检验：第一，“核心竞争力应该提供通向多种多样市场的潜在通道”；第二，“核心竞争力应该对最终产品可感知(received)的顾客利益作出巨大的贡献”；第三，“核心竞争力是难以模仿的”。三年后，普拉哈拉德在 1993 年发表的另一篇文章 *The role of core competencies in the corporation*(《核心竞争力在企业中的作用》)中，又提出三个检验：“第一，它是竞争差别的重要资源吗？第二，它超越了单一业务吗？第三，竞争者很难模仿它吗？”综合大部分专家、学者的观点，普遍认为核心竞争力的识别应当考虑以下两点。

首先，核心竞争力能够保持长期的竞争优势。核心竞争力可使企业拥有进入各种市场的潜力，它犹如一个“技能源”，通过其发散作用，将企业现有的各项业务按照需要联系黏合在一起，把能量不断扩散到最终产品上，从而为消费者源源不断地提供创新产品，是差别化竞争优势的源泉。卡西欧公司在显示技术方面的核心竞争力使得其可以参与计算机、微型电视、掌中电视、监视仪等方面的经营；佳能公司利用其在光学镜片、成像技术和微重量控制技术方面的核心竞争力，使其成功地进入了复印机、激光打印机、照相机、成像扫描仪、传真机等 20 多个市场领域。可见，随着产业、技术的演化，核心竞争力可以生长出许多奇妙的最终产品，创造出众多意料不到的新市场，它是企业竞争优势的根源。

其次，核心竞争力应具有独特性，不易被竞争对手模仿。核心竞争力既包括公开的技术、企业文化、营销等，又包括不公开的秘密技术和组织能力。竞争对手可能会掌握组成核心竞争力的一些技术或者学习到部分企业文化等，但要完全模仿或者替代核心竞争力是很难的。可口可乐饮料的组成成分已经不是秘密，然而可口可乐糖浆的配方却一直是可口可乐公司的核心机密。如果一个企业开发的有形、无形资源及其组织能力容易被竞争对手模仿或替代，则说明该企业原本就没有核心竞争力。企业核心竞争力指标体系如图 11-1 所示。

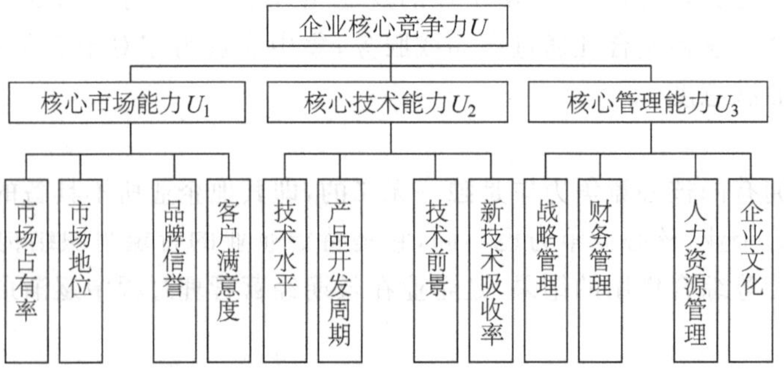

图 11-1　企业核心竞争力指标体系

11.5.2　小微企业自主创新中存在的主要问题

首先，动力机制不完善，企业不想创新。国家知识产权局资料表明：我国拥有自主知识产权核心技术的企业仅为万分之三，99%的企业没有申请专利，60%的企业没有自己的商标。创新的投入产出方式导致企业创新动力不足，原因是多方面的：第一，创新的投入产出特点导致企业创新动力不足。由于创新需要大量投入，而投入又不能很快得到相应回报，创新必然影响企业的即期利润。第二，企业既定生存发展模式选择也制约了创新的内在动力形成。创新能力很强的民营企业很少。第三，市场不完善使自主创新存在较高机会成本，弱化企业自主创新的内在动力。

其次，风险分担机制不健全，知识产权保护不力，企业不敢创新。发展高新技术产业面临很大的技术风险、市场风险和技术流失风险，小微企业缺乏创新管理的基本经验，无力应对创新的巨大风险，普遍存在"创新恐惧症"。而且，小微企业平均寿命不长，也致使创新动机不强。有人甚至认为：不创新慢慢等死，一旦创新就快快找死。

再次，创新人才缺乏，研发能力有限，企业不会创新。小微企业自主创新，仅靠自身的力量太过薄弱，而企业间及产学研的经常性合作机制尚未建立或完善，小微企业创新能力不能通过在"干中学"的学习机制和产学研合作机制中得到提升。产品换代升级慢，更新周期很长。

最后，金融体制不配套，融资困难，企业不能创新。小微企业创新的两个最重要环节就是技术研发和科研成果的产业化。这两个环节都需要资金的高投入，大多数小微企业在创新中都遭遇融资瓶颈。

11.5.3　通过自主创新提升小微企业核心竞争力的途径

(1) 科学地制定通过自主创新培育核心竞争力的战略规划与长效机制。核心竞争力是支撑企业长久竞争优势的战略性能力，它的培育必须依赖于企业长远的战略发展规划，建立有效的长效管理机制。管理是企业核心能力的保证，中小企业必须加快现代企业制度的建立。同时，加强中小企业的管理制度创新，改革一切与市场经济相悖的管理机制，提高企业的管理水平和效益。第一，要彻底改革科技投资体制。政府应拓宽融资渠道、建立风险投资体系、大力引导民间资本投向企业技术创新。完善金融市场，促进科技—产业—资本—市场的联动，发展风险投资机制。第二，推动企业创新体系和运行机制建设，培育核心竞争能力。支持和推动企业与国际知名跨国企业进行多种形式的技术创新合作，鼓励企业走出去到世界前沿建立自己的研发中心。第三，加强产业共性技术开发，提高引进和运用世界一流技术的效率。企业要围绕核心技术引进，加快消化吸收的速度，关键要提高自主研发水平，不断改造现有工艺装备，提高产品档次，实现产品、技术的升级换代。第四，努力提高科技资源的整合能力。加强产学研结合，鼓励和促进企业之间、企业与科研院所、高等院校之间人员、信息、知识和技术方面的交流，推动高等院校科技资源与产业结合和先进适用技术向企业转移，加快以企业为主体的技术创新体系建设，企业要确定“不求所有，但求所用”的人才资源配置的新理念。要在创新人才机制方面迈出大的实质性步伐，尽快建立有利于技术创新的分配制度和用人机制，增加人力资本投资。

(2) 技术创新是提升小微企业核心竞争力的关键。技术创新是形成和提升企业核心竞争能力的关键要素。离开技术创新，企业核心竞争能力就成为无源之水、无本之木。技术创新是一个过程，它包括新的产品、工艺或系统在技术上的创造、设计、生产、第一次使用以及扩散等一系列活动。在这种过程中，不仅能够产生独特的企业技术能力，创造出具有成本优势的好产品、好服务，也能提高设计人员、生产人员、维护人员、营销人员的各种学习能力，形成独特的他人难以模仿的无形资产。这些“产出品”是企业核心竞争能力所不可或缺的重要组成部分，更是企业持久竞争优势的源泉。正如斯蒂格里茨所认为的那样，某一组织内部知识及其成员分享或隐藏的能力，决定着一个公司或一个产业或一个国家的竞争能力；植根于公司职员中的那些隐含知识基础已成为一个公司竞争优势的基石。

(3) 积极实施品牌战略。不同企业产品之间的有形差异正在逐步缩小，而品牌以其难以替代的独占性、个性化以及良好的可继承性和延伸性，成为企业在市场竞争中的有力武器。把品牌看成一种宝贵的战略资本，把培育自己的品牌作为构筑和提升核心竞争力的重要手段，集中打造“区域品牌”。品牌是企业核心竞争力的体现，在现代工业化背景下进行的品牌竞争已成为市场竞争的高级形式，以品牌扩大市场竞争力、社会影响力和增加产品附加值，是支持企业长期可持续发展的重要经营战略。根据调查，85%以上企业深感价格竞争压力，低价无序竞争的优势随着国门开放、法治的健全，将逐渐趋于劣势，小微企业在传统行业里的集中优势和比较优势，只有通过形成一批“区域品牌”才能形成国际竞争力。小微企业要充分认识到品牌经营的重要性，并结合本区域特色实施品牌发展战略，倾力进行品牌的创立、维护和发展，立足于生产经营自有品牌，以优势产品为龙头，形成规模优势，规模与品牌互动，扩大市场的占有率。

(4) 加强信息化建设。企业信息化对小微企业核心竞争力的促进作用表现为以下几个方面：有利于企业组织运行；有利于客户关系和供应链管理；有利于生产制造管理；有利于企业的技术创新等。通过加强企业信息化建设，提高小微企业对市场的快速反应能力。经济发展到今天，以互联网为主导的信息技术的加速发展，使得企业面临更加复杂的环境。企业作为信息化的主体地位，应努力唤起信息化的意识，在企业发展战略、内部运营机制上，采用当代先进信息技术手段，如网络技术、企业资源计划、电子商务等，加快信息化步伐，提高信息化成效，从而加快培育和发展自身的核心竞争力。开展企业信息化建设的根本目的在于：用高新技术改造传统产业，在高新技术产业化过程中不断提高企业核心竞争力、开发创新能力、经营管理能力。

(5) 塑造优秀的企业文化，以诚信至上作为企业的核心价值观。小微企业要提高核心竞争力，必须在企业文化的核心理念与核心价值观上下功夫。高科技可以学，制度可以制定，但企业全体员工内在地追求一种企业文化、企业伦理层面上的东西却是很难移植、很难模仿的。必须加强企业文化建设，为企业核心竞争力的形成提供精神支持。企业文化的核心是精神文化，它包括企业精神、企业经营哲学与经营理念、企业价值观等。企业文化不同于企业制度创新、技术创新和管理创新对企业核心竞争力形成的作用，它渗透于企业总的创新活动，为企业核心竞争力的形成提供精神支持，并且，只有当企业文化，特别是企业精神文化顺应社会发展，融入人们的社会生活，体现时代精神且又具有鲜明的企业特点时，才能明显地促进企业核心竞争力的形成。

企业文化是企业生存和发展的灵魂。独特的企业文化为挖掘企业核心竞争力建立了必要的内部环境和基础。因此企业只有在建立起自己的企业文化之后，贯彻了自己的经营管理理念和价值观念，才能有效地培育和加强企业的核心竞争力。著名经济学家于光远认为：国家强盛在于经济，经济繁荣在于企业，企业兴旺在于经营管理，而经营管理在于企业文化。优秀的企业文化最终造就企业的兴旺。所以说，优秀的企业文化是现代企业的精神支柱，也是企业核心能力的重要表现。

优秀的企业之所以优秀，是因为独特的企业文化把它们与其他企业区分开来。核心竞争力与企业文化唇齿相依、不可分割，没有文化的竞争力不是核心竞争力，不和企业文化相联系的竞争力不具备创新性和成长性，是没有前途的。浙江的小微企业之所以有很大的发展，是因为浙江企业主都有"两板"精神："白天当老板，晚上睡地板"；有越过"千山万水"、经过"千难万险"、想过"千方百计"、吃过"千辛万苦"、说尽"千言万语"的"实干精神"。

(6) 通过产业集群提升企业核心竞争力。核心竞争力不仅是企业竞争优势的源泉，而且也是企业参与市场竞争的一个主要驱动力。对于游离的单个小微企业而言，其拥有的资源十分有限，限制了核心竞争力的构造和提升。但众多的企业集结成群后，小微企业可以利用"群体效应"增强企业核心竞争力。

【知识拓展】战略营销制胜要诀探秘

思考题

1. 小微企业基本竞争模式有哪些？
2. 简述集中化模式的类型特点及其优势。
3. 简述小微企业差异化模式途径。
4. 简述虚拟小微企业创业竞争模式特点及优势。
5. 试论虚拟小微企业创业竞争模式的构建途径。
6. 试论小微企业基于核心竞争力的创新发展对策。

即测即练

第 12 章

小微企业人力资源管理与激励

学习目标

- 了解人力资源管理的概念及其特征
- 了解当前制约小微企业人力资源管理的瓶颈
- 理解小微企业人力资源的科学规范化管理
- 掌握小微企业领导与员工关系的误区矫正
- 掌握小微企业激励管理与和谐治理
- 了解现代小微企业点将用兵之戒

【案例 12-1】猎狗与兔子的故事

例12-1

经济是颜面,文化是灵魂,知识是力量,人才是关键。人世间万事万物,人才是最宝贵的。只要有了高素质的人,什么人间奇迹都能创造出来。财智时代,国力的竞争是经济,经济的核心是企业,企业的核心是人才。斯隆曾经说过:把我的资产拿走吧!但是请把我公司的人才留给我,五年后,我将使拿走的一切失而复得。当今企业间的人才之战硝烟滚滚,如何加强小微企业人力资源管理与激励措施、留住人才对小微企业来讲是一个十分重要的研究课题。

12.1 人力资源管理的概念及其特点

12.1.1 人力资源管理的概念

人力资源,又称劳动力资源或劳动力,是指能够推动整个经济和社会发展、具有劳动能力的人口总和。经济学把为了创造物质财富而投入生产活动中的一切要素统称为资源,包括人力资源、物力资源、财力资源、信息资源、时间资源等,其中人力资源是一切资源中最宝贵的资源,是第一资源。人力资源包括数量和质量两个方面。人力资源的最基本方面，包括体力和智力，从现实应用来看，人力资源包括体质、智力、知识、技能四个方面。人力资源与其他资源一样也具有特质性、可用性、有限性。

具有劳动能力的人，不是泛指一切具有一定的脑力和体力的人，而是指能独立参加社会劳动、推动整个经济和社会发展的人。所以，人力资源既包括劳动年龄内具有劳动能力的人口，也包括劳动年龄外参加社会劳动的人口。

关于劳动年龄，由于各国的社会经济条件不同，劳动年龄的规定不尽相同。一般国家把劳动年龄的下限规定为 15 岁，上限规定为 64 岁。我国招收员工规定一般要年满 16 周岁，员工退休年龄规定男性为 60 周岁(到 60 岁退休，不包括 60 岁)，女性为 55 周岁(不包括 55 岁)，所以我国劳动年龄区间应该为男性 16～59 岁，女性 16～54 岁。

人口资源、人力资源、劳动力资源、人才资源的关系如下。

人口资源：一定范围内的人口总和。人口资源重在数量。

人力资源：一定范围内具有劳动能力的人口总量。

劳动力资源：一定范围内符合法定规定年限的有劳动能力的人口的总和。

人才资源：一个国家或地区具有较强的管理能力、研究能力、创造能力和专门技术能力的人们的总称。人才资源重在质量。

人口资源、人力资源、劳动力资源和人才资源的关系如图 12-1 所示。

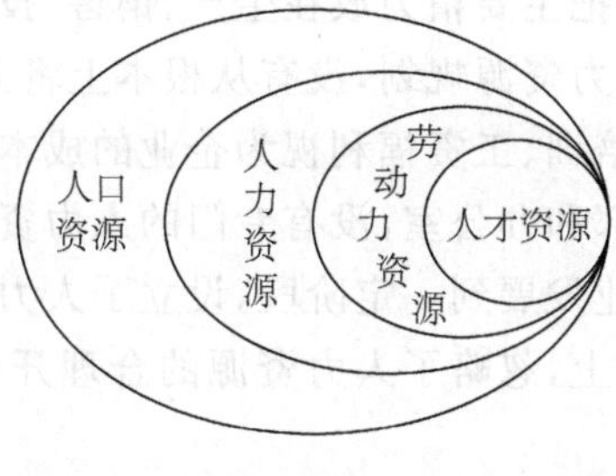

图 12-1　人口资源、人力资源、劳动力资源和人才资源的关系

通常来说，人力资源的数量为具有劳动能力的人口数量，其质量指经济活动人口具有的体质、文化知识和劳动技能水平。一定数量的人力资源是社会生产的必要的先决条件。一般说来，充足的人力资源有利于生产的发展，但其数量要与物质资料的生产相适应，若超过物质资料的生产，不仅消耗了大量新增的产品，且多余的人力也无法就业，对社会经济的发展反而产生不利影响。在现代科学技术飞跃发展的情况下，经济发展主要靠经济活动人口素质的提高，随着生产中广泛应用现代科学技术，人力资源的质量在经济发展中会起着越来越重要的作用。

12.1.2　人力资源的特点

(1) 生成过程的时代性：人力资源在其形成过程中受到时代条件的制约，人一生下来就置身于既定的生产力和生产关系中，社会发展水平从整体上制约着这批人力资源的素质。他们只能在时代为他们提供的条件前提下，努力发挥其作用。

(2) 存在过程的能动性：自然资源在开发过程中，完全处于被动的地位，人力资源则不同，因为它是由劳动者的劳动能力构成的，而劳动能力存在于劳动者的身体之中。劳动者在各种活动中，总是处于发起、操纵、控制其他资源的位置上，根据外部环境的可能性、自身的条件和愿望，有目的地确定活动的方向，创造性地选择自己的行为。

(3) 使用过程的时效性：任何有生命的活体都有其生命周期，因此人力资源的形成、开发、使用都受到时间方面的制约和限制。与自然界存在的物质资源不同，由于人力资源在不同的年龄阶段有着不同的生理特点和心理特点，所以对人力资源的开发使用要用当其时。人力资源长期闲置或学非所用，就会造成极大的浪费。因此，时效性是人力资源的又一个基本特征。

(4) 开发过程的增值性：人力资源不仅具有再生性的特点，而且其再生过程也是一种增值的过程。人力资源在开发和使用过程中，一方面可以创造财富；另一方面通过知识经验的积累、更新，提升自身的价值，从而使组织实现价值增值。

12.1.3 当前制约小微企业人力资源管理的瓶颈

小微企业要想生存、发展，并在激烈的竞争中占据一席之地，人力资源作为决定企业成败最关键的因素，其配置优化与否直接影响着企业的可持续发展。但长久以来，受多方面因素的影响，绝大部分小微企业并没有真正认识到人力资源的重要性，这也成为制约小微企业快速、健康、持续发展的一大瓶颈。人力资源管理观念淡漠，缺乏人力资源规划，小微企业在设立发展时，往往会把主要精力放在生产、销售、技术研发等环节，人力资源管理观念都较淡薄，往往会忽视人力资源规划，没有从根本上将人力资源看成一种可以开发和利用的资本，将员工的招聘、培训、工资福利视为企业的成本而不是投资。另外，大多数小微企业的主要部门也就财务部和办公室，没有专门的人力资源部门，人事管理的职能由办公室代为履行。即使有些企业发展到一定阶段，设立了人力资源部门，其职能划分也不清晰，日常工作也仅停留在“事”上，忽略了人力资源的合理开发利用，没有充分发挥人力资源的潜在作用。

1. 人力资源引进和培训制度不合理

小微企业招聘人员很多情况下都是通过亲属或熟人介绍，加之企业招聘范围窄，难以招收到高素质、高技能的人才，最终导致企业缺乏新鲜的血液输入，人力资源质量难以提升。同时，许多小微企业管理者对于员工培训和人力资源的开发意识薄弱，在这些方面上的投资很少，甚至不投资。即使有些企业致力于员工培训，但受限于自身资金、规模，培训场所、时间、经费难以保证。加之，培训的方式过于落后，多限于师徒之间的口传心授，培训也停留在“头痛医头，脚痛医脚”的应付方式上，难以形成具有规模的、系统的、长效的培训模式。

2. 员工劳动报酬低，社会福利缺失

小微企业一旦出现生存困境，就拿人工成本说事。对于利润微薄的小微企业来说，当市场上没有转嫁成本的资本，其唯一可以控制的就是人工成本了。而降低人工成本将使小微企业更加难以留住人才，企业的发展面临更多的困境。同时，小微企业员工应享受的社会保险福利也严重缺失。据一项调查显示，小微企业各项保险福利费支出占工资比例仅为18%，并且其参保人数仅为应保人数的12.1%。由于缺乏必要的社会保障，一旦出现伤残、疾病、失业，劳动者的生活、养老就难以为继，这必然会导致他们的不满，以至离开小微企业。在法律意识提高的年代，这些权利被侵害的员工可能会依法维权，而如果那样的话，小微企业将面临承担违法成本的风险，对其发展来说可谓雪上加霜。

3. 绩效评估机制不科学，激励机制过于单一

我国的小微企业领导者集责、权、利三位于一体，而员工的责、权、利不统一，导致出现绩效评估标准及过程不合理、激励机制过于单一的问题。部分小微企业的绩效评估缺乏定量的分析，只是依据员工的工作态度进行定性评价。在评估的过程中，多以领导的主观意见来判断而非依据员工的业绩。同时大多数小微企业的激励机制过于单一，侧重于物质上的激励，而忽视了企业员工精神层面的追求。短时间内，这种物质的激励能够起到一定的调动和提高员工积极性的作用，但长此以往，企业员工精神追求的丧失，导致自身的理想、信念、责任的逐步淡化，这对于企业的可持续发展极为不利。

12.1.4　小微企业人力资源的科学规范化管理

现代企业的发展离不开规章制度，它不仅是建立现代企业制度的需要，也是规范指引企业部门工作与员工行为的需要。俗话说“没有规矩，不成方圆”，一套合法合理的规章制度可以帮助企业实现规范化管理，既能增强企业的竞争力，又有利于提高管理效率，保障企业运作的有序化、规范化。

1. 人才引进

当前，企业之间竞争的背后归根到底是人才的竞争。因此，企业必须大力创新人力资源管理制度，推进人事制度改革战略，形成一个科学有效、相对完善的招聘、任用、激励和约束的人力资源管理制度系统，来吸引和留住人才。小微企业在创立期，规模小、实力差、品牌影响力不够，这使得大部分的小微企业难以提供高薪、高福利来吸引人才。为了使得公司正常地运行，引进人才可以通过内部推荐的形式来保持人员的稳定。同时，创立者应充分利用自身的人际圈子，来广揽人才。进入成长期之后，小微企业要转变传统非正规的人才引进模式，应加强招聘人才的培养，建立起科学的人员招聘和选拔机制，着重进行正规的市场招聘。进入成熟期后，企业要进一步完善人才引进和任用机制。一是要建立人才预警机制。预警内容包括学历与职称预警、年龄预警、工作态度预警等。二是要建立人才信息收集与反馈机制。在招聘过程中经常遇见素质不错的人才，但由于岗位编制的限制无法将这些人才招进企业，企业就必须建立人才储备体系，与这些人才保持适当的联系，使企业需要用到该人才时可以及时与其取得联系。三是要规范企业人才档案管理。人才档案是一个企业软件的保险柜。企业可以根据档案上的信息与人才进行联系和招聘，使得这些人才归企业所有，帮助企业达到自身的战略发展目标。这样既能提高招聘的速度与效率，又能节省企业现阶段急需的专精人才的招聘成本，省时、省钱又省力。

2. 培训开发

许多企业老板认为，商场如战场，企业需要的是实战型人才，最好招进来就能冲锋陷阵，企业哪有工夫去培养人才。这种急功近利的人才观，是很多小微企业的致命弱点。但人才的发现和使用离不开培养，因此，企业应加大对人力资本的投资力度，强化人力资源培训。在创立期，受经费、人力等诸多因素的影响，小微企业难以聘请专业的培训人才。这时，企业的培训主要依靠员工之间的经验交流，创立者要多鼓励员工进行自我学习。进入成长期后，随着经营规模的逐步扩大，业务要求更加专业，企业必须开始着手员工自身的正规培训。在培训之前，管理人员要根据员工的培训需求"因材施教"，并制订正规的培训计划。考虑到经费紧张的情况可以考虑AA制培训（企业和员工共同承担培训费用）和网络培训。小微企业进入成熟期后，必须建立完善的培训机制。同时，除了业务专业知识的培训之外，企业要逐步重视员工价值观的培训，以提高员工的企业认同感及凝聚力。另外，企业要着手打造学习型组织，培养员工自主学习氛围，以提高组织活力和人力资源品质。要使每个人都有适合的岗位，有全面的培训，有系统的学习，有整体的关心，给他目标、给他提升空间、给他机会、给他成才之路。为有才能的人制定他的职业生涯，这是留住人才的最好方法。因为对于一个人来说，职业的成就感有时可能会比他的生命更为重要，那是他奋斗的方向和目标。所以，给人职业生涯对于他来说，就是给他成功的阶梯，大多数人才在这个时候都会安心留下。

3. 绩效管理

人力资源管理单纯依靠制度来约束员工是不够的，必须建立恰当、有效的激励机制，给予每个员工满意的待遇，充分调动员工的工作积极性，才能最终使得企业留住人才，确保企业持续健康地发展。小微企业创立初期，往往缺乏规范明确的考核制度，绩效评估缺乏定量的分析，只是依据员工的工作态度进行定性评价。进入成长期后，小微企业战略目标逐渐明晰，对员工的绩效管理要将企业各部门战略目标与结果联系起来，同时与员工共同协商具体绩效目标的设定，建立一套完善的绩效指标体系。在成熟期，小微企业要适当借鉴大中型企业的绩效管理理念与方法，如平衡计分卡、目标管理法、财务评价方法、360度考评等，并根据自身情况加以创新。

4. 薪酬管理

一直以来，小微企业薪酬激励措施随意性较大，特别是在企业成立初期，由于内部工资结构不清晰，岗位价值无法有效体现，表现为工资收入与业绩衔接不合理，经常有"大锅饭"现象存在。在创立初期，小微企业根据岗位说明书确定岗位工资，并与绩效工资或奖金紧密结合。同时，在以货币工资为主的前提下，注重非物质形式的精神激励，如公开表扬有优秀表现的员工或者为其颁发标兵证书等。企业进入成长期后，应灵活增加具有物质形式的精神激励，如创新激励、职务激励等，其中职务激励以职位晋升为主要形式。成熟期后，小微企业应当完善长短期结合的薪酬激励机制，其中短期激励以货币工资为主，长期激励包括股权、未来收益、专项基金等形式，同时逐步完善物质与精神相结合的薪酬激励机制。

5. 培养员工对业务的兴趣，防止关键性人才"叛逃"

兴趣是一个人努力工作的最持久、最强劲的动力。当一个人对某项工作感兴趣的时候，他即使不分昼夜地工作一个星期也并不觉得累；而当他对工作厌烦的时候，即使干一个小时，也觉得身心疲惫。一个人是否对一项工作感兴趣，很大程度上取决于他认为工作是否有意义。如果他认为一项工作是很有意义的，是"值得的"，他就会非常投入。比如，一个专门为老年人提供生活服务的网站，在这里工作的人就会觉得自己的工作是很有意义的，他们一旦选择了到这个网站工作就一般不愿意放弃。因此，让员工觉得自己的工作是有意义的，他们工作起来就会有兴趣，就会感到愉快，就可以使员工长期地、心甘情愿地在你的公司干下去。

对一个公司而言，最可怕的不是员工的流失，而是优秀员工投奔到竞争对手的阵营里去。而如果这个(或这些)员工又掌握了公司的关键技术或者机密的话，那后果简直就是灾难了。

首先，要及时地了解员工的思想动态。一旦发现某人不那么忠诚，就应该一方面帮助他转变思想、解决问题，另一方面加强有关防范工作。

其次，要有明确的规章制度，比如规定从事关键性技术研究的员工在技术有效期内不得为同公司有着利益冲突的企业服务，否则将加以处罚，并签订明确的合同。这既对有关员工是一种制约，在有的员工经不住对方的"糖衣炮弹"而"叛逃"的时候，公司也可以在诉讼中得到赔偿。

另外，企业文化对于小微企业的发展有着无法代替的作用。企业文化和企业制度是相互促进、相辅相成的，就像法律与道德一样。企业制度就像法律，是必须遵守的死板规条。而企业文化就像道德，是存在人们心中的无形的东西，人们会自觉遵守企业的文化就像遵守道德那样。小微企业必须建立以人为本的企业文化，在对待人才的态度上不能再像以往那样当他们只是赚钱的机器和工具，而应该平等地对待每一个员工，尊重和关心员工，重视人才、留住人才。只有这样，企业就能够实现可持续发展，实现跨越式发展，实现企业的发展规划和经营战略目标。

"千军易得，一将难求"，企业在求贤若渴的时候要知道：良禽择木而栖，忠臣择企而事。留住人才是一项复杂的系统工程，留住人才一定要引起高度重视，只要我们采取科学有效的措施，尊重人才、爱护人才、培养人才，提高人才对企业的归属感，企业就能更好地生存和发展。

12.2　小微企业激励管理与和谐治理

12.2.1　激励的概念与作用

1. 激励的概念

激励是领导工作的重要方面。在管理学中，激励是指激发、鼓励和调动人的热情和积极性。从诱因和强化的观点看，激励是将外部适当的刺激转化为内部心理的动力，从而增强或减弱人的意志和行为。从心理学角度看，激励是指人的动机系统被激发后，处于一种活跃的状态，对行为有着强大的内驱力，促使人们为期望和目标而努力。

罗宾斯(Robbins)认为，激励是一种意愿，是个体为满足自身的某些需要，通过高水平的努力来实现组织目标的意愿。该定义包括了激励的三个关键因素：需要、努力和组织目标。沙托(Shartle)认为，激励是一种能够被感知的驱动力和紧张状态，促使人们为了完成目标而采取行动。琼斯(Jones)指出，激励是一个基本的心理过程，它决定组织中个人行为方向、个人努力程度和个人在困难面前的毅力。

综上所述，激励是指激发人的内在动机，鼓励人朝着所期望的目标采取行动的过程。动机是人们行为产生的直接原因，它引起行为、维持行为并指引行为去满足某种需要。动机由需要产生，受到满足个人需要的能力的制约。因此，组织在实施激励时，需要通过一定的手段使员工的需要和愿望得到满足，从而激发员工的工作动机，调动他们的工作积极性，使其主动而自发地把个人的潜能发挥出来，奉献给组织，从而确保组织达成既定的目标。

2. 激励的过程

激励过程是一个由需要开始，到需要得到满足为止的连锁反应。人们有各种各样的生理、心理和社会的需要，在一个组织中，组织成员的个人目标就是满足这些需要。因此，组织可以通过一系列针对员工需要的东西，如金钱、工作保障、承认等来引导人们从事各种各样的工作。结合此前人的行为循环模式，我们可得到：在组织中，动机驱使员工工作，员工并根据工作绩效得到各种奖励。当员工对这些奖励感到满意时，他会重复其高效率的行为；当他不满意时，他就会变懒，不愿意付出较大的努力。在组织中，激励的基本过程可用图 12-2 表示。

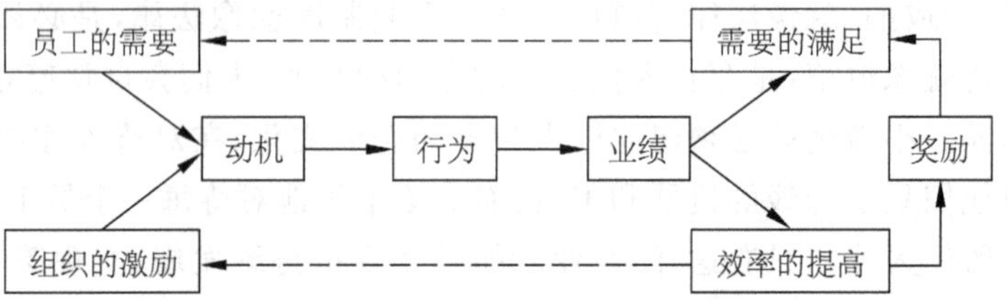

图 12-2 激励的基本过程

优秀的领导者一般都有调动员工积极性的心愿，但员工的积极性不会因领导者的良好心愿而自动激发出来的。领导者要指望员工努力工作，就必须首先了解员工心里想些什么、需要什么，他们的工作动机是什么。在此基础上再有针对性地采取激励措施，这样才能取得预期的激励效果。

由此可见，激励的实质是以未满足的需要为基础，利用各种目标激发产生动机，驱使和诱导行为，促使实现目标、满足需要的连续心理和行为过程。

3. 激励的作用

激励作为一种内在的心理活动过程和状态，不具有我们可以观察的外部状态。但是，由于激励对人的行为具有驱动和导向作用，因此，可以通过人的行为表现及效果来对激励的程度加以推断和测定。人们的行为表现和行为效果很大程度上取决于他们所受到的激励程度，激励程度越高，人们的行为表现就越积极，行为效果也就越大。

现代管理高度重视激励问题。一个管理者如果不懂得激励员工，那么他绝非是合格的管理者。激励在组织管理中的作用十分重要，一般包括以下四方面。

(1) 有利于激发和调动员工的积极性。激励的核心在于调动人的积极性。积极性是员工在工作时的一种能动的、自觉的心理和行为状态。这种状态可以促使员工的能力得到充分发挥，并产生积极主动的行为，如提高劳动效率、超额完成任务、良好的服务态度等。

(2) 有利于将员工的个人目标导向实现组织目标的轨道。在现实中，个人目标与组织目标有时是一致的，有时是不一致的。当二者发生背离时，个人目标往往会干扰组织目标的实现。激励的功能就以个人利益和个人需要的满足为前提，引导员工把个人目标统一于组织的整体目标，提升其主人翁意识，激发和推动员工为完成组织目标作出贡献，从而促使个人目标与组织目标的共同实现，使成员的自觉性、主动性和创造性得到充分发挥。

(3) 有助于增强组织的凝聚力。任何组织内部都有各种个体、工作群体及非正式群体的存在。为保证组织整体能够有效、协调地运转，除了良好的组织结构和严格的规章制度外，还需通过运用激励的方法，满足员工的多种心理需求，以鼓舞员工士气、协调人际关系，进而促进内部各组成部分的协调统一，增强企业的凝聚力和向心力。

(4) 有助于挖掘人的潜力，提高人力资源质量。美国哈佛大学教授威廉·詹姆士研究发现，在缺乏激励的环境中，人的潜力只能发挥出 20%～30%，如果受到充分的激励，他们的能力可发挥 80%～90%。由此可见，激励是挖掘潜力的重要途径。

【案例 12-2】自我的力量

俾斯麦是德国的政治家，在普法战争中打败拿破仑三世，建立了德意志第二帝国。有一次，俾斯麦和一位朋友出去打猎，这位朋友却不小心掉进了泥沼里。听到求救声的俾斯麦就赶紧跑了过去，可是他却没有把这位朋友救起来，反而对这位朋友说："我是很想救你的，可是如果我救你的话，我自己也会掉到泥沼里，所以我不能救你，请你原谅。但是你一定不愿意自己如此痛苦地死去，因此，我不如狠下心来，一枪把你解决掉吧！"说完这句话后，俾斯麦就将猎枪拿起，装作准备扣动扳机。这个时候，不愿如此枉死的这位朋友就拼命地在泥沼中挣扎，最后他终于自己爬到陆地上来了。

【讨论题】

你认为是什么需要使俾斯麦的这位朋友爬到陆地上的？

12.2.2 基于和谐治理的小微企业激励兼容艺术

管理科学，博大精深。修道弘德，取义明理，激励兼容，和谐治理，为我们提供了管理理论与实践的最高真理和最高智慧。管理的核心是处理好人际关系，调动员工的积极性，结合群力，达致目标。人的成功实际上是人际关系的成功，完美的人际关系是个人成长的外在根源。环境宽松，和谐协调，关系融洽，令人向往；生活安定，心情愉悦，氛围温馨，人的激情就能得到充分的发挥。试想在一个"窝里斗"的企业里工作，人际关系紧张，人心难测，无所适从，甚至让人提心吊胆、为自己担心，不是人琢磨工作，而是工作折磨人，这种环境是留不住人才的，"以人为本"也只能是"叶公好龙"而已。

国以和为盛，家以和为兴，人以和为贵，企以和为本。企业内部亲和力的存在才会使员工具有强烈的责任心和团队精神，组织富有朝气和活力，更能营造人格有人敬、成绩有人颂、诚信有人铸、和睦有人护的良好文化氛围。以企业为例，日本佳友生命公司曾调查了日本 3 600 家公司，其中体现"和谐、团结"精神的企业基本理念有 549 个。如松下公司企业精神："产业报国，光明正大，和亲一致，奋斗向上，礼节谦让，适应同化，感激报恩。"

企业善待员工，员工效忠企业，以和为贵，以诚相待，才能激发员工的积极性与创造性，增强企业向心力。企业暂时的困难甚至亏损并不可怕，最可怕的是员工感情的亏损，一旦员工对企业失去了希望和热情，没有了愿景，失去了人心，这个企业绝对是没有希望的。有道是，天时不如地利，地利不如人和，人和更离不开沟通，和谐治理就是能增强企业的凝聚力，也是企业的核心竞争力。基于和谐治理的企业激励兼容艺术现探讨如下。

1. 目标激励，励精图治

目标是组织对个体的一种心理引力。设置适当的目标，激发人的动机，达到调动人的积极性的目的，称为目标激励。目标设置要合理、可行，与个体的切身利益密切相关。要设置总目标与阶段目标，总目标可使人感到工作有方向，阶段性目标可使人感到工作的阶段性、可行性和合理性。

目标激励是根据人们物质利益和精神利益的正当需求，设置一定的目标作为一种诱因，作为人们对未来的期望，鼓励人们去追求、进取。这种方法中报酬是一个关键的问题，一方面报酬应与人们所取得的成绩保持合理的正比关系；另一方面，报酬还要考虑到人们的多种需要，既包括物质需要，也包括精神需要，还包括职位方面的需要，其中每种需要又都是有层次之分的，而人的需求是无止境的。

企业在制定战略目标与中长期发展规划时，要让员工参与，虚心听取员工的意见。参与意识是员工实现自我价值需求的表现。知识经济时代的企业员工，大多希望企业领导能给他们提供一个发挥自己全部智慧和才能的舞台，以实现自我价值，这是企业员工精神方面的一种高层次的追求，应该得到爱护和尊重。只有让员工明白企业的目标，并为他们献计献策提供机会，以满足员工实现自我价值的欲望，激发他们创造性思维的火花，才能获得许许多多不寻常的创见和有价值的建议。目标激励是从长远的角度出发的激励，有利于保持员工长久的积极性的发挥。

参与意识是伴随着人类生活水平的提高而不断增强的，是实现自我价值需求的表现。20 世纪 90 年代的企业员工，大多希望企业领导能给他们提供一个舞台，让他们调用自己的全部智商，在这个舞台上导演出精彩的话剧来，以圆自我价值的实现梦。所以，管理者在决策过程中，要具有高度的民主化作风，即便自己已经胸有成竹，也应该以虚怀若谷的态度，进一步征询更多人的主意、办法。那种以为决定目标、方针、方向仅仅是领导层的事，没有必要让更多人知道的想法，实际上是陷入了认识的误区。无论管理者个人如何聪慧，和群体相比总是十分有限的，集思广益将使决策更科学、更完善、更可行，最终更有益于目标的实现。在和谐治理中充分发挥目标激励的作用应注意：第一，个人目标尽可能与集体目标一致；第二，设置的目标方向应具有明显的社会性；第三，目标的难度要适当；第四，目标内容要具体明确，有定量要求；第五，应既有近期的阶段性目标，又有远期的总体目标。俄国大文豪托尔斯泰说：人要有生活的目标：一辈子的目标，一个阶段的目标，一年的目标，一个月的目标，一个星期的目标，一天的目标，一个小时的目标，一分钟的目标，还得为大目标牺牲小目标。有了目标，我们才会把注意力集中在追求喜悦，而不是在避免痛苦上。

2. 公平激励，客观公正

公平激励源自美国心理学家亚当斯的公平理论。这种理论认为：下属的工作动机和积极性不仅受自己绝对报酬的影响，更重要的还受相对报酬的影响。下属总会把自己的贡献和报酬与一个和自己相等条件的人的贡献和报酬相比较。当这种比值相等时，就会有公平感，就心情舒畅、积极性高涨；反之，就会导致不满，产生怨气和牢骚，甚至出现消极怠工的行为。

公平激励，客观公正，就应积极减少和消除不公平现象，但正确的做法不是搞绝对平均主义，而是领导者要做到公平处事、公平待人，不搞好恶论人、亲者厚、疏者薄。如对激励对象的分配、晋级、奖励、使用等方面，要力争做到公正合理、人人心情舒畅。在和谐治理中要克服以下几种不公。

(1) 收入分配不公。付出与所得不成比例。付出的智力、体力很多，而收入却不高，这是绝对不公。另一种是岗位不同、贡献不一样，而收入相差无几，这是相对不公。其结果导致人心涣散、生产效率下降。

(2) 处罚不公。一种是对责任人处罚过轻，不能起到应有的警示作用；另一种是处罚过重，对他人产生心理负担，使得没有人敢承担责任。

(3) 机遇不公。能力平平、不应该被重用和提拔的人得到了重用提拔，会使人们去投机取巧。能力强的人得不到重用和提拔，会打击人们努力工作的积极性，导致人心思变，转向其他途径寻求个人发展机会。

(4) 用人不公。管理应使人的能力与岗位相符，人尽其才。但现实中一些人却占据着本不该属于他的岗位，有才能、有学识的人却从事着不应该从事的工作。其结果使人不能充分发挥才能，造成人力资源的浪费。

(5) 做事不公。现实中往往存在对人不对事、因人而异的现象，"神通广大"的人不遵守原则也可以得到想要的结果。这使得老实人吃亏，人们不再愿意遵守制度和原则。

(6) 评价不公。在国企不被管理者看好、认为干不成大事的员工，到了外企却很优秀。这说明企业的评价体系不够客观公正。

【案例 12-3】表扬引起的争论

公司最近召开了一年一度的夏季商品交易会，会前办公室为会议召开做了充分的准备：接待各地代表，布置宣传广告；各商品样品摆布，开货单，介绍商品，有的加班到深夜。各职能科室和行政管理人员主动自觉地到各科帮忙。三天的会议，接待了上千人次，成交额几百万元，大大超出了会前预计数。

在总结大会上，公司领导充分肯定了这次会议取得的成功，当提到职工们为大会作出的努力时说："大家表现得都很不错，人人都动了起来，为大会作出了贡献。在接待过程中，团委书记和组织部长提着茶壶，在楼里跑上跑下，这种精神值得赞扬。"

对于领导的表扬，职工们议论纷纷："交易会的成功，销售额的增加，首先归功于第一线的业务人员的辛勤劳动，为什么不表扬最累的业务人员？"

也有的赞成领导的这种表扬："业务人员贡献是大，但这是分内的工作，并且领导也是肯定了的。而政工干部去送水，事虽小，但这是工作职责以外的。如果正常工作都点名表扬，怎么能表扬得过来呢？"

还有人提出反对意见："如果分内工作做得好不表扬，领导只表扬做分外工作的，那么谁还重视分内工作呢？如果谁都轻视分内工作，那么整个工作不就落后了吗？就分内与分外工作比较而言，领导者最需要、最基本的则是鼓励职工首先做好分内的事。"

【感悟与探索】

表扬是激励的一种手段，可以提高士气、发挥人的积极性。但是表扬要有根据，要合理，要公平。案例中领导的做法，忽视了重点，只是一带而过，没有发挥出真正的作用，力度不够，不能使职工得到满足，而使职工有抱怨、不满。分内与分外都很重要，两者是联系、统一的，没有轻重之分。在这种情况下，领导应该同时给予表扬，适当给予奖励。也要注重平日的人际关系，创造一个好的环境、氛围。人际关系搞好了，大家就不会有一些不必要的矛盾了。表扬是必要的，但要有度、合理。要更好地发挥表扬的作用，应注意以下几点要求：①表扬要以事实为依据；②别的人不会反对你表扬他；③表扬的作用在于能起到激励的作用；④注意会产生的副作用；⑤协同各种因素达到最优效果。

在和谐治理过程中运用公平激励，要做到努力满足激励对象的公平意识和公平要求。在现实社会中，不公平的现象较多。例如：由于地区、行业、单位、个人等条件的不同，加之制度和政策上的某些弊端，造成了人们在报酬上的较大差异，并因此引发了一些矛盾。

上级与下级之间发生矛盾和冲突是在所难免的，下级触犯上级的情况也时有发生。遇到这种情况，管理者应以豁达的态度泰然处之，不能耿耿于怀，更不能蓄意报复。即使下级的态度比较恶劣，也要本着"企业大事讲原则，个人小事不计较"的精神去消除和淡化，必要时管理者可于事后主动与对方谈心交换意见，以期圆满解决。这样处理不仅不会有损于管理者的形象，还会因此而提高威信，加深上下级之间的理解与沟通，使企业人际关系更加和谐。

3. 关爱激励，以情感人

一些心理学家认为，对人类影响最大的是情感，而不是理智。情感推动人去行动，而理智则阻碍人的活动。乔治·哈特曼(George Hartman，1936)曾在这方面做过一次同政治选举有关的广泛的实验调查。调查结果表明，竞选者从散发情感煽动传单的各个区获得的票数最多；从散发理性分析传单的各个区获得的选票较少；而获得选票最少的是那些任何传单都未散发过的选区。可见诉诸情感比诉诸理智对人的行为的影响更大，亦即具有更大的劝服效果。

据国外科学家的测定：一个人平常表现的工作能力水平与经过激励可能达到的工作能力水平存在着50%左右的差异。可见人们的内在潜能是何等之大！这就要求在企业和谐治理中经营管理者既要抓好各种规范化、制度化的"刚性管理"，又要注意各种随机性因素，注重感情的投入和交流，注重人际互动关系，充分发挥"情感激励"作用。关爱激励法就是对员工进行关怀、爱护来激发其积极性、创造性的激励方法。它属于情感方面的内容，是"爱的经济学"，即勿投入资本，只要注入关心、爱护等情感因素，就能获得产出。用关爱来激励员工，是管理者常用的激励方法。它要求管理者把对员工的关心体贴体现在日常的一些细小环节上，让员工感觉到真诚，更能激发出正能量。

时时处处尊重人，细微之处见真情。运用情感激励于和谐治理管理工作，就必须从大处着眼、小处着手，关心人、理解人。当我们的员工在学习和工作上，哪怕有点滴的进步和起色，领导都应及时给予肯定和鼓励，使他们能从微小进步中体验到成功的喜悦。

【案例12-4】母亲的激励使儿子成才

一位母亲第一次参加家长会，幼儿园的老师说："你的儿子有多动症，在板凳上三分钟都坐不了。"回家的路上,儿子问她,老师都说了些什么?她鼻子一酸,差点流下泪来。

然而,她还是告诉儿子:"老师表扬你了,说宝宝原来在板凳上坐不了一分钟,现在能坐三分钟了。别的家长都非常羡慕妈妈,因为全班只有宝宝进步了。"那天晚上,她儿子破天荒地吃了两碗米饭,并且没让她喂。

在第二次家长会上,老师对这位母亲说:"全班 50 名同学,这次数学考试,你儿子排第 49 名。我们怀疑他智力上有些障碍,您最好能带他去医院查一查。"回去的路上,她流下了泪。

然而,当回到家里,看到诚惶诚恐的儿子,她又振作起精神说:"老师对你充满信心地说了,你并不是个笨孩子,只要能细心些,会超过你的同桌。"说这话时,她发现,儿子暗淡的眼神一下子充满了光亮,沮丧的脸也一下子舒展开来。第二天上学,儿子比平时都要早。孩子上了初中,又一次家长会。老师告诉她:"按你儿子现在的成绩,考重点中学有点危险。"她怀着惊喜的心情走出校门,她告诉儿子:"班主任对你非常满意,他说了,只要你努力,很有希望考上重点中学。"

高中毕业,儿子把一封印有清华大学招生办公室的特快专递交到她的手里,边哭边说:"妈妈,我一直都知道我不是个聪明的孩子,是您……"这时,她悲喜交加,再也按捺不住十几年来凝聚在心中的泪水,任它打在手中的那个信封上。

资料来源:摘自《福建日报》,2001-11-18.

在和谐治理过程中,人与人的交往,一要谋求情感方面的交流,二要实现信息方面的沟通。人都是有感情需要的,而下级又特别希望从领导那里得到尊重和关爱,这种需求得到满足之后,必定会以更大的努力投入工作。上级和下级之间信息的交流,可以增强彼此的信赖感和了解程度。上级体察到了下级的所干所想、才华能力,运筹帷幄时就能够知人善任、人尽其用;下级理解了上级的心理活动,吃透了意图,干起工作来就会得心应手、事半功倍。在和谐治理过程中企业领导干部要做到用欣赏的眼光看待员工,其关键是要对员工怀有关爱之心。一个企业有众多的员工,每个员工各有不同的个性、特点和兴趣爱好,其长处和短处也不尽相同。我们所有各具特色的员工,不正是企业这个大花园中的朵朵鲜花吗?从关心、培养员工的角度来说,我们企业领导就是那爱花、护花的园丁,不论从哪个角度讲,在企业领导的眼中,每个员工都应该是一朵花,绝不是豆腐渣。因此,我们没有任何理由不欣赏员工、不关爱员工、不信任员工。

在和谐关爱激励过程中,应注意以下几点:第一,在企业所有工作中贯彻爱的精神,体现人文关怀、仁者爱人;第二,要与下属面对面地进行正面交流、推心置腹;第三,应在危难之时多显关爱、雪中送炭;第四,要多关爱员工的家庭,大爱无疆。必须对员工怀有深厚的感情。

同时,和谐治理中运用情感激励就必须对干部员工进行赏识教育。欣赏和赏识,绝不只是就领导者对被领导者而言的,它是一种人与人之间的情感交融,是领导和员工双方人格魅力的相互影响。作为一个企业领导,当你在欣赏员工的同时,员工也同样在欣赏你。所以,我们一方面要通过领导自身的倡导和言传身教,引导企业的每个员工都学会欣赏和赏识;另一方面还要结合实际进行有针对性的赏识教育,使每个领导员工都成为欣赏和赏识的主体。只有懂得欣赏别人的人,才能得到别人的欣赏。在达成共识的基础上,我们就能将"欣赏"贯穿到生产经营和企业文化建设等各个方面,用领导和员工相互欣赏的眼光,编织成一张温馨和谐的人际关系网络,使企业内部形成宽容、团结、稳定的良好氛围。让领导员工生活在温暖如春的大家庭里,人人有美好的心境和高涨的士气,充分发挥积极性和创造性,为实现企业的发展目标而共同奋斗。

4. 尊重激励,以诚相待

善治必达情,达情必近人。以人为本,以信待人,才能充分调动人的积极性。人与人之间的交流,都应建立在信任与尊重的基础上。信任是动力,信任是荣誉,也是最高的奖赏。唯有善于运用信任武器的领导才能最终胜出,这也是被人们公认的有效的激励方法。

信任是加速人体自信力爆发的催化剂,自信比努力更为重要。信任激励是一种基本激励方式。干群之间、上下级之间的相互理解和信任是一种强大的精神力量,它有助于单位人与人之间的和谐共振,有助于单位团队精神和凝聚力的形成。一个管理者能否恰当地运用尊重激励法,是他修养素质的体现。为人谦逊、随和、低调、有礼貌是管理者必备的素质修养,管理者的权力、学历、职位再高,也要靠自己的团队协作,单枪匹马是不可能做好工作的。所以管理者一定要尊重员工,这样才能促使他们积极思索、锐意进取。

尊重,是一种品格,更是一种修养,是对他人人格与价值的充分肯定。尊重别人就是尊重自己。尊重也是一门学问。那么在和谐治理中,怎样才能学会尊重别人呢?

首先,要有谦虚的态度,学会欣赏他人的长处。孔子说:"三人行,必有我师焉。"他人渊博的知识、敏捷的思维、善辩的口才、杰出的才华、精湛的艺术、完美的人格、丰富的爱心、奉献的精神等都是值得我们仰慕与学习的。我们只有时时、处处保持谦虚的态度,才能尊重他人,才能虚心地向他人学习,取长补短,进而丰富和发展自己。欣赏是一种积极的乐观向上的人生态度,只要我们学会了欣赏他人的长处,我们就学会了尊重。

其次,要给别人以理解和宽容,从小事做起。要学会尊重别人,就先从点滴小事做起,提高个人修养,处处为别人着想,彼此理解,彼此宽容。我们要学会换位思考,与人为善。做到"己欲立而立人,己欲达而达人""己所不欲,勿施于人",这是待人接物的技巧,也是一个人人格的体现。

最后,我们要懂得日常交往的礼仪,学会使用常用的文明用语。要讲究仪表和言行举止,要做到衣着整洁、朴素大方、语言亲切、举止文明,这既体现了一个人的修养,也是尊重别人的表现。尊重激励法是一种最人性化、最有效的激励方法。管理者要发自内心地去尊重每一位员工,对待员工有礼貌,不嘲笑、不轻视员工,尊重员工的人格,认真听取员工的建议,让员工感到自己对组织的重要性。

5. 危机激励,催人奋进

一个具有强烈忧患意识的民族,是一个最有希望的民族。一个具有忧患意识的企业,也一定是一个充满着希望的企业。对于企业来说,最大的风险就是没有危机意识。所有的成功企业,都是注重危机意识的企业。比如海尔集团以"永远战战兢兢,永远如履薄冰"为生存理念,使企业保持蓬勃向上的发展势头;小天鹅公司实行"末日管理"战略,坚守"企业最好的时候,也就是最危险的时候"的理念,因此做到了居安思危、防患于未然。在和谐治理过程中,通过以下措施,可以有效地树立员工的危机意识。

第一,向员工灌输企业前途危机意识。企业领导要告诉员工,企业已经取得的成绩都只是历史,在竞争激励的市场中,企业随时都有被淘汰的危险,要想规避这种危险,道理只有一条，那就是全体员工都努力工作，才能使企业更加强大，永远处于不败之地。

第二，向员工个人灌输他们的个人前途危机。企业的危机和员工的危机是连在一起的，所以所有员工都要树立"人人自危"的危机意识，无论是公司领导班子还是普通员工，都应该时刻具有危机感。告诉员工"今天工作不努力，明天就得努力找工作"。如果员工在这方面达成了共识，那么他们就会主动营造出一种积极向上的工作氛围。

第三，向员工灌输企业的产品危机。企业领导要让员工明白这样一个道理：能够生产同样产品的企业比比皆是，要想让消费者对企业的产品情有独钟，产品就必须有自己的特色，这种特色就在于可以提供给顾客的是别人无法提供的特殊价值的能力，即"人无我有，人有我优，人优我特"。

总之，企业唯有不断地向员工灌输危机观念，让员工明白企业生存环境的艰难，以及由此可能对他们的工作、生活带来的不利影响，才能有效激励员工自动自发地努力工作。

6. 正负激励，相辅相成

正负激励法，顾名思义，即正激励和负激励。正激励为奖赏，是对其行为的肯定，目的是鼓励其行为继续进行下去；负激励是对其行为的否定，目的在于制止其行为的继续，这两者同等重要。奖要光明正大和服众，才能起到榜样作用。同时，如果员工的错误行为未遭到一定的处罚，就有可能再犯同样类似的错误。处罚是对于公司内部"法律"的维护，是必需的，千万不可在人情面前打折，否则处罚的价值就永远不能升值了。

所谓正激励就是对个体的符合组织目标的期望行为进行奖励，以使这种行为更多地出现，提高个体的积极性，主要表现为对员工的奖励和表扬等。但是，正激励对员工的心理影响在逐步淡化，特别是对于高薪白领阶层。有调查表明，在中国月薪高于 5 000 元的阶层，对于奖励额度在 10%以下的激励，绝大多数人员表示"没感觉"，原因是相对于其较高的薪酬总额来说，这一点奖励是微不足道的，也难怪他们无所谓，并且经常性的表扬也会落入习以为常的"惰性"的圈套。而负激励的心理影响却是巨大的，并且具有双重性，从物质的角度看，本来正常情况下就能得到的没拿到还被处罚，损失是双倍的，更重要的是精神上受打击，心理波动可想而知，企业可通过负激励的方式影响其心理达到影响其行为的目的。例如，一个白领迟到被扣薪 100 元并公告，此白领很担心员工对他的认识改变，对他的心理影响不是能以金钱来衡量的。

正激励和负激励作为两种相辅相成的激励类型，它们是从不同的侧面对人的行为起强化作用。正激励是主动性的激励；负激励是被动性的激励，它是通过对人的错误动机和行为进行压抑和制止，促使其恍然大悟、改弦更张。正激励与负激励都是必要而有效的，因为这两种方式的激励效果不仅会直接作用于个人，而且会间接地影响周围的个体与群体。通过树立正面的榜样和反面的典型，扶正祛邪，形成一种良好的风范，就会产生无形的正面行为规范，能够使整个群体的行为导向更积极，更富有生气，最终使企业管理尽善尽美。

在和谐治理过程中，第一，只对成绩突出者予以奖赏，如果见者有份，既助长了落后者的懒惰情绪，又伤害了先进者的努力动机，从而失去了激励的意义。第二，重奖重罚。对克服重重困难取得成功者，"奖如山"；对于玩忽职守、造成重大损失者，要"罚如溪"。第三，奖励向累、苦、难等一线岗位倾斜，肯定他们的劳动价值，真正调动他们的工作积极性。

第四，负激励的执行不能产生偏差。在企业和谐治理行为中要做到“负激励面前人人平等”，它的执行比正激励要更为准确和适当，难度也较大。负激励一旦产生偏差，员工就会斤斤计较，会导致企业管理者的权威受损，甚至导致企业管理制度形同虚设。

现代管理理论和实践表明，在员工激励中，负激励给员工造成工作不安定感，同时还会造成员工与管理者关系紧张，同事间关系复杂，有时甚至会破坏企业的凝聚力。过于严厉的负激励措施容易伤害员工的感情，使员工整天处于战战兢兢的状态，不敢越雷池一步，很容易抹杀员工的创新能力和积极性；负激励措施太轻了，员工不当回事，处罚与不处罚差不多，不痛不痒，起不到震慑作用，又达不到预期目的。因此，负激励的运用一定要注意把握一个“度”，对于不同的员工群体，有时还要区别对待。作为企业的领导阶层，管理者要舍得“亏”自己，要陪同员工接受应负担的责任，让员工心服口服。物质负激励与精神负激励都是负激励不可或缺的组成部分，相辅相成，两者结合可以产生更好的效果。

7. 行为激励，率先垂范

管理者的行为对激励制度的成败至关重要。人的情感总受行动的支配，而人的激励又将反过来支配人的行动。我们所说的行为激励就是以对富有情感的行为情感来激励他人，从而达到调动人的积极性的目的。我们常讲榜样的力量是无穷的，就是通过典型人物的行为，激发人们的情感，引发人们的“内省”与共鸣，从而起到强烈的示范作用，就像一面旗帜，引导入门的行动。在和谐治理过程中，要做到以下几点。

第一，管理者要做到公正廉洁、不占不贪。不能因为自己是领导就多拿多占从而对员工产生负面影响。生活上的行为激励分三个方面：有乐同享、有苦同当、有难当先。

第二，要做到公正用人，不任人唯亲。在选拔用人时，做到公平竞争、唯才使用，做到有什么能力上什么岗位，在什么岗位拿什么薪酬，从而打消员工的顾虑。

第三，尊重员工，员工的人格一旦受到尊重，往往会产生比金钱激励大得多的激励效果。松下创始人松下幸之助经常对员工说：“我做不到，但我知道你们能做到。”他要求管理者必须经常做端菜的工作，尊重员工，对员工心存感激之情。人都是有感情需要的，而员工又特别希望从领导那里得到尊重和关爱，这种需要得到满足之后，必定会以更大的努力投入工作。

第四，率先垂范，管理者要以身作则，处处做员工的楷模。要求员工做到的自己首先要做到，不准员工做的自己坚决不做，自觉把自己置于员工的监督之中，并逐渐转化为员工的“自我强化”行为，达到内化的目的。管理者身先士卒，不是在危难之时才表示出来，而是在平时小事上也要身先士卒，起到表率作用。

8. 知识激励，以文化人

知识是力量，人才是根本，经济是颜面，文化是灵魂。当今世界“信息革命”风靡全球，网络社会悄然兴起，知识经济扑面而来。知识更新速度的不断加快，干部队伍中存在的知识结构不合理和知识老化现象也日益突出。这就需要管理者一方面在实践中不断丰富和积累知识；另一方面也要不断地加强学习，树立终身教育的思想，变一时一地的学习为随时随地的学习。对单位一般员工可采取自学和加强职业培训的力度，对各类人才也可以进行脱产学习、参观考察、进党校高等院校深造等激励措施。知识激励是人才管理的一个重要原则。

首先，在企业报酬制度方面，为知识员工提供较高的工资奖金等经济报酬远远不是最重要的手段，知识员工同样关注来自管理者的尊重、理解等这些甚至可能更加重要的“报酬”。当然，为了公平合理地分配这些“报酬”，管理者必须建立适应知识员工创新性工作特点的绩效考核制度和自主性特点的劳动监督与管理制度。

其次，在成就激励制度方面，管理者应该相信，强烈的成就需要是知识员工强大的行为内驱力。虽然成就需要的满足主要靠内在满足渠道，但其满足程度的大小，却受两个因素的影响，即对工作成果中个人贡献的体验和将工作成果与别人比较获得的优势体验。前者要求管理者给知识员工较大的工作自主权，同时，将知识员工划分成较小的工作团队；后者要求管理者重视成就激励环境的塑造。

最后，在机会激励方面，管理者应该懂得，知识员工非常重要的一种期望心理是从事与自己的这种职业定位和职业兴趣相符合的工作，这就要求管理者对知识型员工从招聘到使用各环节，注意人员与岗位的匹配：在招聘前，管理者必须对企业的各岗位进行详细的岗位分析，了解岗位工作特点；在招聘过程中，应该尽量采用科学的心理测试、素质测试手段，更多地了解员工；在招聘后，对员工进行必要的培训与试用；在员工使用过程中，进行岗位的动态调整，做好职业生涯的辅导；在学习培训、职务晋升等方面，提供公平的机会。

企业文化的激励作用是指企业文化本身所具有的通过各组成要素来激发员工动机与潜在能力的作用，它属于精神激励的范畴。具体来说，企业文化能够满足员工的精神需要，调动员工的精神力量，使他们产生归属感、自尊感和成就感，从而充分发挥他们的巨大潜力。关键是员工对企业文化的理解和认同程度，一旦员工对企业文化产生了强烈的共鸣，那么企业文化的激励功能就具有了持久性、整体性和全员性的特点和优势。在目前日益激烈的竞争中，企业文化尤其是企业文化的激励功能，作为企业最重要的核心竞争力之一，越来越具有不可忽视的作用。这就要求我们进行企业文化的探讨时，不仅要注意整体的系统研究，而且不能忽视企业文化各组成部分的不同激励功能研究。企业文化的构建过程就是主要通过激励手段使企业员工都得到一种感召力，有一种利益趋同的影响力，减少或者消除企业员工间的冲突，更好地达成企业员工间权、责、利的一致性，使企业更加和谐。

【知识拓展】现代小微企业点将用兵十大戒律

拓12

思考题

1. 什么是人力资源？如何理解人力资源的构成与特征？
2. 什么是人力资源管理？

3. 当前制约小微企业人力资源管理的瓶颈及突破方法有哪些？
4. 试述小微企业人力资源的科学规范化管理。
5. 基于和谐治理的小微企业激励兼容艺术有哪些？
6. 结合实际谈谈现代小微企业点将用兵十大戒律其中某一点的体会。

技能训练

请对自己熟悉的企业家或企业高管进行深度观察和访谈，以分析他们的技能观、角色观和职能观等对其实际管理活动的影响。

即测即练

习题12

第 13 章

小微企业商务管理沟通

【案例 13-1】沟通中的善听与善辩

13.1 沟通的基本原理

13.1.1 沟通的含义及作用

1. 沟通的含义

沟通是指信息从发送者到接收者的传递和理解的过程。首先,沟通包含着传递的意义。如果信息或想法没有被传送到,则意味着沟通没有发生。也就是说,说话者没有听众或写作者没有读者都不能构成沟通。其次,要使沟通成功,信息不仅需要被传递,还要被理解。比如,我收到一封来自美国的英文信件,但我本人对英语一窍不通,那么不经翻译我就不能看懂,也就无法称之为沟通。

所以根据上述定义,沟通有以下三个方面的含义。

(1) 沟通表示人与人之间的某种联络。就是说单独的个人是不会发生沟通的,沟通不是发送者单方的活动,沟通必须是至少由两个或两个以上的人共同完成的活动。

(2) 信息要被传递。发信者将信息发给对方并为对方接收。若信息没有发出或者信息虽然已发出但未为对方所接收,即信息未被传递或传递未完成,都等于未进行沟通。

(3) 所传递的信息要被对方所理解。沟通不仅指信息被对方所接收,还要为对方所理解。在沟通时,如果接收者接收到的仅仅是一些符号(如声音、文字、图像、数字、手势、姿势、表情等)而已,而不是信息本身,那么接收者必须将这些符号按照发信者的原意进行翻译,正确理解发信者的意思,沟通才算成功。假如接收者对这些符号不能理解,不能将这些符号翻译成与发送者原意相符的信息,那么沟通就没有完成。

2. 沟通的作用

沟通是人们社会活动的重要组成部分,沟通几乎伴随着人们各种社会活动而存在。

1）沟通是组织实现目标的重要手段

组织的设立是有着特定目标的，组织的发展也取决于目标的实现，但组织目标的制订、实施和完成，需要组织员工充分交流、统一思想、步调一致。沟通的首要作用是把抽象的组织目标转化为组织中每个员工的具体行动，并使员工意识到实现目标对其的重要意义以及如何能有效地实现目标。

2）沟通有助于管理者更好地决策

沟通可以提高管理者决策的质量、缩短决策时间。首先，管理者决策前，通过各种沟通形式，收集大量相关信息，供决策者考虑，利用不同的信息数据制订多种决策方案供决策者选择。其次，由于人的“有限理性”，所以，在决策时，很难完全正确认识客观现实，但集中多人的智慧，采取多种选择方案，可以相对减少决策的失误。要实现这一过程，沟通是必不可少的。最后，决策的过程时刻伴随着信息的传递，信息交流的快速充分与否直接决定了决策的质量和效果的好坏。

3）沟通能有效激励员工

组织管理者的重要职能之一就是激励和影响员工，而管理者对员工的评价是影响员工积极性的主要方面。研究表明，管理者与员工的定期沟通会提高员工的满意度，从而提高工作效率、降低组织的缺勤率和流动率。在实际的组织活动中，管理者时刻都在与组织中的其他员工沟通或联系，召开会议，委派任务，交换意见，调查问题等，如果管理者掌握良好的沟通技巧，会有效激发员工的工作积极性，提高员工士气，增强组织内部的凝聚力。

【小知识】沟通对个人的好处

互相尊重，善解人意，志同道合；
家庭和睦，生活幸福，融洽相处；
学习经验，汲取智慧，产生创意；
化解冲突，关系和谐，事业成功。

13.1.2 沟通的过程及要素

1. 沟通过程

沟通过程是发送者通过一定的渠道将特定内容的信息传递给接收者的双向互动过程。这一过程首先需要有被传递的信息，然后在信息源（发送者）与接收者之间传送。信息首先被转化为信号形式（编码），然后通过媒介物（通道）传送至接收者，接收者再将收到的信号转译回来（解码），并对此作出反馈。由此可见，沟通过程一般包括信息源、编码、信息、通道、解码、接收者、反馈七个部分。这种复杂过程可以用图 13-1 简要反映出来。

在这个过程中，至少存在着一个发送者和一个接收者，即信息发出方和信息接收方。其中沟通的载体称为沟通渠道，编码和解码分别是沟通双方对信息进行的信号加工形式。信息在两者之间的传递是通过下述七个环节完成的。

（1）发送者需要向接收者传递信息或者需要接收者提供信息。这里所说的信息是一个广义的概念，它包括观点、想法、资料等内容。

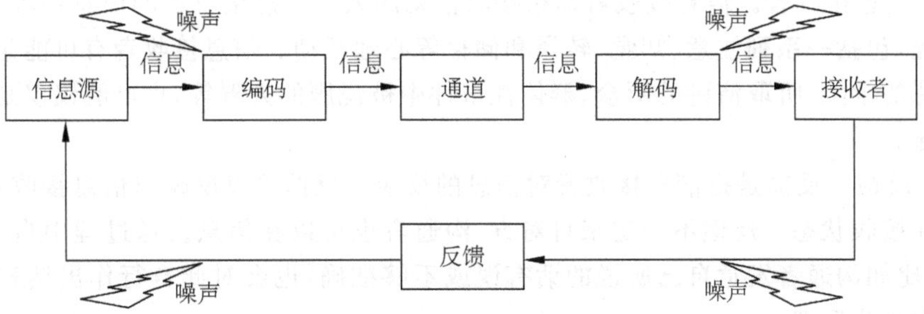

图 13-1　沟通过程

(2) 发送者将所要发送的信息译成接收者能够理解的一系列符号。为了有效地进行沟通,这些符号必须适应媒体的需要。例如,如果媒体是书面报告,符号的形式应选择文字、图表或照片;如果媒体是讲座,就应选择文字、投影胶片和板书。

(3) 将上述符号传递给接收者。由于选择的符号种类不同,传递的方式也不同。传递的方式可以是书面的,如信、备忘录等;也可以是口头的,如交谈、演讲、电话等;甚至还可以通过身体动作来表述,如手势、面部表情、姿态等。

(4) 接收者接收符号。接收者根据发送来的符号的传递方式,选择相应的接收方式。例如,如果发送来的符号是口头传递的,接收者就必须仔细地听,否则,符号就会丢失。

(5) 接收者将接收到的符号译成具有特定含义的信息。由于发送者翻译和传递能力的差异,以及接收者接收和翻译水平的不同,信息的内容和含义经常被曲解。

(6) 接收者理解被翻译的信息内容。

(7) 发送者通过接收者反馈来了解他想传递的信息是否被对方准确地接收。一般来说,由于沟通过程中存在着许多干扰和扭曲信息传递的因素(通常把这些因素称为噪声),沟通的效率大为降低。因此,发送者了解信息被理解的程度也是十分必要的。图 13-1 中的反馈,构成了信息的双向沟通。

2. 沟通过程的要素

一个完整的沟通过程一般由七个基本要素组成,即信息源、信息、通道、信息接收者、反馈、噪声和背景。

(1) 信息源。信息源指拥有信息并试图进行沟通的人,即信息发送者。有效地沟通前,信息发送者应明确需要沟通的信息,并将它们转化为信息接收者可以接收的形式,如文字、语言、表情等。

(2) 信息。信息是发送者试图传达给他人的观点和情感。信息发送者在传递信息时往往附加有自己的观念、态度和情感,这种附加的情感主要通过声调、语气、语速、附加词、语句结构以及表情、神态、动作等方式加以传递。

(3) 通道。通道是沟通过程的信息载体,指信息得以传递的手段和媒介。人的五官如视觉、听觉、味觉、嗅觉、触觉都可以接收信息,但在日常生活中最主要和运用最为广泛的信息传递手段是视觉和听觉。沟通的方式有很多,如面对面、广播、电视、报刊、网络、电话等,影响力最大的还是面对面的沟通方式,但随着信息技术的高速发展,电子信息通道正被广泛使用。

(4) 信息接收者。信息接收者即指接收信息的人。信息接收者的信息接收是一个复杂的过程,包括一系列注意、知觉、转译和储存等心理活动。信息接收者有可能是多人,如正在听课的学生、听取演讲的听众、群体性事件中被说服的人群等,也可能仅仅是自己,如自我沟通。

(5) 反馈。反馈是指信息接收者对信息的反应。反馈可以反映出信息接收者对信息的理解和接收状态。反馈不一定来自对方,沟通者也可以在信息发送过程中自行获得反馈信息,比如沟通者发觉自己所说的话有误或不够准确,也会对此自行作出调整,心理学家称之为自我反馈。

(6) 噪声。噪声是指扭曲传递的信息,从而导致收到的信息与发出的信息不一致的任何会干扰沟通成功的因素,简单来说就是妨碍沟通的一切因素。噪声可存在于沟通过程的各个环节,造成信息的失真。典型的噪声包括难以辨认的字迹、电话中的静电干扰、接收者的疏忽大意,以及生产现场中设备的背景噪声。

(7) 背景。背景即沟通发生的环境。所有的沟通都发生在一定的背景下,并被当时的背景所影响。在沟通过程中,背景可以提供许多信息,也可以改变或强化语词、非语词本身的意义,所以,在不同的沟通背景下,即使是完全相同的沟通信息,也有可能获得截然不同的沟通效果。

【案例 13-2】孔子错怪颜回

有一次,孔子带着学生周游列国。由于受到小人的陷害,孔子被困在去陈国和蔡国的半路上。这地方荒芜偏僻、没有人烟,有银子也买不到任何食物。孔子师徒数人连野菜汤也喝不上,7 天未进一粒米,饿得实在没办法,只好在一间没人住的破屋子里睡大觉。

孔子的大弟子颜回出门,走了好远,才讨了一点米回来煮饭给孔子吃。当大锅饭将熟之际,饭香飘出,这时饿了多日的孔子,虽贵为圣人,也受不了饭香的诱惑,缓步走向厨房,想先弄碗饭来充饥。不料孔子走到厨房门口时,只见颜回掀起锅的盖子,看了一会儿,便伸手抓起一团饭来,匆匆塞入口中。孔子见到此景,又惊又怒,一向最疼爱的弟子,竟做出这等行径。读圣贤书,所学何事?学到的是偷吃饭?肚子因为生气也就饱了一半,孔子懊恼地回到大堂,沉着脸生闷气。没多久,颜回双手捧着一碗香腾腾的白饭来孝敬恩师。

孔子气犹未消,正色道:"天地容你我存活其间,这饭不应先敬我,而要先拜谢天地才是。"颜回说:"不,这些饭无法敬天地,我已经吃过了。"这下孔子可逮到了机会,板着脸道:"你为何未敬天地及恩师,便自行偷吃饭?"

颜回笑了笑:"是这样子的,我刚才掀开锅盖,想看饭煮熟了没有,正巧顶上大梁有老鼠窜过,落下一片不知是尘土还是老鼠屎的东西,正掉在锅里,我怕坏了整锅饭,赶忙一把抓起,又舍不得那团饭粒,就顺手塞进嘴里……"

至此孔子方大悟,原来不只心想之事未必正确,有时竟连亲眼所见之事,都有可能造成误解。于是欣然接过颜回的大碗,开始吃饭。

【讨论题】

(1) 这个故事对你有什么启示?

(2) 有效地沟通应该如何进行?

13.1.3　沟通的类型

依据不同的划分标准，可以把沟通分为不同的类型。

1. 按方向划分

按方向，沟通可分为上行沟通、下行沟通、平行沟通和斜行沟通。

(1) 上行沟通。上行沟通是指在组织中信息从较低的层次流向较高的层次的一种沟通。主要是下属依照规定向上级所提出的正式书面或口头报告。除此之外，许多机构还采取某些措施以鼓励向上沟通，如态度调查、征求意见座谈会、意见箱等。它有两种表达形式：一是层层传递，即依据一定的组织原则和组织程序逐级向上反映。二是越级反映，指的是减少中间层次，让决策者和团体成员直接对话。上行沟通的优点是：下属可以直接把自己的意见向领导反映，获得一定程度的心理满足；管理者也可以利用这种方式了解企业的经营状况，与下属形成良好的关系，提高管理水平。其缺点是：在沟通过程中，下属因级别不同造成心理距离，形成一些心理障碍；下属害怕“穿小鞋”，受打击报复，不愿反映意见。这些缺点导致上行沟通常常效率不佳。有时，由于特殊的心理因素，经过层层过滤，去掉对自己不利的信息，信息被曲解，出现适得其反的结局。上行沟通是领导了解实际情况的重要途径，它往往带有民主性、主动性。

(2) 下行沟通。下行沟通指组织中信息从较高的层次流向较低层次的一种沟通。其中的信息一般包括：有关工作的指示；工作内容的描述；员工应该遵循的政策、程序、规章等；有关员工绩效的反馈；希望员工自愿参加的各种活动等。下行沟通的优点是：它可以使下级主管部门和团体成员及时了解组织的目标和领导意图，增加员工对所在团体的向心力与归属感；它也可以协调组织内部各个层次的活动，加强组织原则和纪律性，使组织机器正常地运转下去。下行沟通的缺点是：如果这种方式使用过多，会在下属中造成决策者高高在上、独裁专横的印象，使下属产生心理抵触情绪，影响团体的士气；此外，由于来自最高决策层的信息需要经过层层传递，容易被耽误、搁置，有可能出现信息曲解、失真的情况。下行沟通是组织执行任务的基础，它往往带有权威性、指令性。

(3) 平行沟通。平行沟通是指在组织中同一层次不同部门之间的信息沟通。例如，高层管理者之间、中层管理者之间、生产工人与设备修理工之间，以及任务小组和专案小组内部所发生的沟通，就属此类。平行沟通具有很多优点：第一，它可以使办事程序、手续简化，节省时间，提高工作效率。第二，它可以使企业各个部门之间相互了解，有助于培养整体观念和合作精神，克服本位主义倾向。第三，它可以增加员工之间的互谅互让，培养员工之间的友谊，满足员工的社会需要，使员工提高工作兴趣、改善工作态度。其缺点表现在，平行沟通头绪过多、信息量大，易于造成混乱；此外，平行沟通尤其是个体之间的沟通也可能成为员工发牢骚、传播小道消息的一条途径，造成团体士气涣散的消极影响。平行沟通是分工协作的前提，它往往带有协商性和双向性。

(4) 斜行沟通。斜行沟通是指发生在组织中不属于同一层次和部门之间的信息沟通。例如，销售员与财务经理间的沟通。斜行沟通常常发生在具有某种业务方面的联系，但又分属不同职能部门、不同层级之间的沟通，它可以缩短沟通线路、减少沟通的时间，从而加快信息的传递，所以它主要用于相互之间的情况通报、协商和支持，带有明显的协商性和主动性。

2. 按组织的结构特征划分

按组织的结构特征，沟通可分为正式沟通和非正式沟通。

1）正式沟通

正式沟通指在组织系统内，依据一定的组织原则所进行的信息传递与交流。例如组织与组织之间的公函来往，组织内部的文件传达、召开会议，上下级之间的定期的情报交换等。另外，团体所组织的参观访问、技术交流、市场调查等也在此列。

组织和群体中正式的沟通网络存有五种基本形式，它们分别是：链式沟通、轮式沟通、Y 式沟通、环式沟通和星式沟通。

链式、轮式、Y 式三种网络的信息传递需经过某个中心人物，并在此处形成信息的集中，因此称此为核心网络。其中，链式网络的信息是单线、顺序传递的，沟通保密性较好，如非法贩毒组织就经常采用这种链式沟通网络。在轮式和 Y 式网络中，信息的传递都是经由中心人物而同时向周围多线联系，所不同的是，前者沟通的中心环节是领导者本人，而后者则是所增添的帮助筛选信息的秘书或助理等。环式和星式在沟通过程中不存在任何中心人物，每个成员都有均等的机会参与沟通，彼此分享信息，因而可以获得较高的满足感，是非核心网络。在环式网络中，信息是按圆圈方向依次传递的，因而沟通速度较慢，准确性也较低。星式网络可以多渠道和全方位地传递信息，成员之间直接、全面沟通的结果会使信息传递速度和准确性获得提高。

环式沟通和星式沟通的沟通速度快，由于能获得大量的信息，在处理复杂问题时比其他形式的信息沟通快且失误少；链式、Y 式和轮式沟通一般沟通准确性比较好，在处理简单的问题时速度快且失误少；轮式沟通有利于管理者控制各项活动；环式沟通和星式沟通则能较好地满足成员的社交需求。五种正式沟通形态如图 13-2 所示。

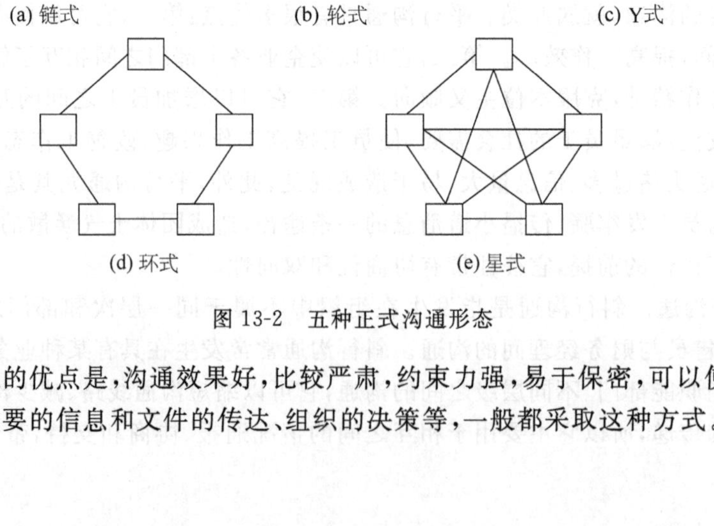

图 13-2　五种正式沟通形态

正式沟通的优点是，沟通效果好，比较严肃，约束力强，易于保密，可以使信息沟通保持权威性。重要的信息和文件的传达、组织的决策等，一般都采取这种方式。其缺点是由于依靠组织系统层层的传递，因而较刻板，沟通速度慢。

2）非正式沟通

非正式沟通指以企业非正式组织系统或个人为渠道的信息传递。例如团体成员私下交换看法、朋友聚会、传播谣言和小道消息等都属于非正式沟通。非正式沟通是正式沟通的有机补充。在许多组织中，决策时利用的情报大部分是由非正式信息系统传递的。同正式沟通相比，非正式沟通往往能更灵活迅速地适应事态的变化，省略许多烦琐的程序；并且常常能提供大量的通过正式沟通渠道难以获得的信息，真实地反映了员工的思想、态度和动机。因此，这种动机往往能够对管理决策起重要作用。

非正式的沟通网络有四种不同的传递形式，它们分别是单线式、偶然式、流言式和集束式，如图 13-3 所示。

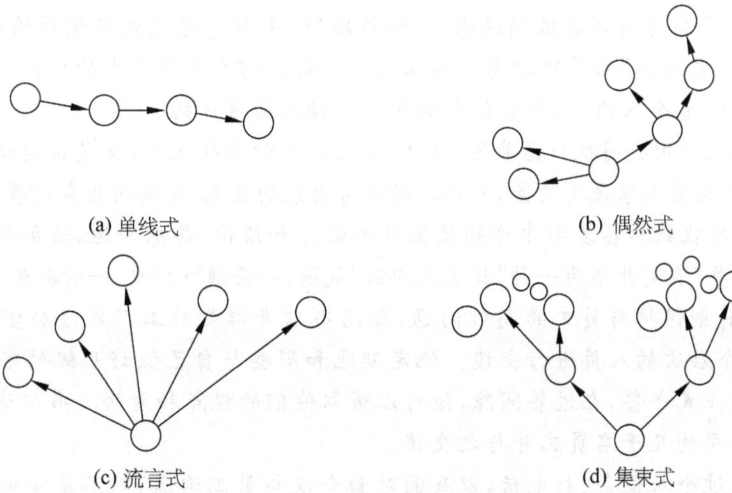

图 13-3 四种非正式沟通形态

(1) 单线式：一个人传递给另一个人，通过一长串的人际关系来传递信息，而这一长串的人之间并不一定存在着正规的组织关系。

(2) 偶然式：每一个人都是随机地传递给其他人，信息通过一种随机的方式传播，道听途说就是其中的一种形式。

(3) 流言式：是指信息发送者主动寻找机会，通过闲聊等方式向其他人散布信息。

(4) 集束式：是指信息发送者有选择地寻找一批对象传播信息，这些对象大多是一些与其亲近的人，而这些对象在获得信息后又传递给自己的亲近者。

非正式沟通的优点是，沟通形式不拘，直接明了，速度很快，容易及时了解到正式沟通难以提供的“内幕新闻”。非正式沟通难以控制，传递的信息不确切，易于失真、曲解，而且，它可能导致小集团、小圈子，影响人心稳定和团体的凝聚力。

3. 按是否进行反馈划分

按是否进行反馈，沟通可分为单向沟通和双向沟通。

(1) 单向沟通。一般来说，单向沟通指没有反馈的信息传递，一方只发送信息，另一方只接收信息。单向沟通具有沟通有序、速度较快、信息发送者压力小的优点。但是接收者没有反馈意见的机会，不能产生平等感和参与感，不利于增加接收者的自信心和责任心，不利于建立双方的感情，减弱沟通效果。

(2) 双向沟通。双向沟通指有反馈的信息传递，是发送者和接收者相互之间进行信息交流的沟通。双向沟通具有沟通信息准确性高、发送者可以及时知道接收者对所传递信息的态度及理解程度，有助于双向交流、增强沟通效果。但双向沟通一般费时较多，速度慢，且易受干扰。

【案例 13-3】韦尔奇的沟通技巧

美国通用(GE)公司执行总裁杰克·韦尔奇被誉为“20 世纪最伟大的经理人”之一。在韦尔奇带领通用电气走出困境、重塑辉煌的过程中，非正式沟通发挥着重要的作用。在他上任之初，GE 公司内部等级制度森严、结构臃肿，韦尔奇通过大刀阔斧的改革，在公司内部引入“非正式沟通”的管理理念。他从来没有给任何人发过正式的信件、备忘，几乎所有的信息都是依靠个人便条、打电话或面对面直接沟通传递的。

韦尔奇担任通用公司执行总裁近 20 年，每天必做的事情之一，就是亲自动笔给各级主管、普通员工乃至员工家属写便条，或征求对公司决策的意见，或询问业务进展，或表示关心关注。员工则把收到和答复韦尔奇的便条作为荣耀和情谊，备感幸运，倍加珍视。久而久之，“韦尔奇便条”演变升华为一种“非正式沟通”氛围，一条通“心”路，一种凝聚力、亲和力。

此外，为时刻保持与员工的高效沟通，每周韦尔奇都要对工厂或办公室进行突击访问，和公司各个层次的人员进行交谈。他定期地和那些与自己低好几级的经理共进他们想都想不到的正式午餐，在进餐间隙，他可以听取他们的观点和看法。韦尔奇平均每年都要会见通用公司的几千名员工并与之交谈。

韦尔奇通过个人便条、打电话，以及面对面会议与员工沟通，而不是给他们发送正式的信件及备忘，这种沟通方式使韦尔奇获得了真实的一手资料，为其作出正确的决策打下了基础。

现在，各种形式的“非正式沟通”广为盛行。一些知名企业在这方面各支其招、各有其法。如英特尔公司有开放式沟通，管理层通过网上聊天，与员工进行“一对一”面谈，并由员工决定谈话内容；摩托罗拉总裁和各级经理通过“每周一信”，就经营活动和内部事务与员工沟通，征集意见建议；三菱重工从总裁到各级管理人员以至普通员工，则借助别开生面的“周六例会”，以周末聚会为由头进行沟通。

“非正式沟通”之所以受到青睐，甚至不可或缺，原因就在于它能让沟通双方具有对等的位置、宽松的环境、无拘无束的感觉，能让双方的情感距离和心理位差最小化，能让理念、思想、智慧充分展现和涌流，能使沟通真正成为“情”的升华、“力”的聚集和“心”的链接。

13.2 沟通的方式与技巧

13.2.1 沟通方式

组织中最普遍使用的沟通方式有口头沟通、书面沟通、非言语沟通和电子媒介沟通。

1. 口头沟通

口头沟通是指借助口头语言实现的信息交流，是一种语言信息的传递。它是日常生活中最常采用的沟通形式，主要包括口头汇报、讨论、会谈、演讲、电话联系等。口头沟通最大的优点是快速、简便和即时反馈。在这种沟通方式下，信息可以直截了当地快速传递并当场得到对方的反应，若有疑问或曲解，当即澄清。此外，口头沟通还有一个优点就是可以附以表情、手势等体态语言或声调、语气等副语言，加强沟通的效果。

但是，当信息经过多人传递后，口头沟通的主要缺点就会暴露出来。信息以口头方式经过多个层次传递时，由于每个人都会以自己的方式传递信息，因此信息会被衰减和失真，往往到最后信息会发生歪曲。在这个过程中卷入的人越多，信息失真的潜在可能性就越大。此外，口头沟通通常口说无凭，也容易忘记，使得事后无据、无法核实。

2. 书面沟通

书面沟通是以文字为媒体的信息传递，它是比较正规的沟通形式，主要包括备忘录、协议书、信函、布告、通知、报刊、文件等以书面文字或符号进行信息传递的形式。书面沟通的优点是有文字为据，信息可长久地被保存；若有有关此信息的问题发生，可以进行检查核实；书面语言在正式发表之前，可以反复琢磨修改，因此一般比较周密、逻辑性强，可以更准确地表达信息内容；它可使许多人同时了解到信息，提高了信息传递速度和扩大了信息传递范围。

书面沟通也有自己的缺陷，主要是耗时较多和不能即时反馈。书面沟通需要花一定的时间来形成文字，用 10 分钟可讲完的事可能要花半小时才能写好；写得不好会词不达意，影响信息的理解；由于缺乏反馈机制，书面传递难以确知信息是否送达、接收者是否能正确理解。

3. 非言语沟通

非言语沟通是人们经常应用并且不被人们注意的沟通表达方式，它比言语交流更常见，也更富有表达力。所谓非言语沟通是指通过非语言文字符号进行信息交流的一种沟通方式，一般通过身体动作、体态、语气语调等方式进行信息传递。非言语沟通中最常见的是体态语言和语调。体态语言，包括手势、面部表情和其他的身体动作。例如，微笑表示友好，对人嗤之以鼻是表示轻蔑，有意眨眼或故意咳嗽是一种暗示，面无表情则有可能是拒人于千里之外等。无须言语的表达，其信息已基本明确。此外，语调也会影响信息的传递。声调的轻重、抑扬、快慢的变化都会对信息产生影响。轻柔、平稳的语调与刺耳尖厉的语调相比，前者会让人觉得是在寻求更清楚的解释，而后者则表明了攻击性或防卫性。

非言语沟通的优点是可以传达语言难以表达的意思，内涵丰富，含义隐含灵活，此时无声胜有声就是这个意思。另外，非言语沟通通俗易懂，比如喜、怒、哀、乐、惊、恐等基本表情、攻击和防卫的姿态、爱恋或厌恶的神情等，是全人类都能发出并理解的。语言信息可能会“言不由衷”，但非语言信息却常常是“真情流露”。因此，非言语沟通还具有信息更加真实、意义较为明确的优点。但各种非言语之间不能确切地表达复杂具体的思想，只能在语言的主导之下，表达明确的信息。因此，非言语沟通的缺点是易产生误解，其含义往往只能意会不可言传。此外，非言语沟通传递的距离也较为有限，这都影响信息的传递。

【案例 13-4】你的心思他永远不懂

星期五下午 3:30,宏远公司经理办公室。

经理助理李明正在起草公司上半年的营销业绩报告,这时公司销售部副主任王德全带着公司销售统计材料走进来。

"经理在不?"王德全问。

"经理开会去了,"李明起身让座,"请坐。"

"这是经理要的材料,公司上半年的销售统计资料全在这里。"王德全边说边把手里的材料递给李明。

"谢谢,我正等着这份材料哩。"李明拿到材料后仔细地翻阅着。

"老李,最近忙吗?"王德全点燃一支烟,问道。

"忙,忙得团团转! 现在正起草这份报告,今晚大概又要加夜班了。"李明指着桌上的文稿纸回答道。

"老李,我说你呀,应该学学太极拳。"王德全从口中吐出一个烟圈说道,"人过 40,应该多多注意身体。"

李明闻到一股烟味,鼻翼微微翕动着,心里想:老王大概要等这支烟抽完了才会离开,可我还得赶紧写这份报告呢。

"最近我从报纸上看到一篇短文,说无绳跳动能治颈椎病。像我们这些长期坐办公室的人,多数都患有颈椎病。你知道什么是'无绳跳动'吗?"王德全自顾自地往下说,"其实很简单……"

李明心里有些烦,可是碍于情面不便说,他瞥了一眼墙壁上的挂钟,已经 4 点钟了,李明把座椅往身后挪了一下,站立起来伸了个懒腰说:"累死我了。"又过了一会儿,李明开始整理桌上的文稿纸。

"'无绳跳动'与'有绳跳动'十分相似……"王德全抽着烟,继续自己的话题。

【感悟与探索】

这则故事中不仅有语言沟通,更重要的信息体现在非语言沟通上。当王德全在经理办公室抽烟时,李明的鼻翼微微翕动,这表明李明对烟味比较敏感或者不喜欢烟味。如果王德全注意到这种非语言的信息,就应该立即将烟熄掉。另外,李明抬头看墙上的钟,站立起来伸懒腰,这些举动都传递出一种暗示:你应该离开这里,我现在很忙。如果王德全感觉到这种暗示,就应该起身告辞了。

通过这则故事,我们可以了解到非语言沟通在人际沟通过程中是十分常见且重要的,甚至比通过语言表达的信息更重要。非语言沟通的类型主要包括身体动作(手势、面部表情、眼神等)、个人身体特征(体型、体格、姿势、高度等)、副语言(音质、音量、语速、大笑等)、空间利用(座位的布置、谈话距离等)、时间安排(迟到、文化差异对时间的不同理解等)、物理环境(大楼及房间的构造、家具和其他摆设等),通过这些非语言可以解读到人的地位、心理、态度、情绪、个人偏好等。

4. 电子媒介沟通

电子媒介沟通是随着电子信息技术的兴起而新发展起来的一种沟通形式,包括传真、闭路电视、计算机网络、电子邮件等。

以上四种沟通方式，各有其优缺点，哪一种最好，具体需取决于当时的情境。这些沟通方式的比较如表 13-1 所示。

电子媒介沟通除了具备书面沟通的一些优点外，还具有传递快捷、信息容量大、成本低和效率高等优点。一份信函要从国内寄往国外，恐怕要数天才能到达收信者的手中，而通过电子邮件或传真，可即时收到。电子媒介沟通的缺点是看不到对方的表情，如手机短信、邮件来往都无法看到对方真实的表情和情感。此外，电子媒介沟通中如录像等视频资料一般不能提供信息的反馈，是单向传递。在网络上的某些交流中，甚至搞不清对方的真实身份。

表 13-1　各种沟通方式比较

沟通方式	举　例	优　点	缺　点
口头	交谈、讲座、讨论会、电话	快速传递、快速反馈、信息量大	事后无据，容易忘记；信息经多层传递后易失真
书面	报告、备忘录、信件、内部期刊、布告	持久、有形、可以核实、传递范围大	耗时、效率低、缺乏反馈
电子媒介	传真、电视、网络、邮件	快速传递、信息容量大、一份信息可同时传递给多人、廉价	单向传递；电子邮件可以交流，但看不见表情
非言语	体态、语调、动作、神情	信息意义十分明确、内涵丰富、含义隐含灵活	传递距离有限；界限模糊；只能意会，不能言传

13.2.2　沟通的障碍

在实际中，沟通障碍是普遍存在的，它会阻止信息的传递或歪曲信息。这些障碍可能来自信息发送者，也可能来自信息接收者，或者来自环境因素，但无论障碍来自何方，均会破坏整条信息沟通链的连续性和有效性。

1. 沟通参与者、渠道和反馈方面的障碍

(1) 语言障碍。由于沟通中的信息发送方和接收方都是人，语言是沟通中的主要媒介，语言的障碍会产生理解的差异，甚至是误解。

(2) 信息损耗。在沟通中，由于环节过多，信息损耗现象时有发生。研究表明，信息从一个人传到另一个人的一系列传递过程中会越来越失真，一般每经过一个中间环节，就要丢失 30% 的信息。这一方面是由于人的性别、年龄等生理特点影响所致；另一方面由于人们的文化程度、信仰、观念、态度不同，从而造成一个人的感觉和知觉不同以及接收水平上的差异。另外对信息的遗忘性也是一个问题。因此，在管理沟通中，采用什么沟通渠道或媒介是管理者应考虑的重要方面。

(3) 选择性知觉。管理学家罗宾斯认为选择性知觉是人际有效沟通的障碍。这主要是指个人的兴趣、经验和态度会影响其有选择地解释所看或所听的信息。研究已经证实人们会有选择地接收信息以保护自己。当然如果人们在沟通中存在着偏见、猜疑、威胁和恐惧等心理，对沟通的影响就更大了。如信息发送者在接收者心目中的形象不好，则后者对前者所讲述的内容往往不愿意听或专挑毛病，有时虽无成见，但认为所传达的内容与己无关，从而不予理会，或拒绝接收。管理活动中，如果是在含有不利因素的气氛中进行沟通，任何信息的有效传递都会受到影响。如果一个员工在过去因向上司如实反映真实情况，却受到惩罚，这就导致出现报喜不报忧的情况。因此，组织创造一种信任的气氛，以此促进公开而真诚的沟通是十分重要的。

（4）地位差异。一般人在接收信息时不仅判断信息本身，而且判断信息的发送人。信息发源的层次越高，便越倾向于接收。相反，信息发送者地位较低，其发出的信息也将跟着打折扣。一般来说，地位高的人对地位低的人沟通是无所顾忌的，而下级对上级沟通时往往是有所顾忌的。企业的高层管理人员在沟通时可能会隐瞒某些信息，为的是让自己看起来比别人懂得更多，或者是能够更好地树立自己的权威。为了保护自己，低层次的员工也可能采取类似的行为，这就会形成人为的沟通障碍。但更多的情况是，由于地位的差异，下级往往是观察上级领导者的真实意图进行沟通，如当领导者不愿意听取不同意见时，下级更愿意保持沉默或沟通与领导意见一致的信息。

（5）信息传递方式。信息表达不清、沟通要求不明、渠道不畅，都会在不同程度上影响沟通。尽管信息发送者头脑中的某个想法很清晰，但仍有可能受措辞不当、疏忽遗漏、缺乏条理、思想表达紊乱、行文陈词滥调、乱用术语以及未能阐明信息的含义等现象的影响，使信息表达不清楚或不正确，造成相应损失。有些领导者并不明确为了完成组织的任务和作出正确的决策自己需要哪些信息，致使组织的信息沟通呈现自发的无组织状态，以致别人提供的信息并不需要，而需要的信息又没有，会降低组织的运行效能。

（6）地理障碍。由地理位置所造成的沟通障碍也是不可忽视的。在管理中，组织规模庞大、地理位置分散所造成的信息传递失真或延误并不在少数。大企业病最典型的表现之一就是企业对市场反应迟缓、机制不灵活，其主要原因就是信息传递不畅。

（7）信息超负荷。管理失误或冲突产生被许多人认为是信息沟通不够造成的，但还有一种现象也应引起管理者的注意，就是信息沟通过度也会造成上述问题。研究也表明，大量的信息流动有助于克服信息沟通中的不畅问题，但是，不受限制的信息流动会导致信息过量，信息超负荷也会导致一系列问题。第一，人们可以无视某些信息。例如，一个人收到的信件太多，干脆就把应该答复的信件也置之不顾了。第二，一旦人们被信息过载所困扰，在处理中就会出差错。最常见的就是人们会把信息所传送的“不”字忽略了，从而使原意颠倒。第三，信息过量，可能会降低人们的工作效率，无限期地拖延处理信息。第四，人们会对信息进行过滤，很可能忽略了关键性的信息。第五，人们会干脆从沟通中脱身以对待信息超负荷的情况。综上所述，由于信息超负荷，人们会把信息束之高阁或者不进行有效沟通。

除了上述障碍外，还有其他许多影响有效沟通的障碍。如人的情绪、态度、注意力等方面，人们往往以他们想要了解或喜欢的事物为知觉基础，这在信息沟通中意味着人们听到了要听到的信息，却忽略了其他相关的信息。态度是一种有关事实或事态的心理定位，显然，倘若人们已经认定什么，那么就不可能客观地聆听别人的说话，多数情况下会根据自己的主观意见解释沟通的信息，从而导致信息失真。

【案例 13-5】心情沮丧的张先生

张先生是一位已有 5 年工龄的模具工，工作勤奋，爱钻研。半年前，张先生利用业余时间独立设计制作了一套新型模具，受到设计部门的嘉奖。为了鼓励张先生的这种敬业精神，当时的生产部主任王先生特别推荐他上夜校学习机械工程学。从那以后，张先生每周有三天必须提早一小时下班，以便准时赶到夜校。这也是经原生产部主任王先生特许的，王先生当时曾说过他会通知人事部门。

然而，上周上班时，张先生被叫到现任生产部主任陆先生的办公室进行了一次面谈。陆先生给了他一份处罚报告，指责他工作效率低，尤其批评他公然违反公司的规定，一周内三次早退。如果允许他继续这样工作下去，将会影响其他员工。因此，陆先生说要对他进行处罚，并警告说，照这样下去，他将被解雇。

当张先生接到处罚报告时，感到十分委屈。他曾试图向陆先生解释原因，然而，每次陆先生都说太忙，没时间与他交谈，告诉他不许早退，并要求他提高工作效率。张先生觉得这位新上司太难相处，心情十分沮丧。

【感悟与探索】

这则故事存在最主要的问题是张先生和陆先生之间出现了倾听障碍。作为一名刚上任的管理者，陆先生不仅要熟悉其工作环境，还必须深入下去了解情况，做好与员工的沟通，培养自己良好的倾听习惯。如果故事中陆先生抽一点时间来听张先生的解释，就可以避免因为一个错误的决定而挫伤员工的积极性和进取心，给公司利益带来不必要的损失。

倾听是沟通过程中的一个重要方面，与计划、组织、领导及控制等管理环节密切相关。要是口头沟通融洽有效，学会倾听是非常必要的。作为管理者要学会倾听，并且还要善于倾听，以随时了解员工的观点、意见及建议等。

这则故事中除张先生和陆先生之间存在沟通问题，王先生和人事部也存在沟通问题，如果王先生将张先生的情况及时通知人事部，那么新上任的陆先生也不会认为张先生无故早退、公然违反公司规定，而作出错误的处罚决定。

2. 沟通环境方面的障碍

(1) 社会环境的影响。社会环境的影响主要是指社会中的生活方式、价值观、态度体系等方面要素对沟通的影响。例如在美国的社会文化背景下，组织中的上下级沟通显得较为民主，下级可以直接向上级提出自己的意见。而在日本的公司中则是等级森严，沟通一般都是逐层进行的。因此，在日本公司中，人们之间的正式交往显得非常慎重。在我国的组织中，员工的非正式沟通行为更多地受社会关系的影响。比如，热衷传播小道消息、喜欢打听别人隐私等。

(2) 组织结构的影响。组织内正式沟通渠道在很大程度上取决于组织的结构形式，所以，结构形式对有效的组织沟通往往有决定性的作用。传统的组织结构具有严格的等级概念，所以，组织中的命令和信息都是沿着正式的组织渠道层层传递的。在这种信息传递过程中，每一层次的信息传递都伴随着过滤现象，过多层次必然会导致信息过滤的增多、信息传递的失真、信息传递的速度减缓。因此，在这种科层组织里，正式渠道的沟通障碍极大。而在现代组织结构形式中，以网络为代表的沟通渠道，极大地改变了沟通的速度和方式，较好地克服了传统组织结构给沟通带来的信息过滤和信息延误的问题。

【案例 13-6】赵护士长的困惑

复康医院护理部的赵护士长负责管理 9 名值班主管以及 115 名注册护士和护士助理。一个周一的早上，赵护士长来到医院时看到一大群护士(要下夜班的护士和即将上早班的护士)正三三两两聚在一起激励地讨论着，当她们看到赵护士长走进来，立即停止了交流。这种突然的沉默和冰冷的注视，使赵护士长明白自己正是她们谈论的主题，而且看来她们所说的不像是赞赏之辞。

赵护士长来到自己的办公室，半分钟后她的一名值班主管老李走了进来。老李因在医院工作多年，和赵护士长关系一直不错，所以说话总是很直率。老李直言不讳地说道："赵护士长，上周你发出的那些信对员工的打击太大了，它使每个人都心烦意乱。"

"发生了什么事?"赵护士长问道，"在主管会议上大家都一致同意向每个人通报我们单位财务预算的困难以及裁员的可能性。我所做的只不过是执行这项决议。"

"可你都说了些什么?"老李显得很失望，"我们需要为护士们的生计着想。我们当主管的以为你直接找护士们谈话，告诉她们目前的困难，谨慎地透露这个坏消息，并允许她们提出疑问，那样的话，可以在很大程度上减小打击。而你却寄给她们这种形式的信，并且寄到她们的家里，天哪！赵护士长，周五她们收到信后，整个周末都处于极度焦虑之中。她们打电话告诉自己的朋友和同事，现在传言四起，我们处于一种近于骚乱的局势中，我从来没见过员工的士气如此低沉。"

对此，赵护士长感到很震惊，同时她也陷入了沉思。

【感悟与探索】

赵护士长的做法的确存在问题。她犯了两个错误。首先，她所寄出的信件显然未能成功地向员工传达她的意图；其次，选择信件作为媒体来传递信息是不合适的。有时以书面的形式进行沟通很有效，而有时口头交流效果更好。赵护士长同许多人一样，倾向于回避口头沟通，因为对这种方式心存疑虑。遗憾的是，在这件事上，这种疑虑恰恰阻碍了她选择正确的媒体来传递信息。她知道这一消息会使员工产生恐慌和不安定的感觉。在这种情况下，赵护士长需要一种能保证最大清晰度，并能使她和主管们迅速处理潜在危机的方法来传递信息。这时最好的做法是口头传达，这样可以及时了解到员工的反应，以便使大家达成共识。以信件的方式寄到员工家中的做法，无疑是个极大的错误。

由此我们可以认识到，沟通在不同的管理工作中至关重要。而选择正确的沟通方式，对于沟通的效果会有很大的影响。在不同的情况下，需要选择不同的沟通方式，以达到最佳的沟通效果。

13.2.3　沟通的技巧

从上述的沟通障碍看,只要采取适当的行动方式将这些沟通障碍有效消除,就能实现有效沟通。因而,有效沟通的实现取决于对沟通技能的开发和改进。

1. 清晰表达

有效的沟通不仅需要信息被接收,而且需要信息被理解。有效的沟通依赖于信息发送者能够有效地向组织内外的人发出信息,当发出的信息容易被接收者理解和领会时,信息是清楚的。由于语言等障碍的存在,管理者需组织语言和信息,以达到有效沟通的目的。因此,管理者应准确、正确地应用语言,考虑信息所指向的受众,同时注意表达的方式,向接收者清晰地表达信息内容,使所使用的言语适合于接收者理解。例如在向非同一职业、群体、组织的成员发送信息时,避免使用行话。

2. 积极倾听

倾听和讲话一样具有说服力。倾听是人们交往活动的一项重要内容。据专家调查,人在醒着的时候,至少有 1/3 的时间花在听上,而在特定条件下,倾听所占据的时间会更多,许多时候,良好的沟通就等于积极倾听。

对管理人员来说,"听"不是件容易的事,要较好地"听",也就是要积极倾听。要成为好的聆听者,管理者需要做好以下几件事。第一,管理者不要随便打断别人说话;第二,管理者要与讲话者保持眼睛接触;第三,在接收信息后,管理者对模糊不清或混淆的地方要提出疑问;第四,管理者应该用自己的语言解释,重复信息内容,指出讲话者认为最重要的、复杂的或者可以换一种解释的地方,这些反馈要素对成功的沟通是关键的。

【案例 13-7】三个小金人

古时,有个小国的使者不远千里来中国,带来了很多的贡品,其中最惹人瞩目的是三个小金人。那三个小金人一模一样,大小、重量乃至表情都不差分毫,金灿灿的,发出耀眼的光芒,在一旁观看的大臣都忍不住发出啧啧的赞叹声。皇帝也高兴得不得了,放在手上把玩,爱不释手。

"这三个金人虽然一模一样,但是其中一个最有价值。素闻贵国人才济济,想必这个问题不难解决,我们也希望这满朝文武大臣中能有人给我们一个完满的解释。"使者口气中带着明显的挑衅。

皇帝刚好被激将起来,满口回答说:"这个自然不在话下,待我的臣子们研究一番后,自然给你们答复。"

可是事情并不像想象的和说的那样简单。各个地方的珠宝匠来了又去,称重量、查做工,都没有看出一点差别。使者在一旁看了,阴阳怪气地说:"你们泱泱大国,怎么连这么个小问题都解决不了呢?"

这时,一位素来沉默寡言的老臣站出来对皇帝说:"老臣愿斗胆一试!"

只见老臣取来三根细铁丝,分别穿入三个金人的耳朵,结果,第一根铁丝穿过了一个金人的耳朵,然后从另一只耳朵穿了出来;第二根铁丝则从第二个金人的嘴巴里出来了;而第三根铁丝却被金人整个都吞进去了。

“禀告圣上，第三个金人最有价值！”老臣说。

使者叹服地点点头，称赞道：“佩服！佩服！当初制作这些金人时，特意在耳朵和嘴巴相连处做了区别，意在说明要少说多听。这位大人高明，可见也是深谙此理的高人……”

造物主给了我们两只耳朵和一张嘴巴，它是不是意在告诉我们要多听少说呢？有的人听不进别人的话，他们左耳进、右耳出，把别人的话当作耳边风；有的人喜欢说话，口若悬河，滔滔不绝，根本就不给别人说话的机会；还有的人很少说话，但注意倾听。口才好、能说会道自然惹人羡慕，也是人生的一大资本，但是最有价值的人往往不是最能说的人，而是最能听的人。

3. 重视反馈

一个完整的沟通过程需要反馈，即信息的接收者在接收信息的过程中或过程后，及时地回应对方，以便澄清“表达”和“倾听”过程中可能出现的误解和失真。反馈是有效的双向沟通的一个关键条件，很多沟通问题是直接由于误解或信息传递不准确造成的。如果管理者在沟通过程中使用反馈，及时交流，就会减少沟通障碍。

如何有效地提供反馈呢？第一，反馈要站在对方的立场和角度上，善于适应别人的观点和设身处地理解他人的情绪，并针对对方最为需要的方面给予反馈。第二，反馈应是具体、明确的，避免空洞、模糊的表达。第三，反馈应对事不对人，永远不能因为一个不恰当的活动而指责个人，比如“你是猪脑子啊，没吃过猪肉还没有看过猪走？”之类的言语只能加深双方的敌对和对抗情绪，与最初的沟通愿望适得其反。第四，要把握反馈的时机，接收者的行为与获得该行为反馈的间隔时间越短，反馈意义越大。比如，当新员工犯了一个错误时，最好紧接在错误之后或在一天工作结束时就能够从主管那里得到改进的建议，而不要等到几个月后的绩效评估阶段才获得。

4. 真诚互信

管理者需要创造一个相互信任、有利于沟通的环境。他们必须明白，信任不是人为的或从天上掉下来的，而是诚心诚意争取来的。有人对经理人员的沟通做过分析，一天用于沟通的时间约占 70%，其中撰写占 9%、阅读占 16%、言谈占 30%、聆听占 45%。但一般经理都不是一个好听众，效率只有 25%，究其原因，主要是缺乏诚意。缺乏诚意大多发生在自下而上的沟通中。所以要提高沟通效率，必须诚心诚意地去倾听对方的意见，既给予反馈也要求得到反馈，从感情上建立联系，形成一种相互信任、充满信心的气氛以及支持下属工作的作风。

【知识拓展】和谐沟通是小微企业管理艺术之精髓

拓13

13.3　和谐沟通是小微企业管理的精髓

沟通是组织系统的生命线，管理精髓在沟通，沟通核心和为本，天地之道美于和，沟通之道和为美。和谐沟通技巧对于我们每个人都有极其重要的意义。心与心的沟通、灵与魂的认同、你与我的双赢，才有利于管理目标的实现。修身、齐家、治国、平天下，用心体悟"和"文化。中华"和"文化源远流长、博大精深，为我们提供了最高真理和最高智慧，它是真善美的内在统一。至诚至真，至善至美，达己达人，和为帅也。"和"文化是中国传统文化的核心，也是当代先进文化之精髓。上升为哲理，"和"文化超越时空、福泽民众、达善社会，具有普遍的指导意义。

放之于世界，"和平与发展"是时代主题；放之于国家，构建和谐社会，政通人和是发展的根本前提；放之于民族，"和平崛起"是必由之路；放之于社区，讲睦修和、安定祥和是人心所向；放之于企业或单位，和气生财，事以人为本，人以和为贵；放之于家庭或个人，事理通达，心平气和，父慈子孝，兄友弟恭，家和万事兴……国家、民族、社会、企业、家庭和个人是一体相统、互为影响的。国以和为盛，家以和为兴，人以和为贵，企以和为本。

管理的核心是处理好人际关系，调动员工的积极性，结合群力，达致目标。人的成功实际上是人际关系的成功，完美的人际关系是个人成长的外在根源。环境宽松，和谐协调，关系融洽，令人向往；生活安定，心情愉悦，氛围温馨，人的激情就能得到充分的发挥。试想在一个"窝里斗"的小微企业里工作，人际关系紧张，人心难测，无所适从，甚至让人提心吊胆，为自己担心，不是人琢磨工作，而是工作折磨人，这种环境是留不住人才的，"以人为本"也只能是"叶公好龙"而已。

小微企业内部亲和力的存在才会使员工具有强烈的责任心和团队精神、组织富有朝气和活力，才能营造人格有人敬、成绩有人颂、诚信有人铸、和睦有人护的良好文化氛围。小微企业善待员工，员工效忠小微企业，以和为贵、以诚相待才能激发员工的积极性与创造性，增强小微企业向心力。小微企业暂时的困难甚至亏损并不可怕，最可怕的是员工感情的亏损，一旦员工对小微企业失去了希望和热情，没有了愿景，失去了人心，这个小微企业绝对是没有希望的。有道是，天时不如地利，地利不如人和，人和更离不开沟通，"和"文化就是小微企业的凝聚力，也是小微企业的核心竞争力。

13.3.1　沟通是小微企业组织系统的生命线

沟通是管理活动和管理行为中最重要的组成部分，也是小微企业和其他一切管理者最为重要的职责之一。人类的活动中之所以会产生管理活动，人类的种种行为中之所以会产生管理行为，是因为随着社会的发展产生了群体活动和行为，而在群体中，要使每一个群体成员能够在一个共同目标下协调一致地努力工作，就绝对离不开有效的沟通。在每一个群体中，它的成员要表示愿望、提出意见、交流思想；群体领导要了解人情、获得理解、发布命令，这都需要有效的沟通。

因此可以说，组织成员之间良好有效的沟通是管理艺术的精髓，其核心价值是认知互动、上下同欲、以和为本。管理的核心是协调人际关系，调动员工的积极性，结合群体达到目标。面对现代社会日益复杂的人际关系,你希望自己能获取和谐、融洽、真诚的客户、朋友、同事以及上下的关系吗?在愈演愈烈的市场竞争中,你希望自己能够锻造出一个和谐协调、上下同欲的精诚团队吗?你希望自己的小微企业能够生活在一种关系良好的"外部生态环境"中吗?你的小微企业能在顾客、股东、上下游小微企业、社区、政府及新闻媒体的交往中,塑造出良好的小微企业形象吗?

上述问题的答案是由一系列相关要素构成的,但沟通是解决一切问题的基础,对于管理者而言,沟通是小微企业管理中的基础性工作,在一个有共同目标的群体或组织中,要协调全体成员为实现目标而努力工作,有效沟通是必不可少的。据统计,一个成功人士75%靠沟通,只有25%靠天才,一个大公司的经理每天都将70%的时间花费在沟通活动上,尤其在小微企业发生重大情况时。例如,当小微企业实施重大举措时,当员工士气低落时,当小微企业内部发生重大冲突时,当小微企业遇到重大危机时,当员工之间的隔阂加深时,当部属对主管有重大误解时,等等,有效的管理沟通都将会发挥其巨大的威力。沟通对小微企业的作用有以下几点。

1. 传递信息

交流实际上是信息双向沟通的过程。托夫勒说:信息革命实质上就是沟通革命,大到国家发展,小到个人前途,都有赖于有效沟通的能力。知识的运用比知识的拥有更重要。出门看气候、经营识环境,生意知行情、信息抵万金,从内部来讲,沟通可以了解员工的意见倾向、需求、处理好人际关系、调动员工的积极性。从外部来讲,沟通可以帮助我们处理好小微企业与外部的关系,适应环境,以变应变,谋求生存和发展。组织的生存和发展必然要与政府、社会、顾客、供应商、竞争者等发生各种各样的联系,组织要按照客观规律和市场的变化要求调整产品结构、遵纪守法、担负社会责任、获得供应商的合作,并且在市场竞争的环境中获得优势,这使得组织不得不与外部环境进行有效的沟通——由于外部环境永远处于变化之中,因此,组织为了生存和发展就必须适应变化,不断地与外界保持持久的沟通。

2. 改善人际关系

管理是结合群力,达致目标,让人做事并取得成效。无论是在人们的日常生活中还是在工作中,人们相互沟通思想和感情是一种重要的心理需要。沟通可以消除人们内心的紧张和怨恨,使人们感到心情舒畅,而且在相互交流中容易使双方产生共鸣和同情,增进彼此间的了解,改善相互之间的关系,减少人与人之间不必要的冲突,保证小微企业内部上下、左右各种沟通渠道的畅通,以利于提高小微企业内部员工士气,增进人际关系的和谐,为小微企业的顺利发展创造"人和"条件。通过沟通,协调各个体、各要素,使组织成为一个整体。当组织内作出某项决策或制定某项新的政策时,由于各个体的地位、利益和能力的不同,对决策和制度的理解和执行的意愿也不同,这就需要互相交流意见、统一思想认识、自觉地协调各个体的工作活动,以保证组织目标的实现。因此,沟通可以明确组织内员工做什么、如何来做,没有达到标准时应如何改进,可以说没有沟通就不可能有协调一致的行动,也就不可能实现组织的目标。

3. 改变行为与态度

在沟通过程中信息接收者收到并理解了发送者的意图,一般来讲会作出相应的反应,表现出合作的行为，否则交流是无效的。通过交流可以调整心态乃至平心静气，以达到“心气平和事理通达”，改变行为与态度。比如，伊利集团“独董风波”之后，为了不影响企业的正常生产经营与管理，保持良好的人际关系，公司高层领导及时召开新闻发布会，并于 2004 年底在内蒙古饭店召开顾客订货会，与客户交流沟通，从而使企业经得住风险的考验，使企业重振雄风并在消费者心目中树立了良好的形象。

4. 增强小微企业创新能力

西蒙说：“管理的核心在经营，经营的核心在决策，决策的核心在创新。”在有效的沟通中，沟通者积极讨论、相互启发、共同思考、大胆探索，往往能迸发出有神奇创意的思维火花，产生新的创意。主意诚可贵，思维价更高，思路决定出路，出路决定财路。金点策划可点石成金，创造性思维是小微企业发展之母。许多经营决策与方案的设计，无论事先考虑得多么合理，往往会在实践的时候暴露出这样那样的缺陷。员工是小微企业实践工作的主体，对决策的优劣和方案的实施最有发言权，同时群众在劳动实践中会总结出许多生产管理与技术诀窍，管理者听取非专门人员的合理化建议，可以发现问题、开阔视野、寻找构思、采取措施。创意，是策划的灵魂，它是一个美妙的幻想，是一束智慧的火花；策划，是创意的实施，它是一个完美的方案，是一道闪亮的电光。群众智慧的创意与策划是小微企业发展的加速器，是经济效益增长的推动力。因此要虚心倾听员工的合理化建议，集中员工的智慧和力量，好的创意策划能力挽狂澜、扭转败局；它能出其不意、转危为安，它能奇峰突起、独领风骚；它能快马加鞭、不断前进；集体的创意与策划能使小微企业的经营管理蒸蒸日上，产值利润滚滚而来，从而不断提升小微企业的核心竞争力。

5. 更有效的决策

沟通是科学决策的前提和基础，它可以激励员工的工作热情和参与管理的积极性，使员工提高工作激情，把“要我做”变成“我要做”，积极主动地为本小微企业的发展而献计献策，增强小微企业的凝聚力，提高员工的工作积极性，员工工作富有成效，小微企业向前蓬勃发展。一人不如两人计，三人出个好主意，“三个臭皮匠顶个诸葛亮”。在激烈的市场竞争环境中，决定小微企业经营成果的关键往往不是小微企业内部一般性的生产管理，而在于重大经营方针的决策，为使组织决策科学合理和更加有效，需要准确可靠而又迅速地收集、处理、传递和使用情报信息，这里情报信息包括组织内外经济环境、市场、技术、资源、文化等内容。事实证明，许多决策的失误是由于信息资料不全、沟通不畅造成的。因此，没有沟通就不可能有科学有效的决策。

此外，沟通对个人的好处有：第一，善解人意，互相尊重，志同道合；第二，家庭和睦，融洽相处，生活幸福；第三，化解冲突，理解信任，事业成功；第四，学习经验，汲取智慧，产生创意；等等。

13.3.2　有效管理沟通的途径

1. 态度诚恳　氛围和谐

谈心要交心，交心要知心，知心要诚心。在沟通中营造开放的沟通氛围，首先要明确沟通的重要性，创造一个相互信任、有利于沟通的小环境，管理人员不仅要获得下属的信任，而且要得到上级和同事们的信任，缩短信息传递链，拓宽沟通渠道，保证信息的畅通无阻和完整性;加强平行沟通,促进横向交流;定期加强上下级的沟通。

当事者相互之间所采取的态度对于沟通的效果有很大的影响,只有当双方坦诚相待时,才能消除彼此间的隔阂,从而得到双方合作。增加沟通双方的信任度,在沟通中创造良好的沟通气氛,保持良好的沟通意向和认知感受性,使沟通双方在沟通中始终保持亲密、信任的人际距离,这样一方面可以维持沟通的进行,另一方面使沟通朝着正确的方向进行。

2. 充分准备 明确目的

沟通要有认真的准备和明确的目的性,信息发放者在沟通前要先对沟通的内容有正确、清晰的理解,沟通要解决什么问题、达到什么目的。重要的沟通最好事先征求他人的意见。此外,沟通不仅是下达命令、宣布政策和规定,而且也是为了统一思想、协调行动,所以,沟通之前应对问题的背景、解决问题的方案及依据和资料、决策的理由和对组织成员的要求等做到心中有数。沟通的内容要有针对性,语意确切,尽量通俗化、具体化和数量化。一般来说,一件事情对人有利,则易被记忆,所以管理人员如希望下级能记住要沟通的信息,则表达时的措辞应尽量考虑到对方的利益和需要。

3. 多听少讲 用心感悟

每个人都希望获得别人的尊重,受到别人的重视。当我们专心致志地听对方讲话,努力地倾听,甚至是全神贯注地倾听时,对方一定会有一种被尊重和重视的感觉,双方之间的距离必然会拉近。先做一个耐心地听取别人说话的人,才是谈话态度中的正确表现。一个善于静静倾听别人谈话的人,才有可能是一个富于思想、有缜密见识和具备谦虚柔和性格的人。这种人在人群中,也许不大受人注意,但最后必定是最受敬重的。因为他虚心,容易被他人所喜欢;因为他善思,才能为他人所信任。所以,聪明人总是少说话、少用嘴,多用耳、多用心。

(1) 要弄清自己听别人说话的习惯。首先要了解,自己在听别人讲话时有哪些好的习惯、有哪些坏的习惯,是否对别人的话匆忙作出判断,是否常常打断别人的话,是否经常制造交往的障碍等。了解自己听的习惯是否正确是运用听的技巧的前提。

(2) 不要无动于衷地听别人说话。沟通交流的双方缺一不可,既有说话者,也有听话者,而且每个人都应轮流扮演听话者的角色。作为一个听话者,不管在什么情况下,如果不明白对方说出的话是什么意思,就应该用各种方法使他知道这一点。在这里,可以向他提出问题,或者积极地表达出你听到了什么,或者让对方纠正你的听错之处。如果一言不发或者一点表示都没有,又有谁能知道你是否听懂了对方的话呢?

(3) 听别人说话要注意姿势。听别人说话时要面向说话者,同他保持目光接触,要以你的姿势和手势证明你在倾听。无论你是站着还是坐着,与对方都要保持在对双方都最适宜的距离上。要记住,说话者都愿意与认真倾听、举止活泼的人交往,而不愿意与"木头人"交往。

(4) 注意力要集中在对方的话头上。既然每个人集中注意力的时间不长,你在听话时就要有意识地把注意力集中起来,要努力把环境的干扰压缩到最小限度,避免走神分心。积极的听话姿势有助于你把注意力集中在对方所说的话题上。

(5) 努力理解别人话中的言语和情感。沟通交流不仅要听懂对方传达的信息,而且要“听出”对方表达的情感。假设一个工作人员这样说：“我已经把这些信件处理完了。”而另一个工作人员却这样说：“谢天谢地，我终于把这些该死的信件处理完了！”尽管这两个工作人员所发出的信息内容相同，但后者与前者的区别在于他还表达了情感。因此，不仅要倾听对方讲话的内容，而且要理解对方话语中的情感流露，这样，在你做发言以前，就已经取得了交谈的主动权。

(6) 要观察话中的非语言信号。既然很多信息是在话中通过非语言方式进行的，那么，就不仅要听对方的语言，而且要注意对方的非语言表达方式，这就要注意观察说话者的面部表情、如何同他保持目光接触、说话的语气及音调和语速等。同时，还要注意对方站着或坐着时与你的距离，从中发现对方的言外之意、弦外之音。

(7) 要对讲话者保持称赞态度。如果有必要的话，对讲话者保持称赞态度更能增加良好的交往气氛。讲话者感到你称赞得越多，他就越能准确地表达自己的思想。要不失时机地通过点头、笑容等举止、表情，向对方传达你听懂了对方说什么的信息。相反，如果你对讲话者表现出消极态度，则会引起他的防御反应，从而引起对方对你的不信任感和警惕性。

4. 有声无声　话度适中

沟通不仅是语言的交流，同时也是行为的交流，内有所思，外有所表。体语、态势语等作为一种语言形式，也在传递着各种各样的信息。沟通不仅需要语言技巧，而且需要非语言技巧，即通过察言观色来揣摸对方。你可以仔细观察对方举止言谈，捕捉其内心活动的蛛丝马迹；也可以揣摸对方的姿态神情，探索引发这类行为的心理因素。运用这种方法，不仅可以判断对方思想，决定己方对策，同时可以有意识地运用行为语言传达信息，促使沟通朝着有利于己方的方向发展。

在沟通中有时需要沟通者伶牙俐齿，或如小溪流水，潺潺东流；或如春风化雨，随风潜入夜，润物细无声；或如暴风骤雨，倾盆而下；或如冲锋陷阵，爆竹连响。有时需要沟通人员一言不发，沉默是金。从语言概念来讲，沉默也是一种语言，或点头摇头，或耸肩摆手，或装聋作哑，或以坐姿表现轻蔑，或以伏案记录表示重视。眨眼摸耳皆含深意，一颦一笑皆成曲调，恰到好处的沉默不仅是一种语言艺术，而且有时能做到此时无声胜有声，达到语言艺术的较高境界。

此外，在沟通提问中还要看提问的对象。谈判对手的性格不同，提问的方法就应有所不同。对手直率，提问要简洁；对手内向，提问要含蓄；对手严肃，提问要认真；对手暴躁，提问要委婉；对手开朗，提问要随意，不可千篇一律。

5. 把握时机　及时反馈

由于所处的环境、气氛会影响沟通的效果，所以信息交流要选择合适的时机。对于重要的信息，在办公室等正规的地方进行交谈，有助于双方集中注意力，从而提高沟通效果；而对于思想上或感情上的沟通，则适宜于在比较轻松、独处的场合下进行，这样便于双方消除隔阂，要选择双方情绪都比较冷静时进行沟通，更让人接受。

在沟通中及时获得和注意沟通反馈信息是非常重要的。沟通要及时了解对方对信息是否理解和愿意执行，特别是小微企业中的领导，更应善于听取下层报告，安排时间充分与下层人员联系，尽量消除上下级之间的地位隔阂及所造成的心理障碍，引导、鼓励和组织基层人员及时、准确地向上层领导反馈情况。对合理化建议在具体实施过程中的进展和出现的问题跟踪检查，应及时反馈给所提供建议的人，对实际实施的情况应及时沟通，保护员工的积极性，有利于形成齐心协力、精诚团结、认知互动、上下同欲的团队精神。努力形成讲诚信、守信誉、献良策、比奉献的文化氛围。让职工感到人格有人敬、成绩有人颂、信誉有人护、良策有人听，就能信心百倍、振奋精神。

实践证明，当一个组织内的成员都深信其所从事的事业有广阔的前景和崇高的社会价值，并有拓展才能、提升自我、成就事业、完美人生的发展空间时，他们就会充满热情、才思敏捷、锲而不舍、积极进取；就会最大限度地发掘自己的才能，为企业的生存和发展思奇谋、想良策而绞尽脑汁，为实现自己和企业的共同目标而作出不懈的努力，并与小微企业同舟共济，夺取更大的胜利。

管理沟通，以和为贵，屹立世界舞台，展现民族风采，构建和谐社会，彰显自我价值，"和"文化始终是管理的主线与灵魂。小微企业组织生命系于沟通，核心理念以和为本，体悟沟通，和谐永恒。

思考题

1. 如何理解沟通？沟通的要素有哪些？
2. 正式沟通和非正式沟通的优缺点有哪些？
3. 沟通网络有哪些形式？
4. 组织中最普遍使用的沟通方式有哪些？
5. 沟通的主要障碍有哪些？为消除这些障碍应采取何种方式？
6. 有效管理沟通的途径有哪些？
7. 试论和谐沟通是管理艺术之精髓。

技能训练

小张在工作中任劳任怨，与同事相处也不错，因此获得上司的赏识而被提拔为部门主管。该部门的员工均为精兵强将，个个都认为自己不比小张差，因此小张上任后与同事的关系有些微妙。同事都对他很客气，但小张却感到得不到同事的支持。另外，由于是新上任的主管，小张与同级其他部门主管之间原先并不太熟，其他部门主管对小张的部门也远不如以前那么支持。此时，上司又交给他的部门一项时间性很强的工作。假设你是小张，你认为应该如何去完成此项任务？

即测即练

参考文献

[1] 张国良. 战略管理[M]. 杭州:浙江大学出版社,2008.

[2] 张国良. 管理学原理与实践[M]. 北京:清华大学出版社,2014.

[3] 李恩,李洋. 实用领导谋略[M]. 北京:蓝天出版社,1995.

[4] 谢科范. 企业风险防范[M]. 沈阳:辽宁人民出版社,1996.

[5] 陈承欢,杨利军,高峰. 创新创业指导与训练[M]. 北京:电子工业出版社,2017.

[6] 施喜德. 浅析小微企业人力资源管理模式的构建[J]. 商.2015(5).

[7] 赵丽生. 小微企业管理指南[M]. 大连:大连出版社,2013.

[8] 杨波. 小微企业管理[M]. 上海:复旦大学出版社,2016.

[9] 白银亮. 论企业形象的意义与作用[J]. 商场现代化,2008(11).

[10] 李新庚. 创新创业基础[M]. 北京:人民邮电出版社,2016.

附录